第一哲学沉思录

[法] 笛卡尔◎著
郦莉◎译

中國華僑出版社
北京

图书在版编目（CIP）数据

第一哲学沉思录/（法）笛卡尔著；郦莉译 .—北京：中国华侨出版社，2021.2

ISBN 978-7-5113-8060-9

Ⅰ.①第… Ⅱ.①笛… ②郦… Ⅲ.①笛卡尔（Descartes, Rene 1596-1650）—哲学思想—研究 Ⅳ.① B565.21

中国版本图书馆 CIP 数据核字（2019）第 227531 号

第一哲学沉思录

著　　者：（法）笛卡尔
译　　者：郦　莉
责任编辑：刘晓燕
经　　销：新华书店
开　　本：670 毫米 ×960 毫米　1/16 开　印张：21　字数：297 千字
印　　刷：河北省三河市天润建兴印务有限公司
版　　次：2021 年 2 月第 1 版
印　　次：2024 年 2 月第 2 次印刷
书　　号：ISBN 978-7-5113-8060-9
定　　价：56.00 元

中国华侨出版社　北京市朝阳区西坝河东里 77 号楼底商 5 号　邮编：100028
发 行 部：（010）64443051　　传　　真：（010）64439708
网　　址：www.oveaschin.com　　E-mail：oveaschin@sina.com

如果发现印装质量问题影响阅读，请与印刷厂联系调换。

前言[1]

我在《谈正确引导理性和在科学中探求真理的方法》[2]这本书中谈论过上帝和人的灵魂这两个问题。这本书出版于1637年，出版语言用的是法文。对于上帝和人的灵魂这两个问题，我当时并未深论，只是顺带一提，以此了解大家是如何判定这两个问题的，并希望从中摸索出一些方法，并借助这些方法为我以后讨论这些问题提供途径。我一贯认为这两个问题至关重要，值得多谈几次；而我又用了一种与通常方法极为不同的，即一种十分生僻的方法去解释这两个问题，因此我觉得，《谈方法》作为一本通俗易懂的法文书，并不适合提出这两个问题，我怕给不具备这类知识的人造成误导，认为我许可他们也来尝试探索这条路。

在《谈方法》这本书中，我曾提到无论谁发现我的书中有需要批评指正的地方，劳烦把这些地方告诉我；可是在我论述的这两个问题上，他们只提出了两点反驳，除此之外，他们没有提出过其他重要意见。针对这两点反驳，我想在我明确地给予解释之前，有必要在此先简单地做些说明。

1　本前言是从1865年法文西门版翻译而来的。

2　以下简称《谈方法》。

第一个反驳的观点是：人的精神在进行自我反思时只能看到它自身，而无法看出其他的什么东西，从这一事实并不能得出人的精神的本性或本质仅仅就是思维的结论；因为如此一来，“仅仅”这一词就排除掉了其他所有有可能也算得上归属于灵魂的事物。

对于这个反驳，我是这样答辩的：那时我并非有意遵照事物的实在情况的顺序（因为当时我还未曾谈到过事物的实在情况），而只是通过我思考的顺序，就把它们排除掉了。我的意思是：我属于我的本质，这件事情我当时并不知道，我唯一知道的是我是一个有思维的事物。

第二个反驳的观点是：有一个比我完满的事物存在于我的观念中，而不能因此得出这个观念比我完满的结论，也不能说这个观念所代表的事物就真的存在。

我是这样答辩的：观念这个词所代表的含义在这里是不同的。既可以说观念本身就是我的一种理智的思维活动，由此来说，便不能说观念比我完满；也可以把这种观念活动所代表的事物当作客观存在，这个事物，我们虽然不能假定它独立于我的理智之外，但缘于它的本质，它可以比我完满。在此书中我将用更大篇幅去解释，我是如何只依靠有一个比我完满的事物存在于我的观念中这件事而引申得出这个事物是真实存在的这一结论。

在这两个反驳的观点之外，还有两篇较长的文章。不过，与其说这两篇文章在抨击我论述的依据，还不如说是在抨击我所得出的结论，因为这两篇文章的论据都是借用了无神论者的共同论点。对于以后那些能够正确理解我的理由的人来说，他们不可能对这些论据有深刻的印象，而且，还有很多人他们的判断能力差，不合道理，他们总是先入为主，只肯相信自己最初的观点，即便这种观点可能是错误的、有违理性的，却不愿接受一些另外的相反的看法，就算这种看法说服力强、真实可靠，并且在以后会被众人接受，所以我不愿在这里对这两篇文章进行答辩，我担心在答辩前，必须要把这两篇文章的内容和观点再次进行介绍和论述。

现在，对大家的不同意见有了充分理解后，我再次开始讨论关于上帝和灵魂问题的讨论，并以此作为第一哲学的基础。然而，我既不追求一般人给予我这本书什么好的评价，也不想太多人读到我的书。相反，我不会劝别人读我的书，当然，除了那些能够远离感官干扰、完全摒弃各种成见，愿意和我一同进行认真严肃沉思的人（这类人不多）。而对于那些毫不考虑我所论述的理由之间的顺序和关联，只会断章取义、吹毛求疵的人（这类人很多）来说，他们读我的书并不会得到什么好处，就算他们侥幸抓到指责某些地方的机会，他们绞尽脑汁所提出的反驳也不会是什么要紧的、值得答辩的观点。

我既不向别人承诺，说我可以让他们满意，也不觉得我有能力预见到它会给大家带来多大的困惑，因此我会在《沉思录》中先阐明我的想法，以及我是如何通过这种想法相信所认识的真理是正确的、显而易见的，同时我也想看看这个理由是否也可以让别人相信这个真理，之后对于那些博闻强识的人所给的反驳，我再对其进行答辩。我已经把我的《沉思录》寄给他们了，在这本书付印之前，希望他们能够认真地帮助审核一下。他们给的各式各样的反驳和意见已经足够多了，我敢断言其他人很难再提出更关键或者未曾涉及的反驳了。

因此我对那些有意看《沉思录》的人提了个请求，希望他们在了解所有反驳观点和我针对这些反驳的答辩之前，先不要妄下结论。

六个沉思的内容提要

在第一个沉思中，我曾提出在科学世界中，如果我们除了目前已有的根据之外，找不到别的根据，那么我们就有理由对一切事物持普遍怀疑的态度，尤其是物质性的东西。尽管这种态度的好处在一开始并不明显，但是，它可以让我们摒弃各式各样的偏见，为我们打开一条十分容易遵循的道路，让我们的精神能够逐渐摆脱感官的束缚，并且最终让我们对随后发现的真实的东西不再有可能提出任何质疑，因而它有着非常大的好处。

在第二个沉思中，只要精神对任何事物产生一丝的怀疑，就可以运用它本身的自由，假定这些事物是不存在的，但是精神绝不能认为它自身是不存在的。这也会有一个很大的好处，尤其是精神在使用这个办法时，可以很容易把属于它的东西，也可以称作属于理智性的东西，和属于物质性的东西做出区分。但是，一些人可能会希望我在这里拿出一些能够证明灵魂不灭的理由，因此我觉得我有必要在此向他们讲明，凡是那些我未曾非常精确论证过的东西我都不打算写进这本书中，那么我认为我所遵循的顺序，和几何学家论证命题的顺序是完全一致的：

先阐明要论证的命题的全部依据，然后再得出结论。

在开始了解灵魂不灭之前，首先需要我们做的事情是清楚、明白地解释清楚灵魂的概念，灵魂的概念要和物体所有的全部概念完全不同：这一点在这里已经做到了。而且，还需要知道我们清楚知晓的一切东西，其原本就是依照我们所知晓的那样真实存在的。这一点在第四个沉思之前还未能得到论证。另外，物体性的概念究竟是什么，这必须要有一个清楚的回答，这个概念分别存在于第二个沉思、第五个沉思和第六个沉思。最后，我们从所有这些里面得出这样一个结论：凡是那些我们能够清楚地判定为不同实体性的东西，就好比我们清楚地知道精神和物体是不同的，事实上都是分别归属于不同实体的，它们之间的差别是真真切切存在的：这一点我们是从第六个沉思中总结出来的结论。在这个沉思里我们还证明了另一点：我们认为一切物体都是可分的，而对精神或人的灵魂则被认为它们是不可分的。因为，实际上我们不可能只了解半个灵魂，而即便是最小的物体，我们依然能够了解领会它的一半，所以，物体和精神在性质上是不同的，在某种情况下，它们甚至是相反的。不过对于这个问题我没必要在这里深入讨论，一方面是因为这已经能够明确的证明，从人的肉体的腐烂不能得出人的灵魂的消失，同样它已经足够使人们怀有一种在死后获取第二生命的希望；另一方面是因为我们在推出灵魂不灭时需要一些前提，这些前提取决于整个物理学所提供的解释。其首要目的是为了知道：一般意义上的一切实体，即因为上帝的创造而存在的所有东西，从本性上讲，它们是不可毁灭的，而且如果不是因为同一的上帝[1]想要收回对它们的支持，并要消灭掉它们的话，它们就会一直存在。其次也是为了说明：一般来说，物体作为一种实体，它也是不灭的；但是从人的肉体和其他物体的不同来说，人的肉体是由一些肢体和另外相似的一些偶性组合而成的；而人的灵魂就并非如此，它是一种纯粹的实体，一定不是由某些偶性组合而来的。因为，即便它的偶性都发生了改变，例如它所领会的东西，它追求的另外一些东西，它感知其他一些东西，等等，它依旧还是同一的灵魂[2]；而对于

1 法文第二版把“这同一的上帝”改成了“上帝自身”。

2 法文第二版为：“可是灵魂一定不会变成其他别的东西。”

人的肉体，仅仅因为某些地方形状的变化，它就可能不是同一的肉体了[1]。因此我们能够发现，人的肉体非常容易死亡，但是精神或人的灵魂（我觉得他们是完全一致的），从它的本性上讲是永不灭的。

在第三个沉思中，关于上帝存在的相关主要论据，我认为我已经做了细致全面的阐释了。但是我没有想再次把它放在物体性的东西里作一番比较，从而尽可能地让读者摆脱掉感官的束缚，因此可能还有很多地方是模糊不清的，针对这些地方，我希望借助我对目前所提的反驳意见做的答辩，给予彻底的解释。例如，我们心中有一个观念，这个观念是我们认为存在一个无限完满的存在体，这个观念为何会包含如此多的客观实在性，也就是说，在表象中，它分享的完满性和存在性十分充分，从而它必然应当具有一个使它无限完满的原因，这些理解起来是十分困难的。不过，做答辩时，我通过借助一个十分精巧的机器进行比较阐释，这个机器是一个观念，他存在于某位工匠的心里。工匠之所以会存在这样一个观念，必然存在一个客观技巧上的原因，好比说，工匠自身的学识，或者他从别人那里学到了这个概念，同理，存在于我们心中的上帝观念也必然会有一个原因，这个原因就是上帝自身。

在第四个沉思中，我论证了所有能被我们非常清楚分明地认识的东西，都是真实的；同时也针对错误和虚假的理由[2]所存在的地方进行了解释；这是很有必要的，因为它既论证了之前的那些真理，也有利于我们更好地理解此后的真理。但是，必须指明的是：我在此并不会讨论罪恶，也就是说我不会讨论在追寻善恶时所犯的错误，而只是讨论在判辨真假时所犯的错误；我并未计划在这里谈关于信仰的东西，或者关于生活中的其他的一些行为，而只谈真理，只谈思辨的真理，和那些通过自然的光明[3]才能认识的真理。

在第五个沉思中，我不仅对一般意义下的物体做了解释，我还拿出了

---

1 法文第二版为：“人类肉体就变成了其他东西了。”

2 法文第二版为：“性质”。

3 “自然的光明”指理性。

新的理由对上帝的存在进行了论证，虽然在说明这些理由时遇到某些困难，但是我将在为反驳做答辩时解决掉这些困难。而且，那时也将解答，为什么对上帝的认识决定了几何学本身论证的正确性这一观点是真的。

最后，在第六个沉思中，我把理性活动和思维活动进行了分类；并且论述了分类的标志。在这个沉思中我指出了人的灵魂和肉体是不同的，但是二者又紧密地结合在一起，就好似是一个东西。同时也对感官所引起的错误和如何避免这些错误进行了阐述。最后，我通过对各种各样理由的论述说明了物质性东西的存在，这并非因为我认定这些理由能够帮助到它们所证明的东西，譬如存在着一个世界，人类有肉体，以及其他类似的事物。作为一个正常人从来不会对这些事情产生怀疑；而是因为通过仔细的观察，发现它们和我们对上帝以及灵魂的认识比起来，后者更加显而易见，更加有说服力，因此我们对上帝和自身灵魂在精神上的认知理由，就是最值得信赖、最显而易见的。这就是我在第六个沉思中打算论证的东西。在此，我省略掉了很多其他问题，对于这些问题，我也找了合适的机会将其论述在此书中。

目录

第一哲学沉思录

反驳和答辩

第一哲学沉思录

论上帝的存在和人类灵魂与肉体之间的实在不同

第一个沉思
论可以引起怀疑的事物

由于很长一段时间以来[1]，我都觉得我从儿时起就把很多错误的认识当作正确的，并接受了这些错误的认识，而从那时起我根据一些十分不靠谱的原则所建立起来的东西，当然也都是非常可疑、非常不靠谱的，因此我觉得[2]，如果我希望能在科学上建立起某种值得信赖、经得起时间检验的东西的话，我就必须在我有生之年认真地把我历来坚信是正确的所有认识全部清理干净，然后从根源上重新开始。可是对我来说，这项任务的规模过于宏大，所以我一直在等待自己达到足够成熟的年龄，成熟到我认为在那之后我不会再有更合适的时机去完成这项任务，因此我才拖延了这么久，一直到我觉得再不付诸行动，继续这样思前想后的话，那我则再无机会，定会铸成大错。

而此刻，由于我的精神已经从所有的干扰中获得了解脱[3]，恬静的隐居生活又使我获得了充足稳定的休息，那么我想是时候对我所有的旧见解做一次仔细的、自由的清算了。可是，在追求这个目标时，没有必要去论证这些旧的见解全是错误的，因为如此一来，我很可能永远实现不了这个目标。不过，理性地讲，和我觉得明显是错误的东西一样，对于那些不能完全确定、存在疑问的东西也不能轻易相信，所以，只要我在某些事情中发

1　法文第二版为："并非是从今天开始。"

2　法文第二版为："自从那时起我就觉得。"

3　法文第二版为："而今日是最有利于开始进行这一计划的，因为我的精神已经摆脱了各种顾虑的束缚，并且很幸运我的情绪也没有感到一丝激动。"

现了哪怕是一丁点儿的可疑[1]，就能够让我把它们全部都抛弃掉。如此做，我就不用一个个地对它们进行检验了，因为，如果不这么做，它将是一件无休无止的工作。可是，大厦的基础被拆除后，大厦的其他部分必然随之倾覆，所以我首先就是要破除我的全部旧见解所遵从的那些原则。

迄今为止，所有那些被我当作最真实、最值得信赖并因此被我接受的东西，都来源于我的感官或者借助感官得来的。但是，我有时认为这些感官是骗人的；为了做到万无一失，某件东西一旦骗过我们，就不能再完全加以信赖。

虽然，在一些不明显和离我们较为遥远的地方，感官曾在一定程度上欺骗过我们，但是，其他很多我们通过感官认识的东西，我们却无法怀疑它们：比如此刻我就在这里，在炉火旁坐着，穿着一件长袍，双手拿着这张纸，以及做着其他类似的事情。我怎么能说这双手和这个身体是不属于我的呢，除非拿自己和那些[2]疯子相比较？胆汁的黑色气息扰乱并深深地遮蔽住了这些疯子的大脑，让他们尽管穷困潦倒却时常认为自己是个国王；即便是赤身裸体，却经常认为自己身穿华服；或者把自己幻想成盆子、罐子，或者以为自己的身子是玻璃的。但是，那又如何，他们可是一群疯子，如果我也和他们比较，那我的荒诞程度岂不是也不会小于他们了。

即便如此，在此考虑到我是一个人，我有在睡觉时和在梦中做一些荒唐的疯狂举动的事情，这些事情和那些疯子在清醒时做到的事情基本一模一样、有时甚至更加荒诞。有多少次我夜里梦到自己穿着衣服，在这儿，在炉火旁，然而实际上我却是一丝不挂地躺在我暖烘烘的被窝中！此时，我真切地认为我并没有在用沉睡着的眼睛注视这张纸，我摇晃着的这颗脑袋，它也很清醒，它没有发昏，我有意地、主动地伸出的这双手，我能够感受到它们，而在梦境中时，它们好像没有这么清晰，也不似这般明白。但是，细细回想，我就想起来我经常在梦中被这些假象所欺骗。想到这里，

1 法文第二版为："如果从每一件东西中发现什么值得怀疑的理由。"

2 法文第二版为："某些。"

我就清楚地发现并没有什么确定不移的标志或者什么十分可靠的迹象[1]让人能够从上面的情况中清晰地分辨出是清醒还是梦境，对此我不禁大吃一惊，我惊异于我几乎相信我现在就是在睡梦中。

那么，让我们做这样一个假设，假设我们是在睡梦中，假设一切这些个别情况，例如我们睁开双眼，我们摇动脑袋，我们伸出手，等等，这一切都是虚假的幻象；让我们假想，也许我们的手和整个身体根本就不是我们看到的这样。即便这样，有一点必须承认，那些在我们睡梦中出现的东西就像图书一样，它们的形成必须依靠模拟真实存在的东西，所以，至少那些普通意义上的东西，例如眼睛、脑袋、手以及其他身体部位[2]并非是臆想出来的东西，而是真实的[3]存在。因为，坦率地讲，当画家们运用他们最大的技艺，创作出奇形怪状的人鱼和人羊时，他们终究也无法给它们添上完全新颖的形状和性质，他们只是把不同动物的肢体拼凑在了一起而已；或者就算他们拥有十分荒诞离奇的想象力，完全能够创造出什么新颖的东西，这些东西新颖到我们从来没有见过，从而他们的作品呈现给我们的是一种彻底的虚构和绝对的不真实，但是至少组成这些作品的颜色是真实的吧。

以此类推，即便是这些普通意义上的东西，比如眼睛[4]、脑袋、手，以及其他类似的东西都是想象出来的，但是总得认可有[5]更简单、更普遍的东西是真的、实实在在存在的，正是因为这些东西的混杂，形成了我们思维中所有东西的形象，恰如真实的颜色构成一幅画作一样，不管这些东西是真实的、存在的，还是虚假的、千奇百怪的。普通意义上的物体的性质和它的广延，以及东西的形状、多少、大小、数量等其他类似的广延性都属于这一类东西；还包括这些东西所处的空间，所占用的时间，以及其他等

---

1 法文第二版把“什么十分可靠的迹象”删掉了。

2 法文第二版把“其他身体部位”删掉了。

3 法文第二版为：“实在的。”

4 法文第二版为：“比如身体、眼睛……”

5 法文第二版为：“最起码还存在其他。”

等类似的东西。

这也解释了为什么通过上面的论述我们可以顺利地做出以下结论：像物理学、天文学、医学以及其他研究各类复合事物的所有科学都是值得怀疑的、无法让人信赖的；而算学、几何学以及其他同类性质的科学，因为他们面对的都是一些很简单、很平常的东西，其实没有必要考虑这些东西是否真的存在，因此他们都具有一些不能怀疑的东西。因为，不管我是醒着还是在睡梦中，数字二加上数字三总是等于数字五，正方形不可能有四个以上的边；像这些显见的真理，看起来不太可能会让人怀疑存在什么错误或者认为是不可靠的。

即便这样，从很久以前我就有了这样的想法：存在一个上帝，他是无所不能的，正是他创造并产生了我当前的模样。但是，谁又敢保证上帝没有做过这样的事情，世间本来没有大地，没有天空，没有具有广延性的事物，没有形状、大小和地点，而我却偏偏能够感知到这一切事物，并且所有这一切都还以我看见的模样存在着？还有，就像我有时会断定别人也会在某些事情上犯错一样，即便这些事是他们认为最有把握的，我每次在计算二加三时，或者在数一个正方形有几条边时，或者在解决其他更简单的问题（如果人们能够想出比这更简单的事情的话）时所犯的错误是上帝故意让我这么做的[1]。但是或许我所犯的这些错误并非是上帝有意为之，因为人们说他是至善的。尽管如此，如果说把我做成总是犯错的样子，这和上帝的至善是相违背的，那么允许我偶尔犯错似乎也完全[2]违背了他的至善性，因此我不能怀疑他会允许我这么做。

这里也许会有人宁肯否定万能的上帝的存在，也不愿相信其他一切事物都是值得怀疑的。不过现在我们不会去反驳他们，而且还要站在他们的立场和角度去假设这里所讲的所有的关于存在一个上帝的话都是无稽之谈。尽管如此，不管他们怎样假设我的状况和存在，他们把这当作命运或宿命

1 法文第二版为：“……我如何知道是否是上帝让我也这样做。”

2 法文第二版把“完全”删掉了。

使然也好，或者归因于偶然也罢，或者认为这是事物的连续和结合也好，再或者归因于其他的什么原因，虽然[1]失误和犯错是不完满的，但可以肯定的是[2]，他们所指定的那个创造我的人越是无能，那么我就越有可能是不完满的，就越有可能犯错。针对这些理由，我自然无可答辩；但是我必须承认的是，之前所有我深信不疑的认识，现在[3]没有一个是我不怀疑的，这绝不是因为我考虑不全面或者是为人轻率，而是我通过可靠的深思熟虑后得出的。因此，如果我想要在科学领域发现一些经得起时间检验[4]、一定可信的东西的话，那么针对这些思想，我今后就必须不再做出判定，和那些我看一眼就能判断出是错误的东西一样，不再给予他们更多的信任[5]。

但是，仅仅注意这些事情还不够，我还必须留心记住这些需要注意的事情；因为这些原有的、平常的认识时不时地会回到我的思维中，我和它们长时期的相处所形成的习惯，赋予了它们这样的权利，让它们在背离我的意愿的情况下占据了我的思维，几乎支配了我的信念。只要我以它们的实际情况来考虑它们，就像我刚才所讲的那样，从某种方式上讲它们是可疑的，但又是十分有可能的，所以，人们会有更充分的理由相信它们是真的而不是急着去否定它们，那我就永远不能戒掉认可、相信它们的习惯。正是因为这个原因，我认为，如果我故意反过来想方设法地欺骗自己，假装所有这些认识都是错误的，都是想象出来的，直到我一遍又一遍地衡量过这些成见后，使它们不能让我的看法发生偏差，使不好的习惯不能再影响我今后的判断，让我能够顺着认识真理的道路一路前行，避免误入歧途，

1　法文第二版在“虽然”前还有一句“或者最终使用了其他的某些方法也罢”。

2　法文第二版把“可以肯定的是”删掉了。

3　法文第二版中把“现在”改成了“有点”。

4　法文第二版里中把“经得起时间检验”改成了“值得信赖的”。

5　法文第二版里中把“我今后……的信任”改为了“今后我就应当像对待明显错误的东西那样，不随意做出判断”。

那么我就做得很好了。[1]因为我坚信在这条道路上既不能有危险，也不能犯错误，坚信今后我不能有太多的怀疑，因为当下的问题仅仅只是沉思和认识，还不在于行动。

因此我要假设，存在某个妖怪，而并非是真实的上帝（上帝是真理之源），这个妖怪的狡猾程度和欺诈能力并不亚于上帝的本领[2]。我要把天空、空气、大地、色彩、形状、声音以及其他一切能被我们看到的外界事物都当作假象和骗局，是他骗取我们信任的手段[3]。我要认为我自己本就没有双手，没有眼睛，没有肉体，没有血液，没有任何感官，而却错误地认为我拥有这些。我要坚持这种想法；如果通过此种方法我仍然无法探寻到真理，那么至少我可以不去做判断。因此，我一定要谨慎小心，不能被任何错误的东西所欺骗，并且我要在精神上时刻做好准备，准备应对这个大骗子的所有欺诈方式，让他永远不能把任何东西灌输给我，就算他再强大，再狡猾。

但是这样的计划困难重重，而且因为某种惰性，我总是不自觉地又重拾起我原有的生活方式来。就好似一个奴隶一样，他在梦中享受虚幻的自由，当他意识到他的自由有可能只是南柯一梦时，他就会害怕醒来，为了继续欺骗自己，他就会和这些愉快的梦境联合起来，我总是不由自主地让那些旧的见解再次占据我的思想，我畏惧自己从这种恍恍惚惚的状态中醒来，畏惧在我探索真理的过程中，这个悠然的休息时光之后紧随而来的忙碌工作不仅不会给我带来光明，反而会使刚才的问题依旧乌云密布。

1　法文第二版为："正是基于这个原因，我认为如果我特意使用一种敌对的情绪，自己欺骗自己，如果我姑且把这些见解全部都假设成是完全错误的、虚构出来的，一直到把我以前的旧成见和新成见……那么我就做得很好了。"

2　法文第二版为："我要假设，用尽全部智慧欺骗我的不是上帝（上帝是至善的，是真理的源泉），而是某一个妖怪，他的狡猾程度和欺诈能力并不亚于上帝的本领。"

3　法文第二版："……以及其他所有的外部事物都只是他用来博取我的信任的一些虚幻的假想和幻象。"

第二个沉思
论人的精神的本性以及精神比物体更容易认识

在昨天的沉思中，我的心里装满了怀疑，几乎终生难以忘怀。但是我却没有什么好的办法解决他们；就好似我突然跌进深不见底的水中，既找不到落脚点又不能游出水面，不知所措。即便如此，我仍会循着昨天的道路继续前行，躲避掉那些能够引起我任何怀疑的东西，好似我认为他们就是绝对错误的。我会在这条路上继续前行，一直到我遇到一些可靠的事物，或者，就算我做不到其他的，但至少到我确定世上本就没有任何可靠的东西时，我才会止步。

阿基米德想要一个固定的靠得住的[1]支点，可以把地球从原来的位置挪开。同样，如果我很幸运地找到任何一件确定无疑的东西，那么我也能充满希望了。

因此，所有那些我看到的事物我都认为它们是假的；我的所有那些充满谬误的记忆向我提供的东西，我都说服自己把它们当作没有存在过。我以为我没有任何感官，物体、外形、广延、运动和时空所有这些都是我内心构想出来的虚幻的东西。那么到底有什么东西是真实的呢？除了世界上的一切东西都是不可靠的以外，也许再也没有其他答案了。

可是我如何知晓，除了刚才那些被我认定为虚假的东西以外，还有其他让我们没有任何怀疑的别的东西吗？难道就不会存在一个上帝或者其他别的力量，赋予我这种观念吗？事实并不一定是这样；或许我自己就能产生这些观念。那么对于我自身而言，难道就不是什么东西吗？但是我已经

1　法文第二版为：“静止的。”

认为我没有感官没有身体了。即便这样，我迟疑了，因为如此又能得出什么结论来呢？难道我就如此地依赖我的身体和感官吗，真的就离不开它们吗？可是之前我曾说服自己，让自己相信这个世界上没有任何东西，没有天空，没有大地，没有精神，没有物体；我难道不是也让自己相信这世上我也是根本不存在的吗？绝对没有；如果我曾经试图让自己相信某些东西，或者我只是想起了某些东西，那么毋庸置疑我是必然存在的。可是有个骗子，我不知道他是谁，他力量强大手段高明，为了骗我他总是用尽手腕。所以，既然他在骗我，那么毋庸置疑我是存在的；而且他可以随意地欺骗我，一旦我想到我是某样东西，那么他就不可能让我什么都不是吧。因此，通过对上面这些问题的认真思考，并且详细地对所有事物进行检查后，最后必然会得出这样一个毋庸置疑的结论，那就是有我，我是存在的这个命题，每当我说出它或者在心中想起它的时候，这个命题就一定是真的。

但是我仍然不明白，确实知道我是存在的那个我到底是什么，所以从今往后我必须小心谨慎，不能鲁莽地错把别的东西当成我，同时在我认为比我以前的所有认识都值得信赖、都确定无疑的这个认识上，我也不要再犯错了。

正是基于这个原因，所以在我产生上面所说的那些想法之前，首先我要[1]思考的是以前我认为我是什么；而且我还要把被我刚才论述的理由所驳斥到的[2]一切东西，从我的旧见解中统统剔除掉，让剩余部分是完全值得信赖的和毋庸置疑的。那么之前我认为我是什么呢？当然，我曾认为我是个人。但是人又是什么呢？我要回答说是一个具有理性的动物吗？肯定不是；因为此后，我还要继续问动物是什么，理性又是什么，如此一来我们[3]就不知不觉地从仅仅一个问题变成无数个其他问题，而且后边的问题总是更困难、更棘手，而把我仅有的剩余时间和清闲时光浪费在这些细节问题上我

1 法文第二版为："现在首先要。"

2 法文第二版为："多少波及到的。"

3 法文第二版为："我。"

想是很不值的。但是在此我还要继续考虑从前我脑中的那些想法（我在思考我的存在时，我的本性产生了它们），最初，我把它看成了一台机器，一台由脸、手、胳臂以及骨骼和肉体组合成的机器，就像一具尸体所展示的那样，这台机器，我曾把它称作机器。此外，我还曾把吃饭、行走、感觉、思考以及其他类似的行动都归为灵魂；但是我还未曾认真考虑过这个灵魂到底是什么；或者假定我认真思考过，那么就是我曾想象它是一种十分稀疏、十分精致的事物，就像风、火焰或者淡薄的空气，它进入并散布到我拙劣的身体中。另外，我毫不怀疑物体的性质；因为我曾经认为我对它们的认识是十分清晰的，而且如果遵照我当时所理解的概念，我会这样解释它：物体，我说的是任何能被某些形状限定的东西；它可以处在一个地方，充斥一个空间，并把其他任何物体从这个空间中排斥出去；它可以被触觉或者视觉，或者听觉，或者味觉，再或者嗅觉感知到；外力可以用某种方式移动它们，而它们自身却不能[1]，外物通过给予他们接触和压力，从而推动它们。因为本身具有运动能力，同时又有感觉和思维能力的事物，我以前决不认为应该把它们划归为物体的性质[2]，相反当我看到某些物体具有这些功能时，我反而觉得十分奇怪。

但是，如果可以的话，现在我假设有一个非常强大、歹毒、狡猾的人[3]，它充分运用各种手段和狡诈来欺骗我，那么我又是什么呢？我可以确定我具有一些我刚刚归之于[4]物质性东西的性质呢？这些东西我刚刚提到过。我进一步考虑了这个问题，并在心中反复地思考着，在我心中我没有找到任何一点。无须我在此逐个举例。就以灵魂的属性为例，判断它是否是存在于我心中的。首先是吃饭和行走这两个；但是，如果我的身体真的是不存在的，那我就不可能走路，也不可能吃饭。另外就是感觉；如果没

1　法文第二版为：“事实上并非。”

2　法文第二版为：“自身拥有自动的能力，同时也拥有感知或者思想的能力，在此之前，我完全不觉得这是归属于物体的性质的。”

3　法文第二版为：“某一个妖魔。”

4　法文第二版为：“刚刚我讲过属于。”

有了身体也就不会有感觉，除非是我在睡梦中感觉到的很多东西，但在睡醒后我意识到这些东西实际上我并未感觉到。另外还有思维。现在我认为思维是我所具有的一种属性，唯有它与我不可分割。有我，我是存在的这是真的；但是，我存在多久呢？我的思维存在多久，我就存在多久；因为如果我的思维终止[1]了，那么也许我就同时也不存在了。因为，我现在不承认任何存在疑问的东西；所以，从严格意义上讲，我仅仅是个有思维的东西，换句话说，是一种精神、理智或者理性。之前，我并不明白这些词的意义是什么。那么我是确确实实存在的一个东西；但这个东西到底是什么？我曾说：是个拥有思维的东西。别的呢？我要发挥我的想象力再认真思考我是否还可以是些别的东西，我既不是由肢体拼接的东西，人们通常称它为肢体；不是渗透进肢体里的无所不在的稀薄的空气；我不是风，我不是呼出的气体或者水汽，也不是我能编造和假想出来的任何东西，因为这些东西我曾假定它们都是不存在的，而且就算我继续坚持这个假定也并不影响我确凿地知道我是个什么东西。

但是，是否也可以如此：因为我不认识而被假设并不存在的东西，它和我所了解的我是不是一样的？这我无从知晓。现在我先不讨论这一点，我先判断我所认识的东西：我已经知道我是存在的，现在我要问的是知道我存在的那个我又是什么呢。但是，从严格意义上讲，我自已的这个观念见解既不依赖于我不知道其存在的那些东西，更不依赖于凭空构想或者捏造出的东西[2]，这一点是非常肯定的。况且构想和想象这两个词就证明了我是错误的；因为，如果某种东西是通过我想象得来的，那么我其实就是在虚构，因为所谓想象不是其他而是在脑海中形成物体性东西的外形或者影像。既然我已经明确承认了我是存在的，并且清楚知道了我的影像，以及普遍意义上说，一切属于物体性的东西都十分可能只是梦或者想象。另外，

1 法文第二版为：“完全终止。”

2 法文第二版为：“但是，我对于我的存在的理解，严格地讲，并非是由那些我还不知道其存在的东西所决定的，因此也不是由任何一个我通过想象可以虚构出的东西所决定的。”

我清晰地意识到，如果我为了更准确地认识我是谁[1]而努力发挥我的想象力，这就如同我在清醒的时候看到一种真实存在的东西，但是因为我无法看清它，所以我选择睡去，好让我在睡梦中更实在、更真切地了解它，这些都是违背常理的。因此，我充分地意识到，所有我可以通过想象理解的东西，都不是我对自身的认识；我也意识到，如果想让精神更清晰地认识它的性质，那么我就不能再继续使用这种思考方式了，而是要换一种别的方法，走其他的路。

那么，我到底是什么呢？是一个思维着的东西。那思维着的东西又是什么呢？就是一个会怀疑也会领悟，会肯定也会否定，会愿意也会不愿意，会想象有感觉的东西。当然，我的本性如果包含所有这些，那就很充足了。但是，它们为何不属于我的本性呢？难道我不是几乎怀疑一切东西吗？然后借此体会了解某些东西，判断和笃定它们是唯一真实的东西，否定别的所有东西，希望能够获得更多的认识，不愿被骗，有些时候甚至会不由自主地幻想很多东西；就好似通过身体的器官感知到了很多东西。难道所有这些事物中就没有一样和我是真的存在、的确有我这件事一样真实的吗？尽管我经常睡觉，尽管那个让我存在的人用尽力量[2]欺骗我。难道这些属性中就没有一样东西和我的思维是不同的，或者说是和我自身能够分开的吗？显而易见，因为在怀疑，在了解，在希望的人是我，所以在此我不用过多的解释。而且我当然也可以去想象；因为就算发生了这样的情况（正如我之前假定的那样），也就是说我所想象的东西都不是真的，但是这种想象的力量却是实实在在地存在于我心中的，并且成为我思维的一部分。总之，我就是一个在感觉的东西，或者说，我是一个借助感觉器官感知和认识[3]事物的东西，因为实际上我看到了光，聆听到了声音，感知到了热。但是有人会这样对我说：这一切都是假象，我是在睡梦中。即使如此，但最起码

1 法文第二版把“我是谁”改为了“我是什么”。

2 法文第二版为：“技智。”

3 法文第二版把“感知和认识”改为了“发觉”。

我觉得我看到了，我听到了，我感受到了[1]，这总是毋庸置疑的吧；实际上，这就是我称之为感觉的东西，再准确点，这就是思维。与之前相比，此刻我也对我是什么有了些许更清晰的认识了。

但是[2]，我仍然觉得，我无法怀疑：物体性的东西是我的思维产生的，并且来源于我的感官[3]，而我自己并非来源于思维，我也不知道我归属于谁，但是我对物体性东西却比我自己认识得更加清晰。实际上，那些我觉得是可疑的、在我之外的东西比那些我觉得是真实存在的、确然属于我本性的东西更容易认识，这是一件让人觉得十分奇怪的事情。但是，我突然弄懂了其中原因：我的精神是桀骜不驯的，我还无法让它始终保持真理，从不越界。我们就先让它随意驰骋，允许它观察我以外的事物，这也是为了以后我们慢慢寻找合适的机会收紧他的缰绳，然后，我们就可以轻松地驾驭它，管控它了[4]。

接下来我们开始思考我们认为是最容易认识，也相信是最了解的东西[5]，这就是我们摸得到、看得见的物体。这里我讲的并非是一般物体（因为“一般”的含义并不十分清楚），而是一个相对特别的物体。以一块从蜂房中刚取出的蜂蜡为例：它既有蜂蜜的甜味，又有花朵的香味；人们可以看到它的颜色、形状和大小；它是硬的、凉凉的、可以摸的[6]，如果敲打它，还可以听到一点声音。总而言之，所有那些人们借以了解物体的东西，在

1　法文第二版为：“看到了光，我听到了声音，感受到了热。”

2　法文第二版为：“但是我依旧认为。”

3　法文第二版为：“由感官感知的，感官自身核验的。”

4　法文第二版为：“即便如此，对于那些我认为其存在性是值得怀疑的、我不知道的、不归属于我的东西，和那些我认识的、信任其真实性的、归属于我本性的东西比起来，一句话，和我自身比起来，我却认识理解得更加清晰，这实际上是十分奇怪的。但是，我看出了其中原因：我的心是桀骜不驯的，它总是东窜西跑，还无法忍受被限制在真理的范围之内。那么再次为它松开一次缰绳，让它对出现在它之外的事物进行观察，以便我们之后再慢慢地以恰当的方式收紧缰绳，如此一来，此后我们便可以比较容易地对它进行限制和驾驭了。”

5　法文第二版为：“此刻我们要对人们平时觉得最容易认识的，并且也相信是认识得最为清晰的东西进行一些考虑。”

6　法文第二版为：“顺手的。”

这里边都存在。

但是，在我说话时，有人将它拿到了火边：蜂蜜所剩的甜味散去了，花香也消失了，它的颜色和形状都发生了变化，它的体积变大了，化成液体，也变热了，无法触摸了，无论怎么敲击它也没有声音了。在产生了这些变化后，原来的蜂蜡是否还存在呢？需要承认它还存在；而且所有人也都不能否认[1]这一点。那么之前对这块蜂蜡的清晰认识又是什么呢？当然不是我通过感官所感知到这块蜂蜡所具有的那些东西，因为所有我借助味觉、嗅觉、视觉、触觉、听觉感知到的东西都发生了变化，但是原本的蜂蜡依旧存在。或许此刻我脑中所思所想的蜂蜡，与这个蜜比起来，有不同的甜味，有不同的花香，有不同的颜色、不同的形状和声音。只不过它刚才表现出那种形式，此刻又表现出另一种形式。但是，准确地讲，我这样认识它的时候，我所想象的又是什么呢？让我们再认真想一想，试着剔除掉那些不属于蜂蜡的东西，看一看还剩下什么。自然只剩下一些具有广延的、灵活的、能够变动的东西。那么灵活的、能够变动的东西，指的是什么呢？是不是我把这块圆圆的蜂蜡想象成它可以变成方形的，也可以再变成三角形的？绝对不是，因为它可能拥有这些变化是我领会出来的，而不是我通过一个个想象认识的，因此我所形成的蜂蜡的概念也不是通过想象实现的。

这个广延又是什么呢？我不是也不认识它吗？由于蜂蜡融化时它会变大，蜂蜡完全融化时它会变得更大，而随着温度的继续升高，它会变得越发的大。如果我没有认识到蜂蜡[2]是具有广延性并因此认识到它的其他更多的形式，多到超出我的想象，我就不能对蜂蜡有个清晰、真实的认识了。因此，我不得不承认我的想象力就算完全发挥出来也无法领会[3]到蜂蜡是什么，只有我的理智能够做到领会[4]它。我所指的是这块特定的蜂蜡，对于普

1 法文第二版为："没有人会怀疑，所有人都会这样认为。"

2 法文第二版为："甚至对于这块我们所考虑的蜂蜡。"

3 法文第二版为："了解。"

4 法文第二版为："了解。"

遍意义上的蜂蜡，更是不言自明。那么这个只能由理智或者精神领会[1]的蜂蜡又是什么呢？自然就是我们看到的、摸到的、想象的、最初认识[2]的那块蜂蜡。但是需要注意的是，我们对它的感知，或者我们感知它的行为[3]。绝不是看、不是触摸，也不是想象，虽然以前似乎是这些，而只是用理智去观察，这种观察可以像之前一样是片面的、不清晰的，或者像现在这样是全面的、清晰的，这取决于我对它的内在或者是构成它的东西的关注度。

但是，在我觉得我的精神是如此的软弱，总是会不自觉地向错误靠近，我不应太过惊讶。因为就算我默不作声，只在内心深处思考这一切，但我还是会被语言限制着，我几乎被一般的语言引入了歧途；因为如果有人把最初那块蜂蜡拿给我们，我们会说我们看见的就是原来那块，而不是说由于它的颜色是一样的，形状也是一样的，所以我们判断它就是那块蜂蜡。此刻，假如我恰巧从窗口看到有人从街上走过，当我看到他们时，我必须说我看到了一些人，正如我说我看到了蜂蜡，那么我差不多要肯定地说：人们用眼睛认识蜂蜡，而不是全部靠精神观察。但是我在窗口看到的究竟是什么呢？不过就是帽子和衣服，而帽子和衣服之下可能是恶魔或者能移动的假人[4]。但我却判定他们是真实的[5]人，这样，那些我以为是通过眼睛看见的东西，实际上只是凭借我的判断能力认识的。

一个人如果想让自己的认识水平高于普通人，就不应该对普通人的说话方式和语言[6]吹毛求疵，并要以此为耻。我先抛开别的，认真思考下：最初我用视觉，用感官，或者说用常识，这是他们的说法，也就是通过想象的方法认识的蜂蜡是什么呢，是否在通过对它是什么和哪些方法可以认识

1 法文第二版为："了解。"

2 法文第二版为："信任。"

3 法文第二版把"或者我们感知它的行为"删掉了。

4 法文第二版把"恶魔或者能移动的假人"改成了"由人制作成的机器"。

5 法文第二版删掉了"真实的"。

6 法文第二版为："普通人创造的讲话方式。"

它有了更准确的[1]检验后，实现对它更全面、更准确的认识呢。当然，如果这个都怀疑，那就十分可笑了。因为，这些知觉和动物最低级的感官比起来，又能说谁是更高级的呢[2]？但是，当我像脱去它的衣服一样把蜡从它的外表分离出来时，我才开始清清楚楚地思考它，尽管我的这些思考仍然会存在错误，但是如果没有精神，我也就不可能如此地认识它了。

那么，对于这个精神，或者说对于我自己（因为到目前为止我只承认我是一个精神），我又要说些什么呢？我似乎已经清晰明了地认识了这块蜂蜡，对于这个我，我又要说些什么呢[3]？难道我对自己的认识不应该更加真实准确、清晰明了吗？因为，假如从我看见了蜂蜡这件事能够推断出有蜂蜡或者蜂蜡是存在的，那么也就更清楚地说明了我是存在的。因为，或许我看到的蜂蜡事实上不是蜂蜡；再或者我根本就没有看东西的眼睛；但至少我看到了或者我觉得我看到（我对此已经不再加以区分了），此时我们不可能再得出：这个思维着的我是不存在的。同样的道理，如果从我摸到了蜂蜡推断出它是存在的，就可以得出同样的结论，即我是存在的；如果从我的想象推断出了它的存在，我还是能得到同样的结论。在此，我从蜂蜡做出的推断，也适用于外在于我、除我之外的其他所有东西。

如果说蜂蜡在经过视觉、触觉以及很多其他方法被发现[4]后，我对他有了更清晰、更明白的概念和认知[5]，那么，我对我自己的认识岂不是也更加容易、更加清晰明白了吗？[6]因为对蜂蜡或者别的物体的[7]本性的认识过程都更好地、更明显地[8]说明了精神的本性。不仅物体性的东西有助于阐释精神

1 法文第二版为："更加认真地。"

2 法文第二版为："在这一知觉中又有什么是不一样的呢？又有什么好似是不可以以相同的方式归属于最低级的动物感官呢？"

3 法文第二版为："这个好似……的我又是什么？"

4 法文第二版把"被发现"改为了"让我更清晰"。

5 法文第二版为："概念或者知觉。"

6 法文第二版为："我必须……认可此刻我认识到了自己。"

7 法文第二版为："无论什么其他物体。"

8 法文第二版把"更好地、更明显地"改为了"更好地"。

的本性，在精神世界中也有很多这样的东西，在此我们就不再提了。

但是，我最终还是不自觉地回到了我最初想要到的地方；因为，现在我已经能够认识这些事情了，实际上我们对物体的认识是通过我们的理智，而不是通过想象或者感官，或者说我们对物体的认识是通过我们的思维实现的，而不是因为我们看到了它或者说我们摸到了它，因此显而易见，我已经意识到了，没有什么比我的精神更容易认识的了。但是，旧的认知[1]是不可能这么快就被破除掉的；因此，关于这个问题我先就此打住，为的是在经过长时间的沉思后，我能在心底牢牢地树立起这个认识。

1 法文第二版为："因为，既然事情此刻对我来说已经是清晰明了的，即并不是因为物体本身被看到了或者被摸到，而只不过是因为被理解或者在思想的作用下被了解到才被我们所认识的，那么我很清楚，对我来讲不存在比我的精神更容易认识的了。然而，由于破除这个司空见惯的见解并不能很容易就这么快地实现。"

第三个沉思
论上帝及其存在

此刻我要紧闭双眼，堵起耳朵，将我的所有感官抛离，我甚至还要把我脑海中所有物体性事物的影像都移除掉，或者最起码（因为那十分困难）我要认为他们是虚假的；如此一来，我只用考虑自己，只用处理与自己的关系，就可以逐渐尝试着提高自我认识，也更加靠近我自己。我是一个思维着的东西，或者说我是个会怀疑、会肯定、会否定、所知不多、不知道的却很多、会爱、会恨、会同意、也会不同意、会想象、有感觉的东西。因为，正如我之前所讲，就算所有这些我感知和想象到的东西不在我之外，也不在它们自己内部，但是至少我可以断定，被我称为感知和想象的思维形式，其作为一种思维方式，是存在并显示在我的心中的。刚才所述的并不多，但是我觉得我已经把我真实知晓的东西，至少是我目前所知的东西，全都讲了。

现在，我需要更加准确地思考下，或许在我内心是否还根本就不存在我还没有感知到的其他知识[1]。的确，我已经认识到了我是个有思维的东西；因此我也就知道了我必须拥有什么样的条件，我才能准确地认识事物，难道不是这样吗？在这个处于初级阶段的认识中，只有那些我认识的清晰的、明白的知觉[2]。说实在的，如果一旦这个我认识得如此清晰、明白的东西最

1　法文第二版为：“现在，为了继续我的认识，我要仔细、审慎地反思我的内心，看一看是否还能发现一些我至今还未感觉到的东西。”

2　法文第二版为：“在这个处于初级阶段的认识中，能够让我断定真实与否的，只有那些我所说的清晰的、明白的知觉。”

后竟不是真的，那么这些知觉也就不足以使我做出判断。因此我认为我已经可以把“所有那些能被我们非常清晰、十分明白地认识的东西都是真的”这一条作为总则。

即便这样，但那些我之前认为十分值得信赖、非常显而易见，并因此接受和认可的东西，后来我又对它们产生了怀疑的这些东西又是什么呢？是大地、天空、星辰，还有其他我的感官所感知的东西。但是，之前我在这些东西中获得的清晰明白的认识又是什么呢？自然不是别的，是这些东西呈现给我的思维和观念。而且，到目前为止我依旧承认这些观念存在于我的心中。可是，我曾经确实知道一件事情，并且习惯于信任它的存在，之前我以为我对它的认识是非常清晰的，这件事就是在我之外存在着一些东西，这些观念也是从那时开始有的，并且和那些东西如出一辙。即使在这件事上我是错误的；或者假设我的判断是符合实际的，这也不可能是对为什么我所做判断是真的这件事有所认识。

但是，在我思考一些非常容易、十分简单的算术和几何问题，例如二加上三等于五以及其他类似事情时，我对这些问题的认识十分清楚，并确信他们是真的，难道不是这样吗？当然，如果此后，我开始对这些事情产生了怀疑，那肯定是因为我内心出现了这种想法而不是因为别的原因，也就是说，或许存在着一个上帝，他赋予了我这种天性，让我觉得我在最明显的事情上犯了错。但是每当上述关于万能的上帝的见解出现在我的脑海中时，我都承认，如果上帝愿意，那么让我觉得我在最清楚明显的事物上的认识是错误的对他来讲是很容易的。但是相反的是，每每我面对这些我认为认识得十分清楚明白的东西时，我总是会被它们说服，从而是我不自觉地说出这些话：随便他怎么骗我吧，只要我认为我是什么东西，他就不可能使我什么都不是；或者是，既然我是真的存在的，他就不可能使我从来没有存在过或者使我有一天是不存在的；他也不可能让三加上二大于五或者小于五，或者也不可能使那些我认识的非常清晰的其他类似事情变成不是我认识的样子。

既然我没有任何证据证明上帝是个骗子，而且我还思考过上帝存在的原因，所以仅仅以这些见解为基础建立起来的怀疑是非常草率的，是形而上学的（暂且这么说）。但是，为了排除这个原因，一旦有机会，我就应该好好查验下上帝是否真的存在；而且一旦我证明了上帝是存在的，我也要查验下上帝是否是个骗子。因为如果这两个问题我没有弄明白，那么在我眼中就没有东西是可靠的了。为了拥有做这些查验的机会，同时不打断我为自己设定的沉思顺序，也就是，从我心中先找出一些概念，然后从这些概念入手，慢慢地进行推导，得出些有可能以后存在于我内心的概念，我就必须在此将我的所有思维进行分类，同时认真思考哪一类包含真理，哪一类充斥错误。

我的思维有很多种类，其中有一类是事物的影像。其中能够称得上是观念的只有这些思维：比如说我想到了某个人，或者想到了一个妖怪，或者想到了天空，或者想起来天使，想起来上帝。除此之外的其他思维则具有另外的形式，好比说我想要，我感到恐惧，我肯定或者我否定；虽然我会把某些东西当作意识行为的主体，但是我也借助这些行为，把某些东西当作我对这个东西的认识的一部分；这一类思维包括意志、情感，还有判断。

对于观念来说，如果只考虑它本身，而不把它们和别的东西牵连起来，说实在的，它们一定不是假的；因为，无论我想象的是一只羊还是一个怪物，在我想象这件事上都是真的。

我们也无须担心情感或者意志中会存在虚假；即便我心怀恶念，甚者这些恶念永远不可能发生，但是这也无法否认我确实有过这些想法。

剩下的就只有判断了。对于判断，我应该保持谨慎，谨防犯错。而这其中最容易犯的也是最严重的错误就是，我把内心的观念和在我之外的某些东西混为一谈；因为，如果我只把观念当作一种思维方式，不把他们和别的东西牵连起来，我自然不会因此犯错。

这些观念中，我认为，有些是天生的，有些是从外界获取的，属于外来的，还有一些是自己捏造的、臆想的。因为，我具备认识东西、真理和思维的功能，我认为这种功能不是我从外界获取的，而是来源于我的本能；但是，我所听到的声音，看到的太阳，感受到的热度，直到此刻我对这些感觉做出的判断都是来源于在我之外的某些东西；最后，像美人鱼、鹫马以及其他类似的怪物，都是虚构的，是由我的意识臆想出来的。但是，或许我既可以相信所有这些观念都是我从外界获取的，属于外来的，我也可以相信所有这些观念都是我天生的，我还可以相信它们都是我捏造的；因为它们的真正来源我还没有弄清楚。现在，我要做的主要事情是，针对我认为是在我之外的某些事物的观念，看看是否能够找到理由证明它们和这些事物是一样的。

第一个缘由是：我认为是从自然得来的；第二个缘由是：我自己意识到这些观念不会因为我的意志而发生改变，因为它们显现给我时并不由我控制，就像现在，不管我愿不愿意，我都感受到热，也正是因为如此，我会相信我对热的感觉或者是认识来源于不同于我的某个东西，这个东西就是我旁边的[1]火炉，是它把热传给了我。我只能认为这个外来物不是别的东西，只是将自己的影像呈现出来，并在我心中留下了印记，除此之外，我再也找不到更好的解释了。

此刻，我必须要做的是检验这些理由是否充分，是否具有足够的说服力。如果我说我是从自然得来的，这里的“自然”一词，我所指的只是某种倾向，是这种倾向为我提供了相信这件事情是真的理由，而不是自然的光明[2]。它们之间[3]的差别是很大的；因为通过自然的光明所看到的事情都是真的，对于这件事我没有丝毫怀疑，就像刚才通过我在怀疑这件事，我就可以得出我是存在的一样。在真假的辨别上，对于自然的光明告诉我是真的东西，我没有任何其他的能力能够证明这件事不是真的，我也无法对这

1 法文第二版为：“我所处位置旁边的。”

2 自然的光明即理性。

3 法文第二版为：“这两种说法。”

种功能给予像我对自然的光明一样的信任。但是，我认为倾向对我来说也是自然的，我经常发现如果一件事是关于善恶的抉择时，我更倾向于选择恶并不比我倾向于选择善的时候少；这就解释了为什么在真与假上我并不借助倾向进行判断。

另外的理由是，既然我的意志无法左右这些观念，那么它们一定来自别的地方，我同样认为这种说法不值得信任。因为我刚刚提到的那些倾向它们存在于我的内心，即便它们并非时时与我的意志保持一致，或许我的内心具有某种功能，能够在不借助外物的情况下产生这些观念，虽然目前我对此还一无所知；因为实际上我时常感到这些观念在我睡觉的时候也总是在我的内心产生，那时他们并未依靠所感知到的对象。最后，就算我认可它们是来源于这些对象，但是这也无法说明它和这些对象就应该是相同的。相反，很多时候我看到的对象和我心中关于这个对象的观念之间存在着很大的差距。比如说太阳，在我心中就有两种完全不同的观念：一种是通过感官得来的，属于之前提到的来自外面的：这一观念中，我认为太阳十分小。另一种是从天文学中得到的，属于之前提到的天生的、与生俱来的，或者是臆想的、捏造的，在这一观念下，我认为太阳是整个地球的很多倍。我这两个观念中的太阳和真实的太阳不可能都是一样的；在理性的判断下，我相信通过外在得出的关于太阳的观念和实际的太阳是不同的。

所有这些让我充分地认识到，目前为止，我曾相信在我之外存在着和我不同的东西，它们借助我的感官或者其他别的办法，把它们自身的观念或者影像传递到我心中，并让我记下这些，所有这一切判定都不是值得信赖的或者是经过认真思考后得出的，而只是在盲目的、轻率的判断后就得出的。

可是，针对我心中存在其观念的这些东西中是否有一部分是存在于我之外的问题，我们还可以用另外一种方式来加以思考，例如，如果我们把这些观念仅仅看作思维的某些形式，那么它们之间的不同就很难分辨了，它们都好似是我通过同一种形式生出来的。但是，如果把它们看成影像，它们其中一部分代表这个东西，另一部分代表另一个东西，显而易见，它们彼此之间是十分不同的。因为实际上通过表象实体的形式呈现给我的观念，确实比通过表象的形式或者偶性呈现给我的那些观念具有更多东西，而且就其自身而言也包含（暂且这么说）着更多的客观[1]实在性，换句话说，表象所展现的存在性或完满性更多。而且，我通过它也感受到了一个高高在上的、不朽的、无限的、不变的、无所不知的、无所不能的、除他自己以外其他一切事物的普遍缔造者的上帝的这一观念，我说，无疑上帝本身比表象实体给我带来的观念要具有更多的实在性。

现在，依靠自然的光明可以得出，最起码在动力的[2]、总因中包含的实在性肯定比在它的结果中多：因为结果除了从它的原因中取得实在性以外，又还能从哪里取得呢？如果原因本身就不具有实在性，那么由此得出的结果又如何具有实在性呢？

总而言之，无不能生有，而且对于比较完美的东西，或者说是，其自身包含着更多实在性的东西，也不能成为不完满东西的原因和结果。不管是在哲学家们称作现实的或者形式的[3]实在性所产出的结果中，还是人们从哲学家所说的客观实在性中所得到的观念，这个真理都是清晰的、显而易见的。比如，假设石头从未存在过，有这样一个东西，它本身在形式或者卓越地[4]高于石头的存在，同时具有所有的石头组织，换句话说，它本身包含了石头的全部东西或者是比石头更高级的一些东西，如果这件东西是不存在的，那么石头也是不可能存在的；对于热而言，如果没有一个在级别

1 针对“客观”一词，笛卡尔先生的用法是：“客观的”或者“客观地”仅仅指在观念上存在。

2 动力因是亚里士多德哲学观点中的四种原因之一，其余原因还包括质料因、形式因、目的因。

3 针对“形式”一词，笛卡尔先生的用法是：“形式的”或者“形式地”指在我们所拥有的观念所表象的东西上存在着，也就是说真实地、实在地在我们的观念所得到的对象上存在着。

4 针对“卓越”存在，笛卡尔先生指在高于自身并且囊括了自己的东西中。客观地存在、形式地存在、卓越地存在是一个东西的三种存在形式。

上、程度上或者是种类上不低于热的某种东西的存在，这种东西产生了热，那么也就不能在未曾有过热的东西中产生热。别的东西也是同样的道理。而且，正是因为像我一样在热或者石头中领会到了这么多的实在性，我才能把热或者石头的观念放在我的心中，如果没有这么多的实在性，它们是不会存在于心中的。这是因为，虽然那个原因对于现实上的实在性或者形式上的实在转化成我的观念没有任何帮助，但是不能因此就否认这个原因的实在性；然而必须知道，既然所有的观念都是精神创造的，那么观念自身的实在性除了从思维或者精神那里继承来的以外，自然不需要别的形式，观念仅仅是思维或者精神的某种状态，换句话说，观念只是思维的一种方式方法。某个观念包含的客观实在性是这样的而不是那样的，这肯定是有原因的，这个原因所包含的形式实在性和这个观念中的客观实在性，最起码是同样多的，这是因为，如果我们假设观念包含了它自身原因中所没有的东西，那么这个东西就属于无中生有。但是某种东西以观念的形式存在于理智中，不管它是以客观的，或者是表象的方式，也不管它有多少缺憾，我们也不能说它是不存在的，因此也就无法说这个东西的观念是无中生有的。虽然在我的观念我所思考的实在性只是客观的，我也没有必要对实在性一定形式地存在于我的观念中的原因产生怀疑，我也没有必要觉得这种实在性客观地在我的观念中存在着的原因就足够了；[1]因为，这就好似，在观念的本性作用下，客观上这样的存在形式归属于观念，同样，在观念的本性作用下，在形式上这样的存在形式也属于这些观念的原因（最起码是观念最初的主要原因）。而且就算一个观念会产生另一个观念，但是它不可能是没有边际的，它的源头定然有最初的第一观念，第一观念的产生原因就似是样板或者是原型，它形式上或者客观上包含着各种实在性或者完满性，这里的实在性或者完满性囊括了这些观念下各种形式的全部内容。如

1　法文第二版为："而且，我也不应该认为，我在我观念中所思考的实在性既然只是客观的，在这个观念的原因里就没必要一定出现形式的或者现实的实在性，而只需要它们是客观地存在于观念的原因中。"

此一来，在自然的光明下，我看到了观念像绘画或者是图像一样展示在我的心中，确实，它们很容易丢失掉它们最初的完满性，但是它们却不可能具备更完满的东西。对所有这些东西的考察时间越长，考察得越认真仔细，我就越清晰明白地相信它们都是真的。不过我最终得出的结论是什么呢？这个结论就是：如果我通过我的某一观念的实在性或者完满性[1]清晰地了解到它[2]既不是形式地，也不是高于或者包含我的存在于我，那么我自己就一定不是它的原因，这样我们就可以推出，在这个世界上并非只有我，而是还存在着别的什么东西，它才是这个观念的原因。而且，既然我并不是这个观念产生的原因，那么我就没有任何理由能够说服自己相信在这个时间上除了我以外不存在别的东西。因为，我曾认真地探寻过，但是到目前为止我还没有任何发现。

在全部的这些观念中[3]，除了表象我自己的观念在此不会有任何问题外，有一个观念表象的是上帝，另一些观念表象的是物质性的、没有生命特征的东西，另一些表象的是天使，另一些是动物，最后一部分则是和我一样的人。但是，对于向我表象其他人、动物或者天使的观念，我是通过对物质性东西的有关观念和上帝的有关观念进行混合后得出的，这一点我很容易实现，尽管这个世界上，除我之外根本就没有其他人，也没有动物，更没有天使。对于物质性东西的观念，我不觉得在它们中间有非常大的或者是非常好的东西能让我认为它们不能来源于我自己。因为如果我继续审慎地考察它们就像我昨天考察蜂蜡那样，我觉得在那里仅仅有很少一部分东西是我能够清晰认识的，比如大小、长宽、厚度的广延。用这几种广延像长宽、厚度等以及界限组成的形状[4]，因形状不同导致的各个物体的相对稳定的地位，还有地位的变化运动，另外还可以算是实体、时间和数量。对

1　法文第二版把“实在性或者完满性”改为了“客观的实在性或者完满性”。

2　法文第二版把“它”改为了“这种实在性或者完满性”。

3　法文第二版为：“在我的所有观念中。”

4　法文第二版为：“由广延的词组成的形状。”

于其他另外一些东西，例如光线、色彩、声音、气味、味道、热、冷以及通过触觉可以感知的其他东西，在我的意识中它们是朦胧不清的，这甚至导致了我无法判断出它们是真实存在的还是仅仅是虚假的，换句话说，对于通过这些性质所认识的观念，我不知道它们是客观实在东西的观念呢，还是我妄想的、根本不存在的东西所表象出的观念呢。因为，虽然我曾经提出过，仅仅在判断中才会存在真实的、形式上的虚假，但是观念中的假则有可能是实质性的，当某种什么都不是的东西被观念表象为某种东西时就是如此。例如，我对于冷、热的观念十分模糊、不是很明白，导致这些观念不能让我分辨出[1]究竟冷是因为缺少热呢，还是热是因为缺少冷，或者说二者都是真实的，再或者二者都不是；而且，观念既然和影像很像，所有的观念似乎都在给我们呈现一些东西，假如说冷只是因为缺少热，那么以一种真实的、确定的东西把它表象给我的观念却被称作是假的，这就是不应该的也是不合适的，别的类似观念也是同样的道理；当然我没有任何必要把它们的创造者说成是别人，而不承认是我自己。这是因为，假如它们不是真的，换言之，假如它们所表现的东西并非是真实存在的，那么通过自然的光明，我看出来了它们产生于无，或者说它们之所以存在于我的内心，是因为我的内心缺失了一些东西，是不完满的。假如这些观念所表象的是真实存在的，那么即便它们呈现出的表象少之又少，甚至使我无法分辨出其表现的东西是什么，什么是无，我也找不到理由说我不可以是它的作者[2]。对于我所拥有的关于物质性东西的清晰明白的观念，有一些似乎可以通过我自己的观念得出，比如说我所拥有的关于实体的观念、关于时间的观念，以及类似的其他东西的有关概念。因为，我想到的石头是个实体，或者是个依靠自身可以存在的东西，我也想到了我是个实体，[3]虽然我

1 法文第二版为："从而让它无法告诉我。"

2 法文第二版为："那么即便它们所提供的实在性非常少，以至于我甚至无法看出其表象的东西，我也无法看出为何我不可以是它的作者。"

3 法文第二版为："然后想起我自身也是个实体。"

对这两个东西领会得十分清楚，我有思维而没有广延，相反石头有广延而没有思维，因此，这两个概念之间的不同是十分明显的，但是，不管怎样二者在表象实体上好似是[1]比较一致的。同样的道理，我想到此刻的我是存在的，而且我还记得之前我也是存在的，我认识了很多不同的思想，认清了它们的数量，此时我的内心就有了关于时间和数量的观念，此后我就能够自由地将我的这两种观念传递给其他一切东西。

对于通过物质性东西的观念形成的其他东西的性质，比如说广延、外在形状、地位和变化等，诚然，在我内心中它们的存在并非是形式的，这是因为我仅仅是个思维着的东西；但是，这只是实体具有的某种状态，好似衣服一样，物质性的实体在衣服下表现了出来[2]，而且我也是个实体，因此它们似乎能够以一种卓越的姿态包含在我心底。

因此，最后剩下的是关于上帝的观念，对于这个观念，我们必须认真思考下是否存在来源于我自己的什么东西。此刻我所提的上帝这个名称指的是：一个无穷的、恒久的、经久不变的、不依赖别的东西而存在的、极度聪明的、无所不能的，并且创造和产生了我自己以及其他所有（假设真的有东西存在）东西的实体。他所具有的优点是如此巨大，如此卓越，以致我越是认真地思考它们，就越是对我的观念能够仅仅来源于我这件事产生怀疑。因此，根据上面的论述，一定可以得出上帝是存在的这一结论；因为，虽然在我心中具有的实体观念是来源于我是一个实体的，但是我作为一个东西是有限的，因此由我这个实体是不可能得出一个无限的实体观念，如果我内心中的无限的实体概念不是一个真正无限的实体所赋予的。

我不该认为我对无限东西的认识不是通过真正的观念实现的，而只是借助于对有限东西的否定而实现的，就像我在理解静止和黑暗时是通过借助运动和光明实现的那样；因为恰恰相反，我清楚地发现无限实体所具有的客观实在性明显比有限实体多，所以在我心中首先以某种方式产生的是

1 法文第二版为："二者皆是。"

2 法文第二版删去了"好似衣服一样，物质性的实体在衣服下表现了出来"。

无限的概念，而不是有限的概念，或者是，首先产生的是关于上帝的概念，而不是关于我自己的概念。因为，如果我的脑海中并没有一个比我的存在更完满更高级的存在的观念，不是在与这个存在进行对比后，我才发现我的本性存在的缺陷的话，我怎会产生怀疑，怎会满怀希望，换句话说，我怎么才能够认识到我的缺憾是什么，认识到自己不是完美的呢？

不能说上帝观念的实质有可能是假的，是我可以无中生有的，或者是，因为我并不完美，所以它或许在我心中存在着，就像我在讨论关于冷热以及其他类似事物的观念时所讲的那样；因为，相反，这个观念是十分清晰明了的，它所包含的客观实在性本身就比别的观念多，当然也就没有比它更真实、更少被人们当作假的和错的观念了。

需要指出，关于这个最完满的、无所不在的存在的观念是纯粹真实的；因为，即便我们可以假设这个存在体不是真实存在的，但是我们却不能假设它的观念不会为我表象任何具有实在性的东西，就像不久之前我对冷的描述。

这个观念也是十分清晰明了的，这是因为所有被我的思维清晰明了地认为是真实的和实在的所有东西，并且其本身也包含着完满性，都已经全部包含在这个观念中了。

我虽然无法理解无限，或者[1]在上帝那里也存在无数多的东西是我不能理解的或者是我的思维永远无法达到的，但是这无法影响我上述的事实的真实性；因为我的本性具有有限性[2]，当然不能理解无限，真实因为无限本性的原因；只要我对这个道理领会[3]透彻，把所有我认识的十分透彻的东西，在这些东西中我知道存在一些完满性，也有可能还存在着无数个我所不知道的完满性，都认定为是在上帝那里形式地或者卓越地存在着，从而让我对上帝的观念成为我所有观念中最真实、最清晰明白的，这就够了。

1　法文第二版为："而且。"

2　法文第二版为："我是有限的。"

3　法文第二版为："理解。"

但是或许存在着以下的可能，真实的我也许比我所认知的我多些什么东西，也许我属于上帝本性的所有完满性都隐藏在我的内心，只是它们还未产生，还未通过它们的行动显现出来。实际上，我已经发现，我的认识在逐渐提高，逐渐向完满靠近，而且我还没有发现有什么东西能够阻止它逐渐向无限靠近。另外，按照这样的提高和完满发展下去，我看不出有什么东西能够阻止我获取上帝的全部完满性。最后，我的心中如果存在着这些能让我获取完满性的能力，似乎这些能力就可以把完满性的观念引导进我的心中并刻印在那里[1]。即便这样，在我更进一步地认真观察后发现，这是不可能的。首先，即便每天我的认识都可以更接近完满，即便在我的本性中真的隐藏着很多还未成为现实存在的东西，但是所有这些绝不属于我的上帝观念，也和我的上帝观念相去甚远，因为在上帝的观念中，根本就没有仅以潜在的方式存在的东西，一切都是实在的、真实存在的。特别是，我的认识是个逐渐增加、逐步增长的过程，难道这不就是我的认识不是完满的这一结论非常肯定、十分可靠的证据吗？而且，虽然我的认识是在不断增长的，但是我依旧觉得它是不可能成为无限的，因为无论它怎样发展它也达不到再也不能有所增加的极致完满程度。但是，在我心中关于上帝的观念中，上帝所具有的至高完满就是这种再也不能有所增加的极致完满。最后，我清楚地认识到，某个观念的客观存在体不会仅仅源于某个潜在的存在体（实际上这种存在体并不存在），它只能来源于某个形式存在体或者现实存在体。

当然，对于我刚才所讲的内容，任何一个愿意认真思考这个问题的人，我找不到任何东西是他们不能通过理性的思考就轻松认识的；但是，一旦我的注意力有些分散，我的精神就会被能够感受到的东西影响到，开始变

1　法文第二版为：“我未能发现有什么东西能够阻止它按照这种方式一步一步向无限方面发展；既然按照这种方式发展和完满下去，我也未能发现为何我不可以依照这种方法获取上帝本性中所有的完满性，最后我也不能发现为何我获取到了这些完满能力（假如此刻这个完满能力确实存在于我的心中的话）仍无法产生这些完满性观念。”

模糊，就好像失明了一样，不容易记得为什么我心中关于比我更完美的一个存在体的观念一定是被一个更现实完满的存在体放进去的。

这也解释了为什么此刻我放下其他的，仅仅思考具有上帝观念的我，如果在上帝不存在的情况下，我是否可以存在。我问：我从哪里能够证明我是存在的？或许是从我自己那里，或许是从父母那里，或许是从不及上帝完满的别的东西那里；因为不可能再假设存在完满度高于或者等于上帝的东西了。

如此一来，如果我的存在不依赖于其他东西，如果我的存在是因为我自己的创造，那么我一定[1]就不再会怀疑任何东西，我一定[2]就不再需要希望，最终我一定[3]会具备无限的完满性；因为，任何在我心中有其观念的东西，我自己就可以给我，这样我便是上帝了。我不该假设我现在没有的东西有可能比我已经拥有的东西更加难以获得；因为，正好相反，认为我这个有思维的东西或者实体是来源于无的，这和我去认识那些我不知道的、只是属于实体偶性的很多东西比起来毫无疑问要难很多。如此一来，便可以肯定，如果我从自身所获取的东西比刚才所讲的还要多很多，换句话说，如果我主导了我的产生和存在，那么最起码我不会缺少相对比较轻松就能获取的东西，也就是最起码不会缺少在我认识上帝过程中的全部东西，因为那些东西我觉得都是不难获取的；如果有一件东西是比较难获取，那么它一定会向我展示出来（假如我所拥有的所有东西都是来源于我自己），因为我知道我的能力界限所在，无法到达那里[4]。

---

1 法文第二版把“一定”删除了。

2 法文第二版把“一定”删除了。

3 法文第二版把“一定”删除了。

4 法文第二版为：“当然，假如我赋予了自己比刚才所讲的更多的东西，换句话说，假如我自己是我这个存在体的作者，那么最起码我不会对我自己可以很容易拥有的东西进行否定，正如我的本性缺失的很多的认识那样，甚至对于我自己所看到的包含于上帝观念中的所有东西我都不会予以否认，因为在这些东西中不存在任何一件是我觉得更难做或者更难获取的；如果其中某件是更难的，它自然会那样向我展现出来（假如我自己就是我所拥有的其他所有东西的源头），因为由此我会发现我的能力到头了。”

虽然我可以假设过去的我可能一直和我现在这样的存在是一样的，但我不会因此就否定这个推论，也不能否认坚持上帝是我的创造者这件事情的必要性。因为我存在的全部时间可以被分为无数多个部分，其中的每个部分都会由其他部分所决定，因此，从之前我是存在的这件事是不能推导出我现在也是存在的，假如不是在此刻因为某些原因（暂且这样说）产生我，创造我，换句话说就是保存我。

实际上，这个问题对于所有那些要认真考虑时间的性质的人来讲，都是十分清晰、十分明了的，也就是说，一个现实存在的东西，为了将它延续时的全部时刻都保存下来，就需要有同一的能力和行动，如果它现在没有存在的话，这种行动是它得以重新产生和重新被创造出来所必需的。所以，通过自然的光明，我清楚地发现，只有从我们的思维方式方法这一角度来说，保存和创造才是不同的，而实际上，它们并没有什么不同。因此，此刻我才有必要问我自己，我是否拥有某种能力能让此刻存在的我在将来继续存在，这是因为，既然我只是个思维着的东西（或者说，如果严谨地考虑，目前为止这一问题还只是关系到我自己这一部分），如果我的内心真的存在着这种能力，那么我肯定能时时想起它并对它有所了解。但是，我却未曾感知到任何类似的东西存在于我的心中，因此，我很清晰地认为我的存在是依靠一个在我之外与我不同的一个存在体的。

也许[1]这个被我称作[2]上帝的东西并不是我所依存的，我的父母或者是某个没有上帝完满的什么东西才是我存在的原因吧？不，绝对不是这样。因为，之前我已经讲过，原因比结果至少包含同样多的实在性。因此，我既然是个有思维、在我心中[3]有上帝观念的人，不管最终归之于我本性[4]原因是什么，有一点我们必须承认，那就是它肯定也是一个有思维的东西，而且

1 法文第二版为："可是，或许。"

2 法文第二版把"被我称作"删除了。

3 法文第二版为："自身。"

4 法文第二版把"归之于我的本性"改为"我的存在"。

具有我意识中关于上帝的本性[1]所有完满性。接下来，我们再进一步讨论这个原因是源于它本身呢，还是源于别的[2]东西。如果它的来源是它本身，那么依据我之前所讲，它自身肯定是[3]上帝，因为它具有了让自己存在的能力，毫无疑问，它一定也具有它能领会[4]的观念的所有完满性，换句话说，它一定具有我心中关于上帝观念的所有完满性。如果它存在的来源是因为在它之外的别的东西，那么我们可以依据上述道理继续提问：这个第二个别的东西的存在来源是因为它自己呢，还是因为在它之外的别的东西，一步一步继续下去，一直到最后一个原因，这个真正最后的原因也是上帝。显而易见，如此继续追问下去毫无意义，因为此刻问题的关键并不是我产生的原因，而是现在我保存的原因。

也不可以假设或许我的产生是很多原因共同构成的，我从这个地方接收到了我心中关于上帝完满性的某一方面的观念，从另一个地方接收到了别的什么观念，如此一来，即便所有的完满性都在宇宙的某个地方真实地存在着，但是却无法集合在一起并存在于唯一的某个地方，也就是上帝那里。这是因为，相反，上帝所具有的统一性、纯粹性或者不可分割性，是我心中关于上帝完满性观念的主要特性；而关于上帝完满性所具有的统一和集合[5]是不可能因为某个个别原因（因为这个个别原因，别的所有完满性观念都被我接受了）到我心中的。因为，如果这个个别原因不能让我同时认识它们，不让我通过某种方式全部知晓它们，那么它也就无法让我把它们看作是联系在一起的，不可分割的。

对于[6]我父母，好像是他们生的我，对于他们，就算我过去所相信的东西全部都是真的，可是这并不能说明它们是我得以保存的原因，也不能说

1 法文第二版把“本性”删除了。

2 法文第二版把“别的”删除了。

3 法文第二版把“它自身肯定是”改为“这个东西是”。

4 法文第二版把“能领会”改为“本身有”。

5 法文第二版把“集合”删除了。

6 法文第二版为：“最后，对于。”

明是他们让我成为一个在思维的东西，因为他们只不过是[1]把某些东西放在我这个东西里了而已，而我认定[2]的是我就是存在于这个东西中的，也就是说，我的精神（我承认只有我的精神才是我自己）是存在于这个东西中的；因此，现在关于他们就毫无疑问了；但是，我们必然会得出以下结论，即仅仅从我是存在的以及我的心中存在着一个完满的上帝的观念这两个事实，就已经十分清楚地说明了上帝是存在的。

接下来我需要做的，仅仅是检查下我是如何获得这个观念的。因为我既不是借助感官认识的，而且它并非[3]像我们通过感觉所获取的观念那样，可感知到的东西在向我[4]提供或者似乎提供感觉时，不管我们愿不愿意，它都把这种感觉提供给了我。它也不是完全由我的精神产生的或者说是捏造的，因为我根本就没有在上面增减东西的这种能力。因此，无须再多言，只能说它和我自身的认识都是从我被创造出来时，便与生俱来了。

当然，无须奇怪，我在被上帝创造的时候就已经被赋予了这个观念，这就好似一件作品被工匠创作出来后会刻上他的标记；这个标记未必和这个作品是不同的。但是，仅仅对上帝创造这一定点，他多少按照了他自己的形象创作的我，这是十分可信的，对这个形象（上帝的形象包含在这个形象中）的领会，我是通过对我自己的领会功能实现的，换言之，当我进行自我反思时，我既认识到了我的不完满性、不完全性和依存于其他人，我也总是会希望变成比我自己更完美、更强大的东西，同时也意识到那个我所依存的其他人，在它那里具有我希望的、在我意识中存在其观念的所有伟大的东西，这种伟大的东西并非是可能存在的或者是潜在的，而是实实在在地、真实地、无限地拥有着这些东西，如此一来，他便是上帝。在此，我关于上帝存在的论据，它的所有效果就是，让我意识到如果上帝是真的

1 法文第二版为："习惯性地我会相信他们所产生我的那种物质性行动，和产生这种实体之间不存在任何联系；最多是他们有助于生下了我。"

2 法文第二版为："我向来认定。"

3 法文第二版为："并非通常。"

4 法文第二版把"向我"删除了。

不存在的，那么我也就不会是现在这个样子，或者说，我的心中就不可能存在关于上帝的观念；我需要再次重申，正是因为上帝，我在我的内心才会有关于他的观念，或者说，所有这些完满性他都具备，我们只能对这些完满性有些许肤浅的了解，不能全部都认识。他绝对没有任何缺点；任何意味着不完满的东西，他都没有。

这可以充分证明他不是骗子，因为通过自然的光明我们知道，欺骗必然代表着存在缺点。

但是，在我仔细地检查这件事情，并且认真思考人们从这件事中能够得到什么真理之前，我觉得最好能够暂停一段时间，抽出一些时间好好沉思下这个完满的上帝，从容地对他这些美好的属性进行权衡，至少用我令人炫目的精神能力去沉思、赞美、崇拜他耀眼光辉下无可比拟的美。

因为，通过内心的信仰，我们知道对上帝的这种沉思会给我们带来无可比拟的福分，如此一来，此刻我们便体会到，这样的沉思虽然在完满度上相去甚远，但是却能让我们感受到在这一世能够享受的最大的满足。

第四个沉思
论真理和错误

最近几天，我已经习惯了将我的精神从感官世界中摆脱出来，而且我也恰好发现对于物质性的东西，我们能够准确认识得很少，对于人的精神我们认识得则相对多一些，对于上帝我们认识得就更多了，如此一来，现在，要实现我的思维从思考可感知或者可想象的东西上到思考彻底摆脱物质、单纯的精神的世界上的转换，就十分容易了。

对人的精神而言，既然它是个思维着的东西，是个没有长度、宽度、厚度这一类广延性的东西，是个不包含任何物质性的东西，那么与任何物质性东西的观念比起来，我对这个观念的认识自然要清晰得多。而且当我对我是不完全的和我的存在依赖于别的东西这两个问题产生怀疑的时候，我的内心就会清晰地产生一个完全的、不依赖任何人而存在一个东西的观念，这就是上帝的观念；仅仅通过这个观念在我心中存在着，或者我作为拥有这个观念的主体是存在的，我就可以得出如下结论：上帝是存在的，并且在我生命中存在的每一刻我都是完全依存于上帝的，这些结论是如此地显而易见，从而让我觉得没有什么东西能够比这件事更清楚、更真实可信地被人的精神所认知的。所以，我认为我已经探索到了一条道路，在这条路上我们能够从对上帝（上帝蕴藏着全部科学与智慧的宝藏）的沉思中走向认识宇宙中的其他东西。

这是因为，首先，我知道上帝肯定不会欺骗我，因为任何欺骗都代表着不完满；而且就算骗到别人意味着是机智的或者代表某种能力，但是，希望欺骗别人已经十分确定地证明它存在缺陷或心存恶念。所以，上帝是不可能存在欺骗的。

其次，我觉得在我的内心存在着某种判断能力，它和我所拥有的别的东西一样，毫无疑问都是从上帝那里获得的；而且，由于他不会骗我，所以他所赋予我的这种判断力，让我正在运用它的时候经常犯错[1]。因此我觉得如果我没有在此得出我永远不会犯错的结论，那么对于这一真理[2]就无须再怀疑了；因为假如我所拥有的全部东西都是从上帝那获得的，假如它也不具备让我犯错的能力[3]，那么就可以说，我绝对不会犯错了。说实在的，在我仅仅想到上帝时[4]，我在心里并没有发现任何理由能够说明它们是错的或者是假的。但是，后来[5]，当我审视我自己时，总结以往的经验，事实上我会犯很多错误，而在认真[6]探究犯错的原因时，我发现在我的意识中既存在着一个实在的，确定的上帝观念，或者称之为无限完满的存在体的观念，而且，暂且这么说，我的意识中还出现了一种关于不存在的、关于“无”的观念，或者说，是一种与完满性恰恰相反的观念；而我所处的位置就好似在上帝与无之间，或者说，我是介于存在体和非存在体之间而存在的，如此一来，针对我是从无上的存在体而来的这一点，在我的内心中，确实没有东西能够导致我犯错。但是，如果我把自己看成通过某种形式也具备了无或者非存在体的特性，换句话说就是，因为我自己不是无上的存在[7]，我拥有很多数不尽的缺憾，所以对于我会犯错这件事根本就无须奇怪。

如此一来，我也意识到，错误就其自身来说，它的存在并非是由上帝

1 法文第二版为：“其次，通过我自身的经验，我认识到在我内心存在某种判断能力，或者辨别真假的能力，可以确定这种能力我是从上帝那里获取来的，这就和我内心中的以及任何我拥有的东西都是从上帝那里获取来的一样；并且他不可能存在欺骗我的想法，那么他肯定没有赋予我这种能力，使我在运用它的时候总是犯错。”

2 法文第二版为：“对于这一点。”

3 法文第二版为：“任何功能。”

4 法文第二版为：“当我只把自己的来源归因于上帝，当我彻底地转向他。”

5 法文第二版为：“紧随其后。”

6 法文第二版把“认真”删去了。

7 法文第二版为：“因为我自己不是无上的存在，而且我缺失了许多东西。”

的某些实在的东西所决定的，而单单就是一种缺憾，因此，就我会犯错这件事，根本就不需要上帝专门为此赋予我某种能力，实际上，我之所以有时候会犯错，是因为上帝所赋予我的辨别真假的能力是有限的。

即便这样，我仍然不十分满足。因为，错误并非就是绝对的否定，换言之，错误不是一种纯粹的缺憾或者是我缺少了我不该有的某些完满性，而是我缺少了某种该有的认识。而且，鉴于上帝的性质，假如说上帝将某种不完满性给了我，或者说，我缺少了一些不可或缺的完满性的功能的话，我觉得这是不可能的。因为，如果一个工匠，他的手艺越是熟练高超，做出来的东西就越是完美这件事是真的，那么我们想，宇宙间一切事物的无上的创造者所造出的东西，哪一件从上至下的各个部分不是完美的、不是精巧的呢？[1] 当然，很明显，上帝没有将我创造成一个永不犯错的人；而且，他确实经常希望得到更好的。那么我犯错和我不犯错对我来说就更有好处吗？[2]

经过认真考虑后，首先，我想到的是，我的智慧无法理解[3]上帝做事的原因，对此我并不感到奇怪；而且，对于上帝的存在，我也没有任何理由产生怀疑，因为从我的经验我知道，我看到过很多东西但是我却不知道上帝创造它们的原因以及如何创造它们的[4]。因为，既然我的本性是十分弱小、十分有限的，而上帝的本性却是十分广袤的、高深莫测的、没有边界的，我无须费力就能知道在他的潜力中拥有无限多的东西，这些东西的由来超出了我的认知范围。仅仅通过这个理由我就可以相信：人们通常从目的所推论出的所有这类原因，在物理或者自然事物上是不适用的。因为，试图去探寻上帝的那些高深莫测的目的，在我看来是狂妄至极的。

1　法文第二版为："那么对于缔造整个宇宙的至高无上者所创造的东西有哪些东西的各个部分不是十分完满、非常精巧的呢？"

2　法文第二版为："那么我会犯错和我不会犯错比起来就是件更好的事情吗？"

3　法文第二版为："我无法理解。"

4　法文第二版为："并且也不该由此就对他的存在产生怀疑，因为通过我的经验或许我看到了其他很多东西，即便我无法理解上帝为何以及如何创造的。"

而且，我也在思考当人们在追问上帝所创造的东西是否完满时，不应该以一种孤立的视角，只看一个造物[1]，而是要全面地看待他创造的所有东西。因为，如果把他创造的我看成是独一无二的[2]，也许会有某些理由证明是完满无缺的；但是，如果只把它看作宇宙万物中的一部分，它们仍然是无限完满的[3]。并且，从我故意对一切东西产生怀疑以后，虽然我只能确定上帝和我是真实存在的，但是在我知道上帝拥有无限的潜能后，我就对他所产生的其他东西也不再怀疑了，或者最起码上帝拥有创造这些东西的能力，所以我对我存在并且被放在宇宙万物之中，成为所有存在体的一部分这件事也不能否认了。

此后，再次审视我自己，并且思考下哪些是我犯的错误（只有这些错误才能说明我是不完满的），我发现有两点原因，这就是我内心的认知功能和选择功能也可以称作我的自由意志，换句话说，既因为我的理智，也因为我的意志。这是因为，单单通过我的理智，我对所有东西都持一种既不肯定也不否定的态度，我只对我能够理解的东西的观念加以认识，这些观念我能够给出肯定或者否定的判断。但是，在审慎地对理智进行观察后，可以说，如果只根据“错误”一词的本意来说，在它里边我们肯定发现不了任何错误。而且，即便世界上有无数的东西，它们在我的理智中我对它们没有任何观念，但是却不可以说它缺失了这些观念，好似这些东西是欠它的本性的，实际上它只是还没有那些观念而已。因为，事实上，我们没有任何证据说明，上帝本应该赋予我们更强大的认知功能，这一功能比他已经赋予我们的功能更强大、更广泛。而且不管上帝在我眼中是多么的技艺高超的工匠，我也不能就此觉得上帝应该把可以用于很多作品的完满性全部赋予一件作品。我也不能抱怨上帝没有将宽泛完满的自由意志，或者意志都赋予我，因为实际上我能够感受到这个自由意志或意志，是十分强

1 基督教把“东西”也称作“造物”。

2 法文第二版为：“假如在世界上是绝无仅有的。”

3 法文第二版为：“它们仍然是非常完满的。”

大、十分广泛、没有界限、不受限制的。并且，我认为需要关注的是，我心中的其他任何东西，都没有它强大、没有它完满。因为，譬如，如果我关注我内心的领会功能，我觉得它是十分弱小的、十分有限的，与此同时，我向自己提供了另一个功能的观念，这个观念更加广泛，甚至没有边界；单从我赋予我自己观念这件事，就能清晰地让我认识到这一观念从属于上帝的本性。假如运用同样的方法对记忆或想象或别的我所拥有的功能进行检查[1]，我发现不了任何一种我所拥有的功能[2]不是非常弱小、有限的，而在上帝那里不是非常强大、广袤无垠的。我能够认识到，我所拥有的功能中，仅有意志[3]是最强大、最广泛的，是我不能找到能够超越它的别的东西。这让我意识到，我所具有的某些上帝形象以及与上帝的某些相似性，最主要的就是意志。因为，虽然上帝所拥有的意志比我所拥有的意志要大得多，不管是认识还是能力（因为认识和能力的结合让意志[4]具有了更强的力量、更好的实效），或者是有关事物（因为意志能够无限地延伸到其他东西上），如果我形式地、恰到好处地考虑意志，那么我认为此时它就不是更大了。因为它只是在于对同一件事情我们可以做或者不可以做（换句话说，对它进行肯定或者否定、追随或者逃离），或者不如这样说，它的目的只是对我们所提供的东西进行确定或者否定、追随或者逃离，当我们这样做时好像并没有感到，似乎有某些外在力量在差遣我们。这是因为为了实现自由，我大可不必在两个相反的东西之间做出选择，或者对其中某个抱着无所谓的态度；事实上，我越是偏向这一个（不管是我清晰地觉得那里有善和真，或者是因为上帝支配着我这样做），我的选择就越自由，并且选择了这一个；而且，我的自由不会因为上帝的宠爱和自然的知识而减少，相反它们增加和加强了我的自由。所以，在没有任何理由驱使我倾向这一边而

1 法文第二版为："或许在我之内有其他什么能力，我无法找到任何一种。"

2 法文第二版为："仅有意志或者仅有自由意志的自由。"

3 法文第二版为："仅有意志或者仅有自由意志的自由。"

4 法文第二版为："认识与能力连同意志结合在一起，而且让意志……。"

远离另一边时，这种我所感到的无所谓的态度是最低级的自由。说这种态度是一种意志的完满性，倒不如说是在知识中所显现出的缺憾，因为，如果我总是能够清晰地分辨出真善，那么我就不会绞尽脑汁考虑到底应该做出怎样的判断，采取怎样的选择，如此一来我就实现了全部的自由，无须再抱任何无所谓的态度。

由此，我意识到我犯错的原因既不是意志能力（它是上帝赋予我的），这是由它十分广泛、十分完满的本性决定的，也不是因为理解力或者领会力，因为，我所用的领会力是上帝赋予的，那么可以肯定，我的所有领会，都是在如实的领会，我决不会因此犯错。那是什么造成我的错误呢？是这些，即，既然意志的广泛程度远超于理智，对于意志我却没有给予同样的限制，相反我还把它扩延到我理解范围之外的东西上，意志在面对这些东西时会以一种无所谓的态度来面对，这样我就很容易身陷迷茫，并把恶的错认为成善的，或者是把假的错认为成真的。[1] 因此我就会犯错、犯罪。

譬如说，前几天我对世界上什么东西是存在[2]的进行了查验，并且认识到正是我做了这样的查验，所以我明显是真实存在的，因此我就必须做出这样的判断，也就是我如此清楚地认识到一件事是真的，并非是因为外部的某些原因迫使我这样做，而只是因为在我的理智中对此事是非常清晰的，之后则是我的意志中有一个十分巨大的倾向性；而且我的态度越是无所谓，那么我就越能够自由地去相信。相反，到现在为止，我不仅认识到因为我是在思维着的所以我是存在的，而且我的心中也出现了某种观念，它是关于某种物质的本性，这导致我对在我内部的这个思维本性产生了怀疑，或者不如这样说，我是我自己的那个东西[3]与这个物体的本性是否是不相同的，或者说二者是否是同样的东西。此刻，假设我对能够让我相信后者而不相信前者的任何理由一无所知。所以，对它持肯定态度还是否定态度，或者

1 法文第二版为：“而且把虚假的视作真实的、把恶意的当作善良的来选择。”

2 法文第二版为：“真实存在。”

3 法文第二版为：“我是我。”

不做任何判断，对此我完全无所谓。

不仅在理智根本认识不到的东西上是无所谓的，而且发展到在（在意志考虑到这些事物时）理智无法清晰地发现的东西上也是如此的程度。因为，无论当我对某些事情做出判断时，我倾向于使用猜想的可能性有多少，仅仅就这种认识的缘由（也就是说这只是猜想，并非是值得信赖的、确定无疑的），就足够给我做出相反判断的机会。这两天我真切地体会到，在我假定以前十分真实、准确的所有事物都是假的的时候，从这一点我们就能看出为什么我们会对这些事物持一种怀疑的态度。

但是，如果我对那些我领会的不是很清晰明了的事情并不做出判断，那么很明显我将这点运用得很好[1]，并且我也没有犯错。但是假如我决定对它进行肯定或者否定，那么我对我自由意志的使用方式就不再[2]是像我应该做的那样了；如果我肯定了虚假的东西，那么显而易见我犯了错误。就算我的判断是正确的，那也只是一种侥幸，我仍然不能避免犯错，不能避免以错误的方式支配我的自由意志。因为，在自然的光明的指引下，我们知道无论何时理性认识总是要先于意志的决定。正是对自由意志的这种缺陷的错误运用构成了犯错的形式。我之所以认为，犯错的原因是运用（因为我是运用的主体），而不是因为上帝所赋予我的某种功能，也不是因为上帝的运用。这是因为，我没有任何借口抱怨上帝没有赋予我一个比我当前所拥有的智慧更加有才能的[3]智慧，或者是一个更大[4]完美的自然的光明，因为实际上，[5]对无穷无尽的事物不理解，是理智的本性使然，是本性的先天有限性决定的。我却仍有无数的理由对他心怀感激，因为他从未亏欠过我；相反却赋予了我些许完满性，我对此也没有任何消极的情绪，设想他不应该将剩下完满性收回去或者是不给我。对于他赋予了我比理智更加广大的

1　法文第二版为：“明显我是正确的。”

2　法文第二版把“再”删掉了。

3　法文第二版把“更加有才能的”改为“更加广泛的”。

4　法文第二版把“更大”改为“更加完满”。

5　法文第二版把“实际上”删掉了。

意志这件事，我同样没有理由抱怨，因为意志仅仅关乎一件事，而且它的主体就好似是不可分割的[1]，它的本性看起来就是这样，从它身上拿掉任何东西都会将它毁灭。而且，很显然，它越是向外延伸，我越是要向将它赋予我的好心人心怀感激。最后，我也不应该对上帝助长我形成这种意志心怀不满，也就是我做出的错误判断，因为，既然上帝主导着这些行为，那么它们就肯定是真实无疑的，出自善意的；从某种意义上说，我具有这些行为比我不具有这些行为，对使我的本性更加的完满。对于缺陷（正是缺陷导致了犯错和犯错的形式），它不关乎上帝的助长，这是由于它不是东西也不是存在体，而且如果把它和上帝联系起来，把它的原因归为上帝，那么依照学院的定义，它就不应该被称为缺陷了，而应该是否定。

因为实际上，假如说，对于上帝没有让我清楚明了地认识的那些事物，上帝并没有赋予我是否对它们做出判断的自由，这不是上帝的不完满，却必然是我的不完满，是我没有恰当地运用这种自由，是我对那些我认识的不清晰、模糊不清的东西草率地做出了判断。

但是，虽然我知道一直以来我都是自由的，还拥有些许认识，换句话说，如果上帝赋予我的理智是一种清晰明了的认识能力，让我对所有事物都不需要加以思考，或者他只需要在我对事物的认识不清晰、不明了时永远不去做判断，将这一思想深刻地烙印进我的脑海中，让我时时刻刻记着它，这样他就可以轻易地让我永不犯错。而且可以看到，只要我视自己是独一无二的，好似世间只有我自己，如果上帝让我永远不犯错，那么我肯定会比现在更加完满。但是，这并不能让我否定，从某种意义上讲，宇宙间某些部分肯定会犯错比其他部分都是错误的[2]，具有更大的完满性。而且，对于上帝把我创造在这个世界上时，假如[3]没有把我创造成最高贵、最完满的东西，我也没有任何抱怨的权利。甚至我有理由感到知足：我前面所讲

1 法文第二版为："而且就像是一件不能分割的东西一样。"

2 法文第二版为："比其余部分犯错，比假如所有它们都犯错。"

3 法文第二版把"假如"删掉了。

的通过第一个办法可以让我不犯错的能力（我对要考虑的东西所具有的清晰明了的认识决定了这种能力[1]）如果上帝并没有赋予我这种能力，但至少他为我保留了另一种能力，那就是在我没有搞清事情真相前，坚决不去下判断。因为，虽然我感受到了我本性中[2]存在这种缺陷，也就是我不能使我的精神与某一固定的思想时刻保持连接，但是我仍然可以通过专心致志和进行经常性的反复沉思，把它深深地烙印在我的脑海中，让我在需要它时就能想起它，而且通过这种办法可以让人养成不犯错的习惯。同时，人的完满性最大的也是最主要的部分就在于此，我认为[3]从这个“沉思”中我受益匪浅，因为从中我找到了错误和虚假的原因了。

而且，除了我解释[4]的那个原因外，自然没有其他别的原因了。因为当我把我的意志严格地限定在我认识的范围内，除了那些理智能够清晰明了地认识的事情以外，不对其他任何东西做判断，这样我就不会犯错；因为所有我能够清楚、明白地认识的，都毋庸置疑是真实存在的东西[5]，这样它们就不可能是无中生有的，必然是上帝创造的。我要讲的是，既然上帝是无上完满的，那么他就肯定不是我犯错的原因；因此肯定能够断定：像这样的一种认识或者判断是真实无疑的。

而且，今天我不仅知道了如何才能做到不犯错误，同时也知道了认识真理的办法。因为，如果我的注意力紧紧围绕在我能够足够清晰认识的事物上，如果我将这些事物和那些我理解得十分模糊的事物区分开来，我自然就认识了真理。今后我要对此多加留意。

---

1 法文第二版把“能力”改为“完满性”。

2 法文第二版为“体验到在我这。”

3 法文第二版为“我认为今天。”

4 法文第二版为“我刚刚所解释的。”

5 法文第二版把“真实存在的、肯定的东西”改为了“什么东西”。

第五个沉思
论物质性东西的本质；再论上帝及其存在

对于上帝的属性，和我自己的本性，即我精神的本性，还有很多东西等待着我去核验；不过，或许我可以另找时机去研讨。在我意识到在认识真理过程中须要做哪些事情或者不做哪些事情之后，当前我的主要任务是让我自己从这几天的诸多怀疑中挣脱出来，放下这些怀疑，看一看，我们是否真的对于物质性的东西没有一点确切的认识。

但是，当我查验在我以外的世界是否存在这些东西之前，我首先应当思考的是关于这些东西的观念（因为这些东西的观念存在于我的思维中），看一看，它们哪些是清晰明了的，哪些是模糊不清的。

首先，我清晰明确地想到的是通常被哲学家称作“连续量”（quantit é continue）的量，或者是长度、宽度、厚度的广延。广延包含于这种量之中，更准确地讲，它们是包含在东西里的；人们在东西中加入了广延。其次，这种量里的很多部分我都可以一一举出，然后为每一部分添上大小、形状、方位以及运动。最后为每个运动给出不同的延续时间。

在我对这些问题进行一般性的思考时，我对这些东西不仅仅有了清晰的认识，而且当我稍稍留意后，我便实现了对有关数量、外形、运动以及其他很多类似特点的认识，这些特点不仅表现出了十分明显的真实性，竟还和我的本性十分契合，从而使我在认识这些特点后，好似没有得到任何新的东西，却让我想起了以前就已经认识的东西，换句话说，找到了一些之前便已经存在于我脑海中的东西，尽管之前我未曾想到它们。

当前，在我看来最为重要的是，我认为我的内心存在无数的关于某些事物的观念，虽然这些事物在我思维以外并没有多少存在性，但是也不能说它们就是纯粹的不存在；并且，虽然我可以决定是否想起它们，但是它们并非是我虚构杜撰的，而是它们拥有自身真实的、恒定的本性。譬如说，在我想起三角形时，就算是我思维之外的世界根本就不存在这样的形状，或许它从来都不曾存在过，但是三角形的某些肯定的性质、形式或者本质毕竟还是存在的，它们具有不变性、永恒性，不是我虚构杜撰的，也不是我的精神所决定的，这就好似我们可以从论证这个三角形的各种性质这件事所展现出来的那样（譬如，三角形的三角之和等于一平角，最大的内角所对应的边最长，以及其他类似的东西，即便这些东西在我第一次想到三角形时完全不知道），我现在对此认识得十分清晰明了，不管我愿意与否，它们都属于三角形的特性，所以不能说我是虚构杜撰的。

如果说我心中关于三角形的观念有可能是借助我的感官而来的，因为我曾看到过某些物体是三角形的，但是这只是我的自我反驳而已，因为我的内心可以生成无数个其他形状，而且根本不会让人们怀疑它们是来源于我的感官，这对我能够论证出它们的有关性质没有丝毫影响，当然我也可以论证出三角形的各种有关性质。这些东西自然都是真实的，因为我对它们的认识是十分清晰的，所以说它们是某种东西，而并非是纯粹的无；因为，十分明显，任何真的都是某种东西[1]。之前我已经论证过，所有我能够清晰明了地认识的东西都是真实的。即便是我没有对这一点进行证明，但是在我把它们认识得清晰明了时，我不得不坚信它们是真实的，之所以如此是因为我的精神的本性。并且我还记得，就算我还沉浸在感官所感知的对象上时，我认识得十分清晰明了的关于形状、数量以及其他算术学和几何学的东西，仍然被我划归到恒久不变的真理之中。

那么此刻，如果只是因为我能够从我的思维中得出某些东西的观念，就因此断定所有被我清晰明了地认识到是归属于这个东西的实际上就是归属于这个东西，那么我岂不是可以据此得出一些论据和论证证明用来说明

1 法文第二版为："任何真的都是某种东西，因为真实与存在是相同的。"

上帝是存在的？当然我内心觉得，上帝的观念（换句话说，一个无上完满的存在体的观念）与某种形状或者某些数量的观念比起来，并不比它们差。我对上帝本性中那些现实的、不变的存在性的认识的清晰程度，与我认识的所有能够论证的某些形状或某些数目是真实地归属于这些形状或数目的本性的程度比起来也不差。从而，就算前面几个沉思中的全部判定都不是真实无疑的，但是上帝的存在和目前我有关数目、形状的数学真理认识一样，在我心里是同样的值得信赖，虽然实际上看起来并不明显，好似是一种诡辩。因为，既然在其他所有东西中已经全部习惯性地将存在和本质区分开来，那么我对上帝的存在和本质也是可以分开的这一点也就很容易相信了，如此一来就可以认为上帝并非是现实存在的。虽说如此，但是深思熟虑后我就明显发现上帝的存在和本质是不能分割的，这就好比直线三角形的本质和三内角之和等于一个平角是不可分割的，或者是一座山的观念和山谷的观念是不可分割的。所以说，了解上帝（或者是了解一个无上完满的存在体）而他竟然没有存在性（换句话说，他是不完满的），这和认识一座山但是却没有山谷是同样的道理，都是不合适的。

但是，虽然实际上我既不能了解一个缺失了存在性的上帝，也不能了解一个没有山谷的山，但是，仅仅通过我认识到了一座带谷的山这件事不能得出世界上就存在山，同样的道理，虽然我认识到了有一个存在的上帝，但也不能因此就断定有一个[1]上帝是存在的，因为我的思维没有给任何事物强加东西的功能；而且，尽管世界上并不存在有翅膀的马，但我却可以想象出一匹带翅膀的马，同理，尽管上帝是不存在的，或许我的思维却给他添上了存在性。事实绝非如此。存在于这个反驳的外部之下的诡辩就在于此。这是因为，通过我无法认识一座没有山谷的山，既不能得出世界上没有山的结论，也不能得出世界上没有谷的结论，而只能得出不管山和谷存在与否，它们不管怎样都是[2]不可分割的；相反，单单只是因为我只能将上

1 法文第二版把“有一个”删除了。

2 法文第二版把“不管怎样”删除了。

帝理解不具有存在性[1]，所以上帝与存在性便是不可分割的，因此上帝是真实存在的。不是因为我把事物想象成什么样子它就会是什么样子，而且[2]强加给事物某些必然的东西；而是正好相反，是因为事物内部的必然属性，也就是上帝自身的存在性主导了我的思维，让我如此去领会它[3]。这是因为我能够自由地去想象一匹马是否拥有翅膀，但是我却不能随意地认识一个不存在的上帝，换句话说，对于一个无上完满的存在体，我是无法随意地将其认识成缺失无上完满的。

在此我也不应该说，在我认可了上帝具有各种完满性之后，就真的一定要承认上帝是存在的，因为存在性就是一种完满性。而且，实际上[4]我的第一个假设并非是确定无疑的，同样的道理，觉得所有的四边形都能与圆内切，这也不是确定无疑的；假如我怀有这种的想法，那么我就要认可菱形也是可以内切于圆的，因为菱形也是一种四边形，如此一来我就认可了一件错误的事情了。也许我不该这样说，因为，就算我不一定非要想起上帝，但是，只要这个首位的、无上完满的存在体出现在我心中（暂且这么说），并出现了关于这个存在观念时，我必定会给他各式各样的完满性，虽然我并不能将这些完满性全部列举出来，也不能对每一个完满性都给予特别的关注。我（在我认可了存在性是一种完满性后）就必然会从这种必然性中得出这个首位的、无上完满的存在体是真实存在的。[5]同理，我也并非一定要想象三角形；然而当我的心中出现了由三个角构成的直线形状时，那我就必然会将三角之和不大于平角这一结论给予它，就算这一点当时并没有引起我的特别注意。但是在我核验哪些图形可以与圆内切时，不管怎

1 法文第二版为：“单单从我只能将上帝理解成存在的。”

2 法文第二版把“而且”改成了“或者”。

3 法文第二版为：“而是相反，是存在于事物本身中的必然性，换句话说，我拥有这样的思想是由上帝之存在的必然性所决定的。”

4 法文第二版把“实际上”删掉了。

5 法文第二版为：“这种必然性完全可以让我此后十分有可能得出结论说，这个首要的、无上存在体是存在的。”

样我也没必要想所有的四边形都可以；相反，我不可以编造事实，这是因为我不希望我的思维接受了那些我没有清晰明了地领会的东西。所以，上面这些虚假的假设和我天生的真实存在的观念（首要的也是主要的是上帝的观念）之间存在着巨大的不同。

因为，实际上，我通过多种方式都发现这个观念不是凭空捏造的，并不是只存在于我的思维中的，而是以一种具有真实和恒定形象的东西。首先，因为除了上帝之外我不能发现还有什么其他东西它的存在必定归属于它的本性。其次，因为我也不能发现两个或者很多像他一样的上帝；并且，既然我确定了有一个上帝是存在的，这一点我很清楚，他以前以及将来都必定是绝对永恒地存在。最后，因为在上帝那里我也领会了无数其他的东西，从这些东西中[1]，我既不能减少丝毫也不能增加丝毫。

而且，不管我用什么论据，不管我怎么证明，我始终都离不开下面这点：只有那些我认识得十分清晰明了的东西才能让我完全信任。并且，即便在这些东西中，有一部分实际上是每个人都能轻松认识的，也有一部分是只有在深思熟虑、认真核验后才能被探索出来的；然而，一旦这些东西被探索出来后，人们都会相信它们是值得信任的。譬如说，所有的直角三角形，虽然在一开始就看出以底边做成一个正方形的面积和以另外两个边做成的两个正方形的面积之和是相等的并不是容易的，因为最大内角所对应的边就是底边，但是，只要我们发现了这点，那么我们会相信它们都是真实的。对于上帝，之前如果我对此没有一点成见，如果我的思维成功躲开了连续出现的可感知事物影像的影响，那么，在所有我已经认识的事物中，我对上帝的认识是最早的，也是最轻松的了。因为，难道还有哪件东西能比我想起上帝，或者说，想起一件无上完满的存在，仅仅在关于他的观念中就已经涵盖了必然的或者不变的存在性，从而让他是存在的这件事变得更清晰明了的吗？

为了实现对这个真理的准确认识，虽然我做了很多努力，但是现在，

1 法文第二版为“其他的许多东西，来自上帝那里”。

我不仅在此信任了那些我认为是最可靠的东西，此外，我也发现了它完全决定了其他所有事物可靠与否；要想完满地认识所有事物必须以此为前提。

因为，一旦我对某件东西领会得十分清晰明了，那么我就当然相信[1]它是真的：这是由我的本性所决定的。即便这样，但我不能时刻注意着某一事物。我时常回忆起我把某个事物认定成真的，而当我不再关注为何我做出这样的判断时，假定我并不知道存在着上帝，这样就会出现一些别的理由让我轻易就改变观点：这也是由我的本性所决定的。如此一来，我对所有事物的认识都不会是真实的、值得信赖的，而只能是空洞宽泛、不值得信赖的认识。

譬如说，在我思考三角形的性质时，我很容易（我在几何学上算是有点内行）就知道三角形[2]的三个内角的度数的和等于一平角的度数，我必须相信这一点；但是，一旦我的注意力从证明上移开，即便我十分清晰地领悟了三角形的三内角度数和等于一平角的度数，如果我不知道存在着上帝，我对它的存在性仍然会有很大的怀疑，因为我可以这样说服自己：在我以为已经领悟得最为显现、最值得信赖的东西上，自然界让我生来就会犯错，这主要是因为，我记得有很多我认为是真实的、值得信赖的事物，后来我又会因为一些别的原因将它们断定成绝对错误的。

但是，在我认识到上帝是存在的这件事之后，我也认识到了所有的事物都是上帝决定的，并且上帝不是骗子，因此我可以肯定所有被我清晰明了地认识的事物都必定是真的，虽然我无须再为我是依据什么把所有事物都判断为真实的而纠结，我只要记住我对它的领悟是十分清晰明了的，就无法提出反驳的观点让我对它的存在性再产生怀疑，如此一来我对这个事物的认识就变得真实可靠了，这一点也可以推广到所有我之前论证过的其他事物中，譬如说几何学中的真理以及其他一些类似的事物上。因为，对我进行反驳、让我对它们产生怀疑的原因是什么？是我的本性使然吗，是

1 法文第二版为“我必须相信”。

2 法文第二版为：“直线三角形。”

它总让我犯错吗？但是我确定的是，我在对那些我认识得十分清晰的理由做出判断时，是不会犯错的。还是因为之前我把很多东西判定为是真实的、值得信赖的，之后却又意识到它们是错误的呢？但是，对于这些东西，没有一件我对其认识是清晰明了的，并且当时我还不知道准确认识真理的规律是什么，我因为某些理由相信了它们，之后我又发现这些理由并不像我之前认为的那么有说服力。还有别的什么要反驳的吗？是因为或许我在睡梦中（就好似我曾经反驳自己那样），或者是由于我此刻的想法，和我们想象自己是在睡梦中比起来，并不比后者不真实呢？但是，就算是在睡梦中，所有清晰明白地呈现在我内心的都肯定是真实的。所以我清晰地意识到，对真实上帝的这一认识决定了一切认识的准确性和真实性，因此在我没有认识上帝之前，我是不可能实现对其他事物的完满认识的。而我认识上帝之后，就可以获得对无数其他东西的完满认识，这不仅包括在上帝之内的东西，也包括物质性的东西，因为物质性可以成为几何学家论证的对象。它们才不管这个对象是否真的存在。

第六个沉思
论物质性东西的存在；论人的灵魂和肉体之间的实在区别

现在仅剩的问题就是，查验下物质性的东西是否存在。确实，单从几何学把物质性的东西视作推论的对象这一点来说，既然通过这种方法我把它认识得十分清晰明了，那么我至少已经确定了这种东西是可以存在的。因为，所有我能清晰明了地认识的东西，上帝都可以将其创造出来，这是毋庸置疑的，而且，我从来不认为上帝会因为[1]某种东西我不能清楚地认识而不能把它创造出来。况且，我的想象能力（总结以往经验，我发现我在思考关于物质的东西时就运用了这种能力）也足以使我相信物质的东西是真实存在的。因为在我思考什么是想象的时候，我意识到它只不过是大脑的认知能力对所呈现的物体的一种运用，因此这一物体是存在的。

为了清楚地弄明白这一点，首先我发现的是，想象功能与单纯的智力活动或者思考之间的区别。譬如说，当我在想象三角形时，我不仅意识到它是由三条线构成的一种包含了三条线[2]的形状，另外，因为我的精神力量和思维活动，我把它当作呈现在我面前的，这就是我所讲的想象。如果我要想象的是一个千边形，就像我认识到三角形是仅有三条边构成的形状一样，我也可以轻松地意识到它是由一千条边构成的一种形状，但是我却无法像我想象三角形的边那样想象千边形的边，也不可以（姑且如此说）发挥我思维的可视能力将一千个边呈现在我眼前。并且，虽然我已经习惯了用我的想象来构思物体性的东西，从而在我思考千边形时，会表象出一个

1　法文第二版为："只是因为。"

2　法文第二版把"一种包含了三条线"删除了。

大概的形状；但是这个形状明显不是千边形，因为它和我在想象万边形或者其他很多个边的形状时所构想出来的形状是一样的，并且通过它也无法发现千边形和其他多边形的任何差别。

如果要考虑的是个五边形，我自然可以用考虑千边形的方法来领会它的形状，根本不需要使用想象。但是我也可以将我的注意力放在五边形的每个边上，也可以放到五边形的面积和空间上，以此来构想它的形状。因此我清楚地发现我需要全神贯注的想象，而不需要全神贯注去领会[1]；从是否需要全神贯注我们可以很容易发现想象和单纯的智力或者领会之间的不同。

另外我还发现，从我心中的想象能力与领会能力的区别来说，它们对我的本性或者是本质，换句话说，对我精神的本质一定不是必不可少的；这是因为，就算我根本不具有想象功能，但我仍会是现在的情况，肯定没有任何不同，因此可以说，它并非是我的精神决定的，而是不同于精神的某些别的东西决定的。而且我也很容易发现，如果我的精神和某种存在的物体有着十分紧密的联系，甚至在它让我什么时候考虑我就会什么时候考虑它，那么精神就可以以此来想象物体性的东西了。所以，这种思维形式与单纯的理智相比，不同之处就在于：当我们领会时，精神会通过某些形式将其转向自身，并且所思考的是在其内部的某个观念；当我们想象时，它则转向物体，并且以物体为媒介来思考关于精神自身的观念，或者是考虑借助感官得来的观念。我认为这是很容易理解的，如果物体是真的存在的，那么想象就可以做到，而且正是因为没有找到任何方法能够说明想象是如何做到的，所以我猜想也许物体是真的存在的；但是，这只是一种“也许”；尽管我对所有东西都进行了详细的核查，但是对于能够从我想象中的物体本性的观念得出什么物体是存在的证据，我没有发现任何东西。

但是，除了作为几何对象的各种物质性质外，我通常也会想象一些别的东西，比如说颜色、声音、味道、疼痛还有其他类似的东西，虽然它们

---

1 法文第二版为：“去领会或者理解。”

并不十分清晰。并且我对这些东西的观察是通过感官实现的，以感官和记忆为媒介，它们就好像已经满足了我的想象，因此，我觉得为了实现对它们的准确核验，我认为有必要同时核验下什么是感觉，看一看借助于所谓的感觉这一思维方式而被我内心接受的观念，我能否从中发现某些值得信赖的证据，能够证明物体性东西是存在的。

首先我要做的是，回忆下我之前凭借感官所得来的东西，哪些是真实的，我又是依据什么相信它们是真实的；其次，我还要回想下之后是什么理由又让我对它们产生了怀疑；最后，我要想一想我现在应该相信什么。

所以，我首先所感知到的是我拥有一个脑袋、一双手、两只脚以及我认为是自己的部分或者全部肉身的剩余部分，另外，我还感知到我的肉体存在于许多别的物体之间的，通过感知我对这些物体有着不同程度的舒适和不舒适。某种愉悦感或者是欲望满足的感觉是舒适，某种不愉悦的感觉是不舒适。除了愉悦和痛苦以外，在我自身内部我感到了饥饿、渴以及别的类似的饮食欲望，我还感受到高兴、悲哀、愤怒等类似情绪的物质性倾向。在我之外，我不仅看到了广延、形状、运动这些物体的性质，我还从物体中看到了硬度、干湿等其他来源于触觉的特性。另外，我还从中看到了明暗、色彩、气味、味道以及声音，而各种各样不同的明暗、色彩、气味、味道和声音为我提供途径，让我能够从天空、大地、海洋，总之其他别的所有物体中将它们分辨出来。

当然，鉴于所有这些在我思维中出现的这些关于特性的观念，并且仅仅只有这些观念是我实实在在、直接感知到的，于是我就可以认为我感知到了一些与我的思维迥然不同的东西，换句话说，就是导致这些观念产生的物体，如此讲并不是没有道理的。因为我曾体会到这些观念在我的思维中出现时，并没有经过我的同意，如果它未曾在我的这些感官中出现，即便我想感知到它，我也无法感知到；然而当它出现在我的感官中时，我又不可能不感知到它。

而且，正是由于这些我通过感官而来的观念，和我在沉思时构想出来的观念比起来，或者和那些我认为烙印在记忆中的任何观念比起来，明显生动了很多，如此看来它们不会是我内心产生的，那么它们就必然是因为某些别的东西在我心中引起的。既然在那些观念给我带来的认识之外，那些东西没有给我带来任何其他的认识，那么那些东西和它自身引起的观念应是一样的，除此之外就再无其他别的东西可以来到我的心中。

因为，我也牢记着我运用的是感官而非理性，而且我也知道我自己所想的观念没有我凭借感官所得的观念明确生动，况且我所想的那些观念通常也是我凭借感官所得观念的一部分，因此这让我很容易就相信我心中没有任何观念不是我凭借感官得来的。

所以，我有理由相信这个物体，也就是我的肉体（因为我对他拥有某些特殊权利，所以我把它称作我的），与其他物体比起来，更真实也更紧密地归属于我，这并非毫无道理。因为，实际上根本不可能像我与别的物体分开那样将我的肉体与我分割开来。我通过我的身体，当然也是为了我的身体，感知到了我所有的饮食欲望，体验到了我全部的情感。最后我的愉悦和痛苦也是通过我身体的某部分感受到的，而并非通过跟我的身体分得开的别的物体。

但是，在我核验为何我一无所知的痛苦感能引发内心的悲痛，愉悦感引发内心的喜悦，或者为何我一无所知的肠胃刺激（我称之为饿）会让我想去吃东西，喉咙干涩会让我想去喝水，以及其他类似情况，除了这是自然导致的以外，我找不到别的原因了；因为在肠胃刺激和饮食欲望之间，在引发痛苦的东西感觉和悲伤情感之间，没有（至少是我无法理解的）丝毫关系。同理，我对我的感官对象的判断似乎也是从自然那里获取的；因为我发现之前我经常在这些对象上做出的判断，它们是在我花费精力思考和掂量如何做出判断之前就已经形成的。

但是之后，又有很多现实的经验打破了我从前对感官的所有信任。因为我经常发现，有些塔从远方看它像是圆形的，但是从近处看却又是方形的；矗立在高耸的塔顶上的庞大雕塑，从塔底下看起来却很小；就是如此，在别的场合中，我也发现了很多我依据感官所做的判断是存在错误的。不仅仅外部感官如此，依据内部感官所做的判断也是这样。难道还有东西比痛苦和我们联系得更紧密，更属于我们内部的吗？但是之前有些已经把胳膊或者腿截肢了的[1]人告诉我他们有时候会感受到已经截去的肢体的疼痛，这让我有理由认为，就算我感知到了我某一肢体的疼痛，但我却并不能确定[2]它痛。

除了这些怀疑理由，这段时间我还添加了两个很平常的理由。第一个理由是，在我醒着的时候，从未认为我感受到了一些我在睡梦中认为我感知到的东西；并且，因为对于我在睡梦中认为我感知到的东西，我不认为它们是从在我之外的某些对象那里获取的，因此我找不出理由去相信我在醒着时感觉到的东西。第二个理由是，我还不认识我的创作者，不如说我是假装不认识，我找不到什么能够阻止自然如此地创造我，让我甚至会在那些表现得最真实的东西上犯错。

上面那些能够让我对可感知东西的真实性产生信任的理由，我无须费力就可轻松给予答复。因为自然给予我很多东西，这些东西是我无法依据平常的道理可以搞清楚的，我觉得我对自然所告知的一些东西不该给予太多的信任。并且，即便是我的意志并不能决定我通过感官所得的那些观念，但是我却并不觉得因此就可以断定这些观念是从与我不同的东西那得来的，因为，或许我在此有某种功能（虽然我到目前为止还未认识它）导致了这种观念的产生。

但是既然现在我已经对自己开始了全新的认识，也清楚地发现了我的创造者，那么我认为对于感官所告知的东西，我真的不应该再不假思索就全盘接受了；不过我也并不觉得我应该将它们全盘否定。

首先，由于所有能够被我清晰明了认识的东西都是上帝创造的，就像我所领会的那样，而且我清楚地知道这一点，所以只要我能够清晰明了地

1 法文第二版为：“他们已经失去了的。”

2 法文第二版为：“完全确定。”

认识某个东西，并且他和别的东西没有牵连，那么我就可以断定这个东西和那个东西是有区别的或者是不同的，因为它们可以分开放，最起码由万能的上帝将它们分开放；对于是哪些力量将它们分开的，并让我认定它们是不一样的东西，这倒并不重要。正是由于我确定地认识到我是存在的，并且除了我是一个思维着的东西以外，我又没有发现还有别的什么东西是必定归属我的本性或者是归属于我的本质的，因此我可以十分有把握地说，我的本质就是我是个思维着的东西，或者说我是个实体，其本质或本性就是思维。并且，虽然或许（或者说确实，就像我接下来所要说的）我拥有一个肉体，我和它紧密相连；但是，由于一方面我对自己的认识观念是清晰明了的，也就是说，我仅仅只是个思维着的东西，并且没有广延，另一方面，我对我的肉体也有个清楚的观念，也就是说它仅仅有广延却没有思维，所以我可以断定：这个有灵魂的我，也就是我因此成为我的那个东西，与我的肉体是完全、真真切切不同的，灵魂的存在无须依赖肉体。

另外，在我心中有着几种不一样的思维能力，它们每一种都有自身的特性，也就是说，我心中有想象的能力，也有感觉的能力，如果没有这些能力，我虽然可以清晰明了地认识我自己；但反过来，不可能只有这些功能却没有我，换句话说，没有一个它们赖以依存的或者是它们归属的理智型实体是不行的。[1]因为，在我们依据这些功能而形成的概念中，或者（学院术语会这样讲）它们的形式概念中，蕴藏着某些理智作用。在那里我认识到了它们和我是不一样的，这就好似外形、运动还有其他状态或者其他偶性和具有它们的物体本身是不同的一样[2]。

我对其他一些功能也有些认识，比如说变动位置、运用各种姿势还有其他类似的功能，如果这些功能缺失了它们可以依附的实体那么它们就不

1　法文第二版为：“另外，在我内心存在几种不同的思维功能，它们各有其自身的特殊方式：比如说，我心中具有想象能力和感知能力，如果没有它们，虽然我仍可以清晰明了地领会我的全部，但是却不能反过来只存在它们而没有我，换句话说，没有一个它们赖以依存的或者被它们归属的理智型实体。”

2　法文第二版为：“就好像样态和东西是不同的那样。”

可能被人们认识，前面提到的功能当然也不能被人们认识，因此如果这个实体是不存在的那么它们就也是不存在的。但是，显而易见，这些功能想要存在，就必须依附在物体性或者具有广延性的实体上，而不是在某个理智型实体上，这是因为在它们清晰明了的概念中，的确包含了某种广延性，但是肯定没有理智。另外，对于我的内心[1]存在某种受动的感知能力，我无法产生任何怀疑，换句话说，我内心对可感知的东西具有某种认可和领会能力；但是，假如说我的内心或者是别人的内心[2]根本没有另一种能动功能，这种功能可以产生并形成这些观念，那么这种受动功能对我就变得一无是处，我绝不可能用上它。但是，我既然只是个思维着的东西，那么我内心就一定不会有这种能动功能，因为在此之前，它不会通过我的思维，而且这些观念也根本无须我的协助，甚至很多时候它们出现时与我的意愿完全相反，所以它肯定是存在于与我不同的某个实体里，在这个实体里形式地或者显赫地包含了（正如我之前所讲的）某些实在性，这些实在性包含了全部这个功能所产生的观念。这个实体有可能是个物体，这个物体形式上或者实际上囊括了所有客观的物体以及存在于其中的物体性东西，或者是上帝自己，再或者是某些比物体高端的东西，这个东西中显赫地囊括了相同的东西。

但是，我们既然已经知道上帝不是骗子，那么很明显，对于这些东西的观念，上帝不会直接将其送给我，也不会借助某种造物媒介（在这个造物中不是形式的，而仅仅是以某种显赫地包含着观念的实在性）传给我。因为，既然他没有赋予我任何能力让我认为事情是这样的，却让我十分倾向地认为它们是物体性东西所传输给我们的，或者认为它们是来自物体性的东西[3]，那么假如实际上物体性的东西并非是产生[4]这些观念的原因，而是

1 法文第二版为："另外，我无法怀疑在我内心。"

2 法文第二版为："或者在其他某些东西中。"

3 法文第二版为："却十分倾向于认为它们是从物体性的东西得来的。"

4 法文第二版为："产生或者导致。"

来自[1]一些其他原因，我实在找不到理由可以辩解说它不是个骗局。所以对于物体性东西是存在的这一点我们必须予以承认[2]。

即便这样，它们的实际模样也许并不和我们感知到的样子完全一样，因为感官对很多东西的感知都是十分模糊的[3]；但是，我们至少必须承认，一切能被我领会的清楚明了的东西都是真实的，换句话说，通常情况下，思辨几何对象所包含的东西都是真实可靠的。但是，对于别的一些东西，显然它们只是个别现象，比如说太阳到底有这么大吗、到底是不是这样的形状等；或者是那些我们领会的不太清楚明了的东西，譬如说光、声音、疼痛以及其他类似的东西，虽然它们看起来让人觉得十分可疑，完全不值得信赖，但是上帝一定不是个骗子，所以他并没有让我在某种见解上存在犯错的可能却同时不给我纠正这种错误的能力，单从这点来讲，我觉得可以断言我肯定拥有认识它们的可靠办法。

首先，毋庸置疑，所有自然告诉我的东西都包含着某种真实性。因为自然，通常情况下我所指的是上帝或者是在各种被创造的物体中上帝所建立起来的秩序和规则，而不是别的东西。至于我所说的个别自然〔本质[4]〕，我指的是上帝赋予我的所有东西的总称，而不是别的东西。

但是，对于以下这一点没有其他东西能比自然告诉我的更清晰明了，那就是我拥有一个肉体，在我感受到痛苦时，它会不舒服；在我感受到饥饿或是口渴时，它就需要吃点或喝点东西；等等。所以对它我绝没有任何怀疑。

自然也通过疼痛、饥饿、渴等感觉告诉我，我不仅仅是像一个舵手住在一条船上那样住在我肉体中，而且在此之外，我和我的肉体还紧密地联系在一起，如一个整体一般紧紧地融合、交融在一起。因为，如果不是这样，

---

1 法文第二版为："从别处或者产生于"。

2 法文第二版为："所以一定要得出这一结论，即有物体性的东西是存在的。"

3 法文第二版为："因为有许多东西把感官知觉搞得模糊不清。"

4 法文中"nature"可以译作"自然""本性""性质"，它们是一个意思。

那么在我的肉体经受创伤的时候，我这个仅仅思维着的我，也就不可能因此感受到疼痛，而只是在理智的指引下知道了这个伤，就好似通过视觉的观察就可以知道船上的东西有什么是坏掉的；在我的肉体需要补充食物时，我也会直接意识到，而不需要借助饥饿这种模糊的感觉。因为实际上，我的饥饿、口渴、疼痛以及其他所有感觉都只是思维的某种模糊形式，精神和肉体的紧密联系产生并决定了它们，二者好似融合在了一起。

另外，自然还告诉我，在我的身体周围还围绕着很多其他东西，在这些东西中我应该靠近一些、远离另一些。并且，很显然，对于我所感知到的不同种类的色彩、气味、味道、声音、冷热、软硬等，我可以十分肯定地说，引起这些不同感觉的物体，有各种各样的东西与这些物体对应着，即便事实上也许它们与这些物体并不一样。而且，对于这些不同的感官，一些会让我感到舒服，一些会让我感到不舒服，因此我可以得出这样一个十分可靠的结论，也就是[1]我的身体（或者从我是肉体和灵魂共同组成的这一点来说，称之为我自己会更好点）完全可以从我周围的东西那里感知到安危。

但是还有很多东西似乎也是自然告诉我的，然而这些东西事实上并不是我从自然那里获取到的[2]，而是因为我某种草率就做出判断的习惯将它带到了我的心中，如此一来我所认识的这些东西就很容易包含错误。譬如说，我认为某个空间中只要没有什么动的、被我感官所感知的东西，那么这个空间就是空的；一件热的物体中包含了某种与我内心的热的观念类似的东西；一件白色的或者黑色的物体中包含了与我感知到的白色或者黑色相同的东西；一件苦或者甜的物体中包含了与我感知到的味道一样的东西，别的其他东西也是一样的。星球、塔以及其他所有距离遥远的物体的形状和大小都和我们从远处看到一样，等等。

但是，为了能够把这方面的东西领会得清楚明了，在我说自然告诉了

1　法文第二版为：“因此毋庸置疑。”

2　法文第二版为：“通过自然知道的。”

我某些东西时，我有必要对我说这句话的真正意义进行一些限定。因为，我在此所说的自然和我对上帝所赋予的全部东西称作的自然比起来，前者的范围要狭小很多；这是因为，在那个囊括万物的总体中也包含了很多精神的东西。在此我所说的自然并非指那些东西。譬如说：对于真理的概念，某件事一旦做了就不可能再是没做出来的了；而且无须物体的帮助，自然的光明就可以帮我认识到很多类似的事情。与此同时，还有一些只归属于物体的东西，在此这些东西并未涵盖在自然之中，譬如说物体性质中的重量，以及类似的其他很多东西，我所指的也并不是这些东西，而只是那些上帝所赋予的、那些作为精神和肉体总和的东西。这个自然的确让我明白了以下事情：躲避那些让我痛苦的东西，趋近那些给我带来愉快的东西；但是，除了这些东西，我没有发现通过这些各式各样的感官知觉我们可以从我们外部世界中得出怎样的结论，除非经过精神认真、熟练的核验。所以，我觉得对此类事物真实性的认识只是精神的事情。

比如说，我通过眼睛所获取的星星的印象和蜡烛的弱小[1]火焰的印象比起来，前者并不比后者大，但是我的内心没有任何一种真实的或自然赋予的能力，会让我认为星星没有蜡烛的火焰大，我从年幼时就具有了这样的判断了，而且没有任何合情合理的解释。虽然当我接近火的时候我会感知到热，如果我靠得太近，我甚至能感到疼痛，但是却没有什么理由可以使我相信火中存在着和热相同的某些东西，也不存在和疼痛相同的东西，我只是相信火中存在着某些东西，不管它是什么，它能给我带来热或者疼痛的感觉。

同样，在某些空间中，虽然存在着不能给我带来刺激、不能触动我的感觉器官的东西，但是我却不应该就此肯定地说在这些空间中一定不存在物体。但是我发现，无论是对于这件事还是其他类似的很多事情，我总是会把自然的秩序搞错、弄乱，这是由于，感官的这些感觉或者知觉会被赋予我，其目的是警告我某些属于精神的东西对总体（精神只是这个总体的

1 法文第二版把“弱小”删除了。

一部分）是有益的还是有害的，到此为止，它们本应该是十分清晰明了的，但是它们却被我当成好似十分可靠、可以直接获取到在我之外的事物的规律一样的东西，然而对于物体的本质或者本性，我从它们那里所获取的都是十分模糊的东西。

但是我之前的检查已经十分充分了，虽然上帝是无上完满的，但我有时仍会在这类问题上犯错。在关于自然告知的应该靠近或者远离的东西上，在关于自然所赋予我的内部知觉上，到目前仍然存在困难；因为我的知觉有时会犯错，如此一来我就干脆利落地被我的自然所骗。譬如说，放有毒药的肉，味道依然很香，会误导我吃下毒药，如此一来我就被骗了。的确，这个是完全可以被原谅的，因为他让我吃的是美味的肉，对于它所不知道的毒药，并不是它让我吃的，所以通过此事我只能得出这样的结论，也就是我的自然并不能彻底地、全面地认识所有东西，对此我们无须感到惊讶，因为既然人只是一个有限的自然，那么其所具有的完满性认识是有限的也就很正常了。

然而很多时候我们直接从自然认识到的一些东西并不是正确的，比如说病人会想吃一些对他们健康无益的东西。对这一点，人们会说他们的自然（本性）坏掉了所以导致了他们犯错。但这并不是问题所在，因为病人和健康的人同样都毫无疑问是上帝的造物，因此它和所有人都一样，不希望上帝的至善给了他一个骗人的自然（本性），就恰似轮子和钟摆组成的钟表，即便这个钟表做得并不好，根本不能达到工匠的要求，不能很好地显示时间，但是它仍会精确地遵循着自然的规律。同样的道理，假如我把由骨骼、神经系统、筋肉、血管、血液以及外表的皮肤组成的人体当作一台机器，即便内部没有精神，也丝毫不影响它以和当前完全相同的方式运动，这时不是意识在引导它，也没有精神在协助，它的运动只是通过它的各个器官的安排实现的。所以并不难发现，对于我们这个身体，譬如说，对于患有水肿病的人，它们因为口干舌燥所以会向精神传达口渴的感觉，他就会在神经和其他部分的驱使下去喝水，如此一来他的病痛又增加，最终伤害了自己，这其实和他在没病时如果口干舌燥就会想要喝水是一样再正常不过的事情了。即便我知道制造钟表的人对那个钟表用途进行了限定，我可以这样讲，假如这个钟表走得并不精准，那么其原因是钟表违背了它的自然（本性），这就好比说，我把上帝看成是人体这架机器的制造者，上帝给了它内部该有的运动功能，虽然我有理由认为，如果它感到口干舌燥，做了违背了它自己的自然（本性）的事情，喝了不利于维持自身健康的东西。但是我觉得，在解释自然（本性）这件事上，后一种方式和前一种方式是完全不同的。这是因为，后一种方式并不是一种简单的[1]外部称号，它完全是由我的思维决定的，是我的思维将病人、坏的钟表拿来和我内心关于健康的人和正常的钟表的观念进行了对比，并且并不能因此就说真的有任何[2]东西存在于它所指的东西中；相反，用前一种方式解释，我所指的是真实地存在于那些东西中的某些东西，然而它们并非毫无真实性。

但是，如果仅从患有水肿病的身体这一角度来说，这当然只是一个外部称号，因为既然身体根本不需要喝水，但是它还是会口干舌燥，人们当然可以说是因为它的自然（本性）坏了。即便这样，可是如果从整体的角度来看，也就是从精神或者灵魂和肉体的统一来看，这就不再是个简单的外部称号了，它实际上是自然（本性）的错误，它的错误点就在于，它感到口渴，但是喝水对它是十分有害的。如此一来，下面这一问题便需要我们进一步去核验，此类人的自然（本性）既然是虚假的、具有欺诈性的，那么至善的上帝为何没有阻止它呢。

就此便开始检查，首先，我可以看出来精神和肉体二者是迥然相异的，对于二者的区别，从性质上讲，肉体总是可分的，但是精神则是绝对不可分的。这是因为，实际上，在我反思我的精神时，换句话说，在我仅仅是个思维着的东西的时候，我不能从我的精神中分割出某一部分来，我所领

1 法文第二版把“简单的”改为“外部的”。

2 法文第二版为：“实际上任何。”

会的我自己是个单一的、完整的东西[1]，并且，尽管我的精神和肉体紧密结合于一体，但是当我的一只脚或者一个胳膊或者其他别的部分从我的身体上被截去后，肯定[2]我的精神不会因此而被截去某部分。对于心愿、感觉、领悟等功能来说，它们也真的算不上是精神的一部分，因为精神是全部致力于心愿、感觉、领悟等的。但是，对于物体性的东西或者说是有广延的东西来讲，情况就完全不同；因为所有物体性的东西或者是有广延的东西，我都可以用我的思维将它们轻松[3]地分成许多部分，所以说没有任何一件我认为是不可分的。假如我还没有从其他地方获取到别的信息，那这就足以让我断定人的精神或者灵魂和人的肉体是迥然不同的。

我还发现，肉体的各个部分并不能直接对精神产生感染，精神所受到的感染只是从大脑或者是大脑某个最小部分，也就是具有他们所说的"共同感官"功能的这一部分而来，在同样的方式下，这一部分开始它们的感受，然后精神就感知到了同一的东西，虽然此时肉体的其他部分的感受可能是不一样的，这是已经被无数的经验所证实了，并且这些经验无须在此多说。

除此之外我还发现，物体具有这样的性质，也就是无论它的哪一部分都不能被与这一部分相分割的部分牵动，同样在那两个物体间的任何部分也都不能牵动它，即便是相距较远的部分是保持不动的。比如说，一条伸展开的绳子上有四个部分甲、乙、丙、丁，如果将最后一部分拉动，那么第一部分也会随之动起来，它的运动方式和在拉动中间部分的乙或者丙时的运动方式是一样的。与此相同的是，在我感到脚疼的时候，通过物理学的知识我们知道这个感觉是从脚上的神经传来的，它们就好似一条连接双脚和大脑的绳子，当它们在脚上这一端被牵动时，同时也对大脑中这些神经的起点和终点造成了牵动，并向那里传输了一种能使精神感知到疼痛的

---

1 法文第二版为："而是我十分清晰地认识和意识到我是个完全单一、十分完整的东西。"

2 法文第二版为："我认识的十分清晰。"

3 法文第二版为："因为所有物体性的东西或者是有广延的东西，无论它有多小，我都可以运用我的思维把它们很轻松……"

刺激，让它觉得疼痛就是在脚上。但是，因为这些神经的传输通道是从脚上到大脑的，其必然要途经腿、臀、腰、背以及脖子，所以存在这样的一种可能性，即就算在脚上的神经末端并未收到牵动，但是受到牵动的是腰或者是脖子的某些部位，也许大脑受到的刺激却和脚上疼痛带来的刺激是一样的，然后精神也就一定会认为这是脚在疼痛，就好似受伤的是脚一样。与此类似的其他感知，也应该是同样的情况。

最后我发现，既然那些直接对接收精神的那部分大脑产生刺激的运动，它们中每个使大脑产生的感觉只有一个[1]，那么我们至多能够要求，在如此多的感觉中，精神所感知到的是维持人体健康最普遍、最真正的刺激运动。根据以往充分的经验，我们能够认识到自然所赋予我们的感觉就似我刚才所讲的那样，所以这些感觉中所展现出的都是来自缔造它们的[2]上帝的能力和善意。

如此一来，譬如当脚上神经以比平时更加激烈地运动的时候，这些运动通过脊椎一直传输到大脑，在大脑那里它将某种感觉信息传输给了精神，比如疼痛，比如痛在脚上，精神在接受到疼痛信息后就会激动起来，尝试去驱除导致疼痛的原因，并将这个原因视作对脚十分不利、十分具有威胁性的东西。

的确，上帝完全可以以这样的方式构建人的自然（本性），也就是说，在同一种运动下，大脑所传输给精神的信息却完全不同，譬如说，在这个运动下，它感知到了它自己，它有可能是在大脑里，它也有可能是在脚上，它也有可能是在大脑和双脚之间的某个位置，再或许不管它是其他别的什么东西，但是，最重要的是它让精神感知到如何做才能更好地保持肉体的健康。

同样的道理，在我们身体需要水的时候，它就会口干舌燥，这就是它的神经在运动，通过神经使大脑中的某些部分产生运动，从而向精神传输

1 法文第二版为："……产生作用的每一个运动让精神只感知到一个感觉。"

2 法文第二版把"缔造它们的"删除了。

渴的信息，这是由于在这种情况下，除此之外没有其他能比获取到我们需要喝水的信息更有利于保持我们的健康的东西了。其他类似情况也是这样。

根据以上这些我们不难发现，即便上帝是至善的，即便人拥有自然（本性），但是从精神与肉体组成一个统一的人这一点来讲，有时难免存在一些虚假和欺骗。

因为假如说某些刺激的原因并不是在脚上，而是在从脚到大脑之间的某个神经的某些部分上，或者甚至就在大脑中，其所产生的刺激运动和脚不舒服时是一样的，那么人们所感知到的疼痛，会和痛在脚上是一样的，如此一来，我们的感官就会被骗；这是因为，既然大脑的某种同一运动所传输给精神的信息只有一种，而在绝大多数情况下，这一信息所代表的是脚在疼痛而非其他部位，那么精神就会很正常地认为是脚在疼痛[1]而不是别的部位，如此解释应该更合理了吧。而且，之所以会口干舌燥，并不是习惯性地因为喝水对人体的健康是必不可少的，而是因为某些完全相反的原因，正如水肿病患者所面临的境遇一般，即便如此，口干舌燥这样的欺骗总好于在身体根本不需要时骗人。其他类似情况也是这样。

当然，如此考虑不仅有利于我们意识到我们的自然（本性）有可能犯的各种错误，同样也可以使我们在避免犯错或者改正错误这些事情上变得更轻松。因为，当对身体合适与否的东西有了认识时，我所感知到的大部分都是真的而不是假的，多数情况下，为了更好地为我提供服务，它们会用其中的几个来对同一的东西进行检查，并且，除了这些，它们还尽力发挥我的记忆功能，将现在的某些认识和过去的某些认识联系起来，而且，由于我的理智已经对我犯错的所有原因都有了认识，所以它们还利用了我的理智，如此一来，此后我就无须再担心我经常感知到的东西会是假的了。并且，我应该将这段时间的所有怀疑都摒弃掉，把它们视作名不副实、荒诞不经的东西，尤其应该摒弃的是我之前在无法区分睡梦和现实时所采用的普遍的怀疑的态度，因为当前我已经发现了它们之间的一种显著不同了，

1 法文第二版为："总是认为是脚在疼痛。"

这个不同就是，我们的记忆绝不能够像它习惯于把我们醒着时所遭遇的事情连接在一起一样，以同样的方式将我们的各种梦境也连接在一起，将梦境和生活的连续性也连接在一起。而且实际上，如果我在醒着的时候，有个人在我面前突然出现又突然消失，就像我在睡梦中梦到的影像那样，我看不出它来自何处又要去向何处，那么我的大脑就会将它视作怪物或者幽魂，这和我在睡梦中大脑的认识是一样的，而不会将它当作一个真人，这并非没有道理。但是，如果我所感知的某些东西，我能够清晰地意识到他们来自何方、它们在何处、它们何时出现在我面前，而且我还能将对它们的感知与我的生活的其他部分连接在一起，那么我可以非常肯定我是在醒着的时候感知到它们的，而不是在睡梦中感知到的。而且，假如在我调动我的全部感官、记忆以及理智对这些东西进行检验后，所有这些东西的检验结果都是一致的，那么我就不应该再对这些东西的真实性有所怀疑了。因为，从上帝不是个骗子，必然能够得出，在这上面我并没有被骗。

但是，因为事情存在必然性，我们经常必须在没有具备充分检验的时间的情况下就要去做出决定，因此必须承认，人生有可能经常在某些个别事情上犯错；而且，最后必须要承认的是，人的自然（本性）同样存在缺点和瑕疵。

反驳和答辩

第一组反驳
一个荷兰神学家作[1]

先生们：

我知道你们希望我可以对笛卡尔先生的作品进行认真检查，你们对我来说是如此的尊贵，我想我有义务满足你们这一愿望，这既是为了证明我对彼此友谊的珍视，也是为了让你们能够认识下我的缺点和不足以及我在心灵完满上还欠缺什么，以便以后当我需要的时候你们可以对我更加仁慈一点，而且如果我达不到你们的要求，下次就不要再让我接受这样的任务了。

在我看来，毋庸置疑，笛卡尔先生是个才华卓越而又十分谦逊的人，对于他，就连当时最爱批评指点别人的摩缪斯[2]也找不出可批评的地方。他认为：我思故我在，甚者我就是思维或者精神本身。这是很正确的。他还认为：当我思维着的时候，内心会有事物的观念。并且首先我所拥有的是个十分完满并且无限的存在体的观念。我认同这一点。但是我并非是它的原因，我并不等同于这一观念的客观实在性，因此比我更加完满的某些东西才是它的原因，从而存在着一个不同于我的存在体，他所拥有的完满性远远超过我。或许正如《神圣的名字》第五章中圣德尼[3]所讲的那样，对于某些性质，它的存在方式和别的东西不同，但是他本身却十分容易并且毫无保留地涵盖了所有存在体的一切本质，所有的东西都被涵盖了，就如被

1　法文第二版为："来自荷兰的神学家卡特鲁斯（Caterus）先生对第三、第五和第六个沉思所作的反驳。"

2　Momus，是希腊神话中专门挑剔取笑别人的神。法文第二版把"当时最爱批评指点别人"删掉了。

3　Saint Denys，生于三世纪，是巴黎的第一个天主教主教。

第一的和普遍的原因所涵盖的那样。

但是在此我要先暂停下，以防我被累坏了；因为此刻我的精神正如汹涌澎湃的优里帕[1]一样：我认可，我否定，我赞同，我反对，我不愿否定这个伟人的观点；即便这样，我不认同。因为，我要问：某个观念需要什么原因？或者请回答我，观念是个怎样的东西。从观念客观地存在于理智之中这点来说，观念是个被思维的东西[2]。但是，客观地存在于理智之中又是什么意思呢？如果我理解得正确的话，它指的就是依照某个对象的方式完成并终结理智行为，它实际上只是个外部称谓而已，并不能给事物带来什么实质性的东西。因为，这和某些事物被我们看到一样，它们在我心中只是看这一动作的延伸，同样，被思维或者被理智客观地接受，其本身就是精神思维的完成或者结束；这一过程不需要事物做出运动和改变，甚至也不需要事物存在。所以，对于这样一个实际上并不存在、仅仅只是个独立的称谓、一个纯粹的没有的东西，我为何又要苦苦探寻呢？

即便如此，这个伟人这样说：这样的客观实在性包含在观念中，而其他的客观实在性却未包含在观念中，这肯定是因为某些原因。恰恰相反，根本没有什么原因；这是因为客观实在性作为一种单纯的称谓，并不存在于现实中。但是，某个原因产生的影响却是实实在在的、现实存在的；对于现实中并不存在的东西，它是不能有原因的，因此它不能依据并且产生于任何真实的原因，也不可能要求什么原因。所以说，我拥有某些观念，但是这些观念无须原因，完全谈不上存在一个比我大的、无限存在的原因。

但是或许会有人这样问我：如果你没有为观念指定原因，那么你最起码应该告诉我，这种客观实在性为何包含在这一观念中而不是那一观念中？这问题提得很好；因为对于我的朋友，我的习惯并不是保持沉默，而是有话就说，我要开诚布公地谈谈笛卡尔先生起初关于三角形所讲过的全部观

---

1 Euripe，位于希腊优卑亚岛与陆地之间，是一条狭小的海峡，据传亚里士多德就是在这淹死的。

2 法文第二版为："假如我的理解没有错，它就是被思维着的东西自身。"

念。他讲道：也许在我思维以外世界上的任何地方根本就不存在这样的图形，并且之前也根本没有过，但是这并不影响在那里存在这一图形的某些性质，或者形状，或者明确的本质，而且这些性质或者形状或者明确的本质是不变的、恒定的。如此一来，它就是永恒的真理了，不需要什么原因。一条船就是一条船，并非别的东西；王二就是王二，不是张三。即便这样，如果你们一定要我给出你们一个理由，那么我会说，这是因为我们精神是不完满的，它并非是无限的；因为，既然总体是包含万物的，我们的精神不可能做到将它们全部领会、尽收眼底，那么它就将总体拆分成各个部分，如此一来，既然不能将其全部认识，那就一点点地、一部分一部分地去领会，这就像在学院中人们常说的那样，这个过程是不充分的、不完满的。

但是，这位伟人又继续说道：既然某种东西可以借助自身的观念客观地存在于理智之中，这种存在方式不管有多么的不完满，我们至少不可以说它什么都不是吧，也不可因此就认定这个观念产生于无吧。

这里边存在歧义；因为，如果什么也不是和实际不存在这两个词句的含义是相同的，那它真的就什么也不是了，这是由于它实际上并不存在，如此一来，它就是产生于无的，换句话说，它不存在原因。但是，如果什么也不是这一词句所指的是精神构思出来的、被人们称作理性的东西，那么它就不再是什么也不是了，而是个实实在在的东西。它是被清晰地领会出来的。即便这样，因为它只是通过领会而存在的，现实中并不存在，所以，它固然能够被领会，但是却不能是因为一些原因引起的，也不可以被划归到理智以外。

他讲道：但是除此以外我要核验下，存在着上帝观念的我，在上帝不存在的情况下，或者像前面刚才他所讲的那样，并不存在一个比我更完美的存在体赋予了我关于上帝的观念，在这种情况下，我能否存在。他讲道：因为，是什么让我存在的？有可能是我自己，也有可能是我的父母，还有可能是一些别的东西，等等。但是，我是我自己产生的原因，那么我就不会怀疑任何东西，不再心怀希望，我就不再缺少任何东西；因为我可以赋予我自己所有观念里的一切完满性，如此一来，我就是上帝了。如果别人是我存在的原因，那么最终我将是这样的，也就是他自身是存在的；如此一来，我刚刚对自己做的推论也就同样适用于他了，而且证明他便是上帝。在我看来圣托玛[1]所走的道路肯定就是这条，他将其称之为动力因的因果关系，这条道路是直接从哲学家[2]那里借鉴过来的，不过圣托马和亚里士多德它们所考虑的并不是观念的原因。或许是用不到，因为我为什么不选择最直、最近的道路呢？我思故我在，甚至我就是精神和思维本身；但是，思维和精神，它要么是因为自己产生的，要么是因为别人，如果是因为别人，那么这个别人又是因为谁而产生的呢？如果是因为它自己，那么他自己就是上帝；这是因为由自身而存在的东西可以很轻松地将所有东西都赋予自己。

在此我要请这位伟人，对于那些求知欲很强的读者，即便这些读者并不十分聪明，我恳请他不要对他们隐藏自己的观点。因为，由自身这几个字有两种意思。第一种是正面意思，指的是，就像因为某个原因那样因为它自身；如此一来，这就会是因为自身而存在的，并且将这种存在性赋予它自身，如果它在事前看到和深思熟虑地选择把它所需要的东西赋予了自己的话，它肯定会将所有东西都赋予自己，所以它便是上帝。由自身这几个字的第二种意思是一种反面意思，这和因为它自己或者不是因为别的东西是相同的含义；如果我没有记错的话，大家所用的就是这种意思。

那么，如果某个东西它的存在是因为自己而不是因为别的东西，你又怎样论证它包含了一切而且具有无限性呢？因为，如果你这样说：它的存在是因为它自己，所以它可以轻易地将所有东西都赋予自己，此刻我不再听这些，因为实际上它和因为某个原因那样因为它自己而存在是不一样的，它在它未曾存在以前不可能预见到未来可能是什么并因此做出选择。这让我想起了以前苏阿列斯[3]的这样一个推理：所有的限制都出自一个原因；一

1 也就是托马斯·阿奎那。

2 在英文译本中译作“亚里士多德”。

3 Suarez（1548—1617），一位西班牙的哲学家。

件东西它之所以是不完满的、是有限的，要么是因为其创造者未曾给他赋予更大、更多的完满性，要么是它未曾渴望拥有这些东西。假如一件东西存在的原因是因为它自身而不是因为某个别的原因的话，那么我们就可以说它是无限的，而不是说它是受限制的。

在我看来，对于这种推理我并不完全认同；因为即便是某个东西存在的原因是它自己，就如你所喜欢的样子，换句话说，它的存在不是因为别的东西，如果是因为在它内部、构成它的某些原则导致了这种限制，也就是说，是因为它自身的形式和自身的本质，而针对这种本质你们还未曾论证其无限性，对此你们又如何回答？确实，假如你们说热就是热的，那么它是热的原因是其内部构成它的一些原则，而不是因为冷，即便你们正是因此而想象到它是热的。对于那些别人未曾完全解释也未曾清晰明了的阐释的东西，我深信笛卡尔先生根本不缺少理由来代替这些东西。

最后，对于这位伟人所建立的普遍规则我十分认同，即被我们清楚明了地认识的东西都是真的。甚至我还相信所有我所思考的东西都是真的，而且很久以前我就已经抛弃了所有那些从怪物和理由推导出来的东西，这是因为任何力量都不能够变换自己的对象：如果意志在运动，那么它就会向善靠近；感官自身是不会犯错的，这是因为我们的眼睛看到它所看到的东西，我们的耳朵听到的声音就是它所听到的：如果我们的眼睛看到了金光闪闪的铜片，我们眼睛并没有犯错；但是当我们运用自己的判断力认定所看到的是金子时，我们就犯错了。[1] 所以，笛卡尔先生认为所有的错误都是判断和意志造成的，这十分有道理。

然而此刻我们要做的是，看看他试图从这一规则中推导出来的东西是否正确。他这样讲到：我对无限存在体的认识是十分清晰明了的，因此它是真实存在的，它是个东西。会有人这样问他：你对无限存在体的认识真

1　法文第二版在这句话后又增添了一句："此时便是我们领会得不好，或者更恰当的说法是，我们丝毫也没有领会，因为，既然任何一个感官在面对它的对象时都不会犯错，假如理智一旦清晰明了地领会了一件东西，那么它便是真的。"

的是清晰明了的吗？那么对于大家普遍认同的道理：无限，因为它具有无限性，因此是不可知的，这又如何解释呢？因为在我想到某个千边形时，它所表象给我的是个十分模糊的图形的时候，我没能清晰明了地构想出或者认识到这个千边形，所以我没有清晰明了地想到它的一千条边，既然我对构成它的无限完满性的认识不是清晰明了的，那么我对无限存在体的认识又怎会是清晰明了的而不是模糊不清的呢？

而且，或许这就是圣托玛所想表达的，因为当他发现反驳上帝是存在的这个命题是如此地清晰、无须证明后，针对圣达玛塞奴斯[1]做的以下论述：人们心中所烙印的关于上帝是存在的观念是十分正常的、自然的；所以这件事十分清晰明了，对它的认识无须论证。他自己提出了反驳意见。对于这句论述，他如此说道：通常情况下而且（正如他所讲的那样）在某种模棱两可情况下我们所认识的上帝存在，也就是说，从人的天赋这点来说，这当然是烙印在我们心中的；但是（他说道）这不是一个单纯地实现对上帝存在的认识过程，这和张三来了，但是却并不认识张三只知道有人来了是完全一样的。这就好似是他所要表达的是在下面这些情况下被认识的，即：在协同的理性作用下，或者是从最终目的上，甚至或者是从最原始的、极致完满的存在体上，最后，或者从这一存在体的意义上来说，这一存在体通常情况下模糊地包含了所有的事物，但是这并非是以它存在的准确意义为基础的，这是由于只有这样它才会是无限的，在我们看来它才是不可知的。我知道对于提出这类问题的人，笛卡尔先生可以很容易就给出回答；即便这样，通过我只依靠讨论的态度所论述的这些事情，我相信我可以让他想起关于波伊提乌斯[2]所讲的话，只有学者才能做到无须论证便能实现对某些共同概念的认识；对于那些渴望比别人知晓更多东西的人，如果它们发问得多，如果他们耗费很长时间所考虑的问题是被人论述过的并且被人们当作事物的首要和最基本的基础提出来的，而且即便如此，没有经过长时间的研究以及全神贯注他们仍然不

1 Damascenus，哲学家、神学家，中世纪拜占庭人。

2 Bo è ce（480—524），古罗马人，哲学家。

能做到对这些东西的理解，这是十分正常的。

但是，让我们姑且认可这个原则，并且假定某个人心中关于至上的、无限完满的存在体的观念是十分清晰明了的，那么你们又打算从这里推导出什么结论呢？这个结论就是这个至上完满的存在体是存在的，并且这个结论是如此的肯定，从而我对于肯定上帝是存在的这件事，至少应该和我迄今为止在数学论证中得出的真理保持同样的肯定态度；所以说，认识上帝，即认识一个无上的、完满的存在体，但是他却不具备存在性，也就是他的某种完满性是缺失的，这就好似我们认识了一座山但是它却没有谷，这是十分不合适的。所有问题的关键都在这里。现在谁要是有所退让，那么就意味着他认输了；对我来讲我面对的对手是十分强大的，我有必要稍稍避其锋芒，既然我难免输掉，但我至少可以让这件不可避免的事情来得晚一点。

首先，虽然在此我们行事的标准不是依据权威而只是依据道理，但是为了避免我对这位伟人的反驳意见毫无依据，让我们先听一听圣托玛的观点。他给自己的反驳是这样的：一旦人们理解并认识了上帝这个词的含义后，人们就会认识到上帝是存在的，因为，通过这个词人们理解了这个东西，除了这个东西以外没有比他更伟大的东西是人们能够领会的。从而，在理智中和实际中都存在的东西要比那些只在理智中存在的东西更加伟大；这也解释了为什么，既然人们理解了“上帝”这个词，并且在人们的理智中上帝是存在的，那么他在实际中也就是存在的。这个论据通过形式逻辑的方式可以这样表示：上帝，在人们可以领会的东西中没有比他更伟大的；而可以领会的东西没有比他更伟大的就已经包含了存在性：因此对于上帝这个词或者上帝的概念中就已经包含了存在性；所以假如他不具备存在性，那么他就不能存在，也不能被人们领会。现在，请你们说，笛卡尔先生的论据难道不就是这吗？关于上帝的定义，圣托玛先生是这样说的：上帝，即在可以被领会的东西中没有什么是比他更伟大的，笛卡尔先生称之为无上的、完满的存在体；自然，在可以被领会的东西中没有什么是比他更伟大的。接下来圣托玛继续说：这个在可以被领会的东西中没有比他更伟大的东西包含有存在性；否则就可以领会到比他更伟大的东西，也就是说，能够被领会的东西是包含存在的。但是在笛卡尔先生的论据中，他运用的小前提似乎并不是一样的吧？上帝是个无上的、完满的存在体；而这个无上的、完满的存在体本身就包含了存在，否则他就不可能是无上的、完满的。圣托玛是这样推论的：既然人们理解并认识了上帝这个词，那么他就存在于理智中了，因此他在事实上也便是存在的；换句话说，因为它的概念是在所有被认识的东西中没有什么是比他更伟大的，其中包含有存在性，所以他是存在的。笛卡尔先生所得推论也是如此。他说：但是，只是因为我对没有存在性的上帝不能领会，因为他和存在性不可分割，从而就认定他是真实存在的。现在，圣托玛对他自己进行了答辩，同样也是对笛卡尔的答辩，他是这样说的：对于"上帝"这个词，假如人们所理解的就是他所表达的，也就是在可以被领会的东西中没有什么是比他更伟大的，并不能因此就说人们所理解的这个词所代表的东西在大自然中存在着，而只能说明在理智的理解中存在着。并且，假如人们认为这样的东西，也就是说，在可以被领会的东西中没有什么是比他更伟大的，在实际上是不存在的，那么就不可以说它在实际上是存在的；那些说上帝是不存在的人就是如此公开否认上帝的。在此，我也简单地进行一些答辩：对于无上的、完满的存在体，虽然人们认可因为它这个词中就包含了存在性，但是这并不意味着这种存在性就是某种现实的东西并且存在在大自然中，而实际上，只是因为有着无上存在体的概念，关于存在性的概念才被紧密地联系在一起。在此，假如你没有假设这个无上的、完满的存在体是存在于现实世界中的，那么你就不可能推导出上帝的存在在现实中是怎样的东西；因为，如此一来，在现实中他将具备全部的完满性，同时也具备了真实存在性这一完满性。

先生们[1]，经过如此的疲劳工作，我要稍稍放松下我的精神，此刻你们是不是觉得这样做会好些呢。狮子存在这个组合包含了两个基本的部分：狮子还有存在；这是因为假如去掉其中的任何一个，它就不再是原本的组

1 法文第二版把"先生们"删掉了。

合了。那么上帝对这个组合的认识不是十分清晰明了的吗？从它们是组合这个角度来说，这个组合的观念难道不是包含了这部分和那部分共两个部分吗？换句话说，狮子存在这个组合的本质难道不是存在性吗？即便这样，如果人们事先没有假设构成这个组合的所有部分都是真实存在的，那么即便上帝对这些物体的认识是永恒的、清晰明了的，也并不能使构成这一物体的部分是存在的；这是因为，如此一来，它自身就包含了所有基本的完满性，从而自然地也具备了真实存在性。同理，虽然我对无上存在体的认识是十分清晰明了的，虽然存在性包含在无上的、完满的存在体的基本概念中，但是假如你们事先没有假设这个无上的、完满的存在体是存在的，那么就不能说这个存在体在真实世界中是某种东西；因为如此一来，既然他已经具备了除此之外的所有完满性，那么他在现实中就也会包含完满性中的存在性；从而就需要再次论证这个无上的、完满的存在体是存在的。

我再简单地论述几句有关灵魂以及肉体的现实区别；因为我承认我已经招致了这位伟人的厌烦了，以致我基本上不能再多说些什么了。如果灵魂和肉体存在某种区别，那好似要从二者分开后仍可以被清楚地认识这点来证明。对此，我让这位才学卓著的人物和司各脱进行了一番交锋，司各脱讲到，想把某件东西清楚明了地和另一件物体区分开来认识领会，只需要它们之间存在着形式上和客观上的区别就可以了，这个区别又被他放到了事实上和道理上的区别中间；通过这样的方法，他实现了对上帝的正义和上帝的慈爱的区分；他说，因为在所有的理智活动前，他们会存在一些形式各异的道理，所以，这个并非那个；即便这样，假如说正义和慈爱二者是被分开领会认识的，那么它们就可以分开存在，这就是个错误的结论了。然而，在不自觉的情况下，这已经超出了一封信的范围了。

先生们，对于你们所提议的东西，这便是我所要表达的。现在要将判决权交到你们手中。如果你们认可我的观点，假如我对笛卡尔先生有所冒犯，就请他不要介怀；如果你们认可笛卡尔先生，那么此刻我就心甘情愿地投降认输；我更希望我所要担心的是下次还会输掉。再见。

著者对第一组反驳的答辩[1]

先生们：

我要承认你们带来的这个反对我的对手是十分强大的，他作为一名极具威望的、虔诚的神学家，如果不是因为更希望能够推动上帝的事业和他所辩护着的事业而不愿意对它们进行公开的抨击的话，那么他的卓越才华和远见学识本应该会给我带来很多麻烦。可是，对于他来说，虽然不使用那种办法是十分正直的，如果我试图骄傲自大，那我定然会面临指责。所以我的计划是，仅仅指出他所运用的能够支持我的观点的办法，而不是以对待对手的方式进行答辩。

他首先简单阐释演绎了我有关上帝是存在的主要依据，从而让读者们顺利地回想起它。对于已经得到有力论证的某些东西，他简短地给予了认可并且得到了他极具权威的支持，在此之后，他便遇到了问题的关键，即：在此必须弄明白应该如何理解观念这个词，观念又需要什么原因。

我在某些地方曾提到过，所谓观念就是那些被我们领会或者是被我们想到的东西自身，是从其在理智中客观地存在着这一点来讲的。针对这句话，为了给我再次解释的机会，他有意曲解了它的含义。他说：在理智中客观地存在着，它指的就是依照某个对象的方式完成并终结理智行为，它实际上只是个外部称谓而已，并不能给事物带来什么实质性的东西，等等。在此我有必要指出的是，这是关乎事物自身的，从它处在理智以外这点来说，与事物自身相比，的确，这个外部称谓是在理智中客观存在的；然而，我所说的观念，它肯定不是存在于理智以外，对于它，所谓客观存在是指，

1 法文第二版为："著者针对卡特鲁斯（Caterus）先生所作反驳的答辩。"

它作为对象以通常习惯的方式在理智中存在着。这就像，有人问，太阳是在我的理智中客观地存在着的，那么这对太阳又如何呢？人们如此准确地回答道：它只是个外部的称谓罢了，也就是说它作为认识的对象完成并结束了我的理智行为，但是假如有人问我，什么是太阳的观念，人们会说这正是被思维的东西自身，从它处在理智之中这点来说，任何人都不会将它理解成太阳自身，从它仅仅作为一个外部称谓存在于理智中这点来说。而在理智中客观地存在也并非就是作为某个对象的形式完成并接受的活动，而是说以它们通常所处的方式存在于理智中，如此一来，所谓太阳的观念就是指太阳自身以客观的形式在理智中存在着，就好似太阳在天上那样，而不是以形式的方式，换句话说，以对象通常所处的方式存在于理智中。的确，这种存在方式和东西在理智之外的存在方式比起来，是十分不完美的，但是它并非某个单纯的什么都不是，就像我之前提到的那样。

当这位博览古今的神学家说某个单纯的什么都不是这一句话具有歧义，他似乎是为了提醒我刚刚所指的那个歧义，以防我忽略了那里。因为他谈到：首先这个借助其观念在理智中存在的这种东西并不是真实的、实在的存在体，换句话说，它不是在理智以外的世界中存在的某种东西；他说得不错。接下来他又谈到，这并非是精神所假想出来的东西，或者说是从道理中推导出的存在体，而是一个被清晰明了地认识了的真实存在的东西；通过这些话，我所提出的观点他完全接受了。但是他又说：因为它是被领会到的，而并不是真实地存在于现实中的，(换句话说，因为它只是一个观念，而并不是真实存在于理智以外的东西)，的确，它能够被领会，但是它却不能被某种原因引起，换句话说，它为了在理智之外存在，无须理由。我认可这点，[1]但是为了能够被领会，它自然需要某些理由，在此的问题就是这个理由。譬如，假如某个人心中有个十分精巧的机器的观念，人们会很自然地问到是什么引起这个观念；那些认为在理智以外这个观念什

1　法文第二版把“换句话说，它为了在理智之外存在，无须理由。我认可这点”，改为“或者被置于理智以外。我认可这点，因为被置于理智以外它就什么也不是”。

么也不是，同时它只能被领会而不会因为某种原因而引起的人，他们的观念是不会让人满意的；因为人们在此所问的不是别的，而是这个东西为什么能够被领会到。那些因为原因是它的一种活动，将理智本身当作原因的人。他们的观念同样不会让人满意；因为人们对此并未怀疑，而所提的问题也只不过一些机器中的某些客观性技巧的原因。因为虽然这一观念中会有某个特定的客观技巧性，它的存在肯定是因为某个原因，这一观念中的客观技巧和上帝观念中的客观性或者完满性是相同的。的确，人们能够为这个技巧赋予各种原因；因为很有可能它是一台人们将要看到的真实的、相似的机器，这一观念就是根据这台机器产生的；也有可能是具有这个观念的人，在他的理智中存在有关机械的卓越认识，还有可能是那个人拥有超凡的聪明才智，通过这种方法他才能实现在未曾预知的情况下就创造出这台机器。有必要指出的是，不管何种技巧（它只是在观念中客观地存在着）它都以某种形式或者是以一种卓越的姿态存在于它的原因之中，无论它的原因会是什么。同样需要注意的是，关于上帝的观念中的客观性、实在性。但是如果上帝并不是真实存在的，那么全部这些实在性或者完满性又是存在于什么东西中的呢？这个才华卓越的人已经洞悉了这些事情；这也解释了为何他会认可能够提出为何是这个观念而非另外一个观念包含了这种客观实在性的问题；针对这个问题，他首先是这样回答的：所有的观念和我曾论述的三角形的观念一样，即，即便也许在我思维以外世界上的任何地方根本就不存在三角形，但是这并不影响在那里存在这一图形的某些确定的性质，或者形状，或者明确的本质，而且这些性质或者形状或者明确的本质无须存在的理由。但是，他的这些判断并不让人满意；这是因为，即便三角形所拥有的性质是恒定不变的，但是人们不会因此就不再问为何我们的心中会存在着关于它的观念。所以他接下来又继续说道：但是如果你们要我给出你们一个理由，那么我会说，这是因为我们精神是不完满的，等等。但是这样的回答，似乎只是表明那些想在此对我提出反驳的人答不出某些类似的东西。因为，的确，回答为何我们心中存在上帝的观念，是因为我们的精神是不完美的，这并不比回答为何我们会想象十分精巧的机器而不是想象某个不完美的机器，是因为我们对机器认识的无知更有道理。因为，恰恰相反，假如某人拥有了一个机器的观念，并且这个观念中包含了所有人们有可能想到的技巧，从而人们就可以轻易地推导出这个观念是因为某个原因而产生的，这个原因囊括了所有真实存在的可想象的技巧，即便这些技巧只是客观的而不是实际上存在在观念中的。同理，既然在我们内心存在关于上帝的观念，这一观念包含了所有人们可以领会的完满性，从而人们就可以依此得出明显的结论，即，这个观念取决于什么东西，是因为什么原因产生的，这个原因中真实地包含着全部的完满性，即上帝是真实存在的完满性。当然，因为并非每个人都精通机械学，所以并不能拥有关于非常精密机器的观念，同样的道理，如果不是每个人都可以拥有领会上帝的能力，那么在这两种情况下，所面临的困难是相同的。但是，由于这些观念在大家精神世界中的存在方式是一样的，并且我们发现它是来自我们内心的，而绝不是来自其他地方，因此我们才假设它是我们的精神本性。并且这也没有什么不合适。但是，我们忽略了另一件人们应当着重考虑的事情，这件事决定了这个论据的全部说服力和全部光明或者智慧，这便是，如果我们的精神只是个有限的东西（实际上也是如此），并且上帝并不是它存在的原因，那么人们所有的关于上帝观念的功能也就不可能出现在我们心中了。这也是为何我之前会这样问到：如果上帝是不存在的那么我是否能够存在呢；之所以如此，并非是为了提出一个全新的理由，而只是为了更好地解释它。

但是，这位对手的礼貌行为迫使我走到了一个十分困难的境地，而且很有可能为我招来很多人的妒忌；因为它引用圣多玛和亚里士多德的论据，用来和我的论据进行比较，他好似试图通过这种方法，让我回答既然我和他们选择了同样的道理却在一切事物上为何没有选择这条路。但是我恳请他同意我只解释自己说的东西，不提及别人的。首先，我提出论据的依据并不是从我看到了在可感知的东西中存在某种秩序连续性或者某种动因连续性；这部分的原因是，我认为上帝的存在性与其他一切可感知的东西的存在性比起来都更明显，还有部分原因是，我没有发现这种因果联系可以将我引向别的东西，它只是让我意识到我的精神是不完满的，因为我无法理解，如此多的原因是如何实现彼此间的永恒连续，却不存在第一原因。确实，因为我无法理解它，这并不意味着不应该存在第一原因；同样，由于我不能理解一个有限的量能够被无限分割，这并不意味着人们就可以做到实现最后的分割以致此后这个量就不可以再被分割了；它只是说明了我的理智是有限的，无法理解无限，这也解释了为何我更喜欢将我的推理建立在我自身的存在性上，任何原因连续都不能决定我自身的存在性，而且我对这个存在性的认识比其他东西都多得多；对此我问自己，我并没有探寻之前我是因为什么原因而产生的，现在又是因为什么原因我得以保存，从而能让我运用这个办法从原因的连续中挣脱出来。除此之外，我并没有从我是肉体和灵魂的结合物这一角度来探寻存在的原因，而只是也恰恰是从我是个思维着的东西的角度。我认为它对这个问题大有裨益，这是因为，对于我摒弃成见，考虑自然的光明所带来的启示，反问自身，并且坚信所有我没有认识的东西都是不可能存在于我脑海中的，这就更有帮助了。实际上它和下面的事迥然不同，即：我想到我的父亲的来源也是我的祖先；并且看到也在探寻我的父亲的父亲，我不能无限制地继续这个过程，为了终结这个探寻过程，我断定存在个第一原因。况且，我没有仅仅从我是个思维着的东西这一点来探寻我的存在原因，而是从我主要是也正好是个思维着的东西去探寻原因的，这个思维着的东西，从很多不同的思想之间，发现了我的内心存在着某个无上的、完满的存在体观念；因为，我的论证的说服力就取决于它。首先，正是这个观念让我认识到了上帝是什么，至少是我所理解的程度；并且，按照正常的逻辑，如果你还不知道它是什么，那么就一定不要问这个东西是否存在。其次，也正是因为这个观念，我才有机会检验我是因为自己还是因为别人而存在的，同时它也给了我看到自己缺点的机会。最后，正是这一观念，它不仅告诉了我的存在是有原因的，而且告诉了我这个原因包含了多种多样的完满性，从而上帝就是这个原因。最后，我并没有说过某个东西不可以是自身的动力因；因为，即便人们对动力的意义进行了这样的限制：这些原因要与结果不同或者说在时间上要先于结果，这一点当然是正确的，但是对于这个问题，进行这样的限制好像是不合适的，一方面是因为这样做根本毫无意义，因为难道会有人不知道同一件东西是与自己不同并且在时间上也不能先于自己吗？另一方面是因为，我们并没有从自然的光明那里获取到动力因的本性在其结果之前。因为，实际上相反，它既不包含动力因的名字，也不包含其的性质，除了是它产生它的结果这种情况，所以它并非是先于结果的。但是，从自然的光明中我们知道，没有什么东西是不可以追问它们存在的原因的，或者不可以探寻它的动力因，或者如果它不存在动力因，我们可以追问为何不存在。所以，如果我想任何一种东西对待自己的方式的关系就是动力因与其结果的关系，我在此根本未想要得到结论说存在某个第一原因；恰恰相反，从这个被人们称作第一的原因出发，我继续探寻原因，如此一来我将永远都不能到达这个第一原因。但是当然，我要如实地承认存在某个东西，这个东西拥有某种能力，这种能力非常强大并且无穷无尽，从而它的存在根本不需要借助任何东西，而且现在它的保存也不需要借助任何东西，如此一来，在某种形式上他就是自身存在的原因；我对上帝的领会就是通过这种形式。因为，即便我之前是永久存在的，由于在我之前什么也没有，但是我发现时间的每个部分都是相互分割的，因此，从我当下是存在的并不能推导出我以后也应该是存在的，假如，暂且这么说，我并非是时时刻刻都被某种原因创造出来的，我就可以非常容易地将这个原因称作动力因，它运用这种方式不断地创造着我，换言之它在保存我。如此一来，虽然上帝之前是永存的，但是，由于实际上是他自己在保存着自己，因此他被称作自己就是自己存在的原因，这看起来是十分正确的。即便这样，有必要指出的是，我在这里所说的保存，我的意思并不是讨论因为动力因为任何现实的、肯定的影响而做成的，我只是讨论上帝的本质如此，也就是说他不可能不是永恒存在的。

讲明了这些之后，我就可以很轻松地回答这位学识渊博的神学家提醒我的应该如何解释本身这个词的不同含义了；因为，虽然对于那些执拗于动力这一词原义和狭义的人来说，他们会相信某件东西不可能成为自己的动力因，而不是在此将与动力因有关联的、其他类似种类的原因指出，虽然在他们说某种东西的存在是因为它自身（除非这个东西没有存在的原因）的时候，他们就不太习惯于理解其他东西，尽管对于他们来说，比起停留在字面上倒不如说更愿意将其停留在事物上，但是，他们不难理解通过它自己这个词句的反面意义就是在说人类精神是不完满的，这种反面意义毫无事物基础，但是还有一层正面意义，它来源于事物的真实性，我的论证所依据的就是这个正面意义。因为，这就好似，假如某人认为一件东西的存在原因是它自身，它所要表达的意思就是这个物体没有存在的原因，如此一来，他就不可以使用任何正面方法了，只能通过反面论证的方法来肯定他的观点，因为在他看来这个物体的任何存在原因都是不存在的。但是，这恰好证明了他的判断是存在不完满的，这就好似他之后会很容易发现，如果他思考时间的各个部分是相互分割的，考虑到他认为这个物体到目前为止的存在都是因为自身，换言之没有存在的原因，这并不能说明他以后也应该继续存在，除非在它内部存在着某些实实在在的、正面的功能，这个功能，暂且这么说，时刻重新产生着[1]他。因为，当发现物体的观念中并不存在这种功能，他就很轻松地推出了这个物体的存在不是因为物体自身，如此一来，他就把通过自己存在这个词句当成了正面意义。同样的道理，当我们说上帝的存在是因为上帝自己，的确，我们当然也可以将其看作反面意义，而且，没有其他想法，除非我们相信他没有任何存在原因[2]，但是假如在此之前我们已经探寻过他存在的原因或者保持他存在的原因，假如所考虑的关于上帝的观念中包含着一望无垠的、高深莫测的能力，我们对

1　法文第二版把“重新”删掉了。

2　法文第二版把“而且……原因”改为“这就好像试图使他不存在原因一样”。

这种能力实现了丰富的、充足的认识，从而这一能力就是上帝存在或者保存存在的原因[1]，如果除此之外没有别的原因，那么我们所说的上帝的存在是因为他自己，就不再是从反面意义上讲了，而是从正面意义上来讲的。因为，虽然不需要说他的动力因就是他自己，但是担心它会引起人们的争论；虽然由于我们看到了让他因自己而存在或者让他没有不同于自身的原因，并非是无中生有，而是从他实实在在的、无限的能力中产生的，因此我们有理由认为，他通过某种方式对其自身进行的动力因和他对于其结果所做的是相同的事情，所以他的这种因自己而存在是从正面意义上来讲的。每个人也都可以这样反问自己：从这种意义上来说，他的存在愿意是否也是自己呢？哪怕是非常短的一段时间，在这段时间中他在自身中找不到任何使自己保持存在的能力，那么就可以得出这样的结论：他的存在是因为别人，甚至这个别人是因为其自身而存在的，因为，这一问题只涉及现在不讨论过去和未来，这一过程不可能无限延续下去。在此，我甚至要继续说，（虽然我并未在其他地方说过）不能只是探索到第二原因，如果他拥有保持在他以外的某个东西存在的能力，那么他就更应该也具备保持自身存在的能力，如此一来，它的存在就应该是因为他自己了[2]。

现在，人们说，所有的限制都存在某种原因，审慎地讲，我认为人们的理解是正确的，但是他们却没有用正式的言语将他们表达出来，而且他

1　法文第二版为："以及为何如此地永恒地保持存在的真正原因。"

2　在法文第二版中，这段话后边还有以下一段文字，无论是在拉丁文版本中还是在1647年的法文第一版中都没有这段文字，而在1661年第二版中增加了这段。笛卡尔先生于1650年去世，所以可以证明笛卡尔先生并未读过这段文字，完全是克莱尔色列的手笔："在此，为了预防人们可能的反驳，也就是，这个如此反问自己的人或许拥有某种保持自身的能力，然而自己却不知道，我说这是没有可能的，假如他拥有这种能力，那么他必定对他有所认识；因为，由于此时此刻他仅仅认为自己是个思维着的东西，他无论拥有什么他都不可能对它有所认识，因为某个精神的所有行动，（例如保持自己存在的行动，如果它是从精神中而来的）既然是某些思想，从而都向精神呈现而且被精神所认知的，如此一来这个行动就和其他的行动是一样的，也会向精神呈现，被精神认识，而且因为这一行动，导致这种行动产生的能力也一定会被精神所认识。所有的行动就一定会指引我们探寻到导致这些行动产生的功能。"

们也不能规避掉其中的困难；这是因为，审慎地讲，限制是对完满性的更大否定，这个否定不是因为某个原因，而是因为被限制的东西。虽然说一切东西被限制都是有原因的这话是正确的，但是这并不是显而易见的，而是需要从别处推导出来。因为，这个细致的神学家所给出的答案很好，一个东西可以受到两种限制：或者是它的创造者没有赋予它更充分的完满性，或者是因为它的本性如此，也就是说他只能接受一部分完满性，就像三角形，它的本性限制了它的边不可能超过三条。但是，我觉得任何存在的东西都可能存在某个原因，有可能是因为自己，把自己当成了存在的原因；因为，既然对于存在性以及存在性的否定，我都认识和理解的十分透彻，那么我们就不能再故意地认为有某些东西他们的存在是如此地因为自己，从而导致我们必须给出所有的理由证明为何他是存在的、为何是不存在的；如此一来，我们在说因为自身这个词句的时候就永远要从正面意义上来讲，就好似这是因为某个原因（即因为他本身所拥有的某种异常丰富的能力）导致的，这种能力只可能存在在上帝那里，这样人们的论证就会很轻松。

这位才学卓著的圣师随后所认同的问题，虽然这个问题在实际上并未受到任何怀疑，但通常情况下总是被人忽略，这个问题是如此的重要，好似将哲学从黑暗中拯救了出来，因此在他运用他的权威来对它进行肯定的时候，他为我的事业提供了非常大的帮助。

在此，他提出来一个十分有道理的问题，我对无限的认识是否是清晰明了的；因为虽然之前我曾尝试着对这个反驳采取防范，但是它十分轻而易举地被呈现在大家面前，从而让我很有必要对它进行充分的回答。因此，在此我首先要说的是，无限，从它是无限的这一点来说，说实话我并没有搞懂，但是它无论怎样都是被理解的；因为清晰明了的理解某个东西在它里边这根本没有限制，这就是对它是无限的清晰的理解。在此我将无穷（ind é fini）和无限（infini）进行了区分。真正被我称作“无限的”的东西是没有的，除非它内部的任何地方我都看不到限制，此种意义也只有上帝才是无限的。但是，对于那些我只是在某种情况下看不到边界的东西，譬如说，想象的空间广延，数不尽的数量，量的部分可以被分割，以及其他类似的事物，它们被我称作无穷，而不是无限，因为无论如何，他们并非是无止境的，也并非是毫无界限的。而且，无限的形式或者是无限性和无限的东西也被我进行了区分。因为，对于无限性，即便我们将其理解成正面的东西，但是我们采用的却是反面的方式，即我们在这个东西中发现不了任何界限去领会它。对于无限的东西，的确，我们也从正面对它进行理解，但是却不是理解他的全部，换句话说，我们不能领会到它内部的一切有智慧的东西。同样，我们看一眼海，那么就可以肯定我们看到了海，虽然我们的眼睛并没有看到海的所有部分，而且也未能对无垠大海的全部范围进行衡量。诚实地讲，当我们从远处眺望它的时候，就好似我想要靠双眼将它的全部尽收眼底一样，但是我们所看到的海却是模糊不清的；这就像我们试图想象出千边形的每一条边的时候，我们所想象到的也只能是模糊不清的；但是当我们的眼睛只停留在海的某部分时，我们所看见的就是非常清晰明了的。同样，如果我们只是想象某个千边形的一两个边，那么我们的想象也可以做到十分清晰明了。同样，和所有的神学家一样，我也认为人类的精神是不可以懂得上帝的，甚至，对那些试图靠思维将上帝所有尽收眼底，就好似在远处注视着上帝一样的人，也不可能清晰地认识上帝；在这层意义上，圣托玛之前引证的时候讲过：我们心中对上帝的认识是一种模糊的状态，就像我们看到一张模糊的图像一样；但是对那些认真思考他的每一处完满性，并充分运用精神的全部力量来思索这些完满性，其目的不是理解它们，而是为了发现它们是多么超越一切理解力并对其进行赞美的人，他们在上帝这发现了不计其数的能够被清晰明了地认识的，并且与其他造物比起来都更容易发现的东西。圣托玛自己非常准确理解的东西，就像在下面文章中我们很容易发现的东西一样，他相信上帝的存在是可以被论证出来的。对于我每次所说的上帝是可以被清晰明了地认识的，我所指的一直都只是有限的并且适合我们微小精神能量的认识。所以，对于我所提到事物的真实性无须做出不同的理解，就像人们接下来将会轻松看到的那样，假如人们发现我只在两处提到过这两个问题，其中一处是，当问题是，在我们有关上帝所形成的观念中是否有某些真实存在的东西，或者是否单一的事物否定（就好似在人们可以对冷的观念中是否存在热的否定进行怀疑），这很容易被认识，即便人们并不理解无限。在另一处，我认为，存在性是无上的、完满的存在体的本性和三条边组成三角形的本性是相同的，这也是可以被完全认识的，无须扩展到必须把上帝囊括的所有东西都认识清楚的认识能力上。

他在此又一次将我的论据与圣托玛的一个论据进行了比较，试图通过某种方法驱使我指出这二者中哪一个才是更有说服力的。我觉得这对我来说十分容易，因为圣托玛在使用这个论据时并未将它当作他的论据来使用，并且他推导出的结论与我的论据推导出的结论是不相同的；最后，我没有离开这位像天使一样的圣师半步。因为人们对它这样问道，关于上帝是存在的认识对于人类精神来说，它是否是如此地自然，从而到了无须证明的地步，换句话说就是，这种认识是不是对所有人都是显而易见的；他对此持否定的态度，我也是。但是，他向自己所提的反驳也可以这样说：在人们认识并且明白了上帝这个词所代表着什么的时候，人们明白这样一件东西，即我们不可能认识到比他更伟大的东西；但是，这个东西在实际上是存在的，在理智中也是存在的，他与那些只存在于理智中的东西比起来更伟大，所以当人们认识并且明白了上帝这个词所代表着什么的时候，人们就会理解上帝在实际上和在理智中都是存在的。在此，有个显见的形式错误；因为人们所得的结论仅仅应该是这样的：因此，在人们认识并且明白了上帝这个词所代表着什么的时候，人们认识的是他所代表的东西，这个东西在实际上和在理智中都是存在的，而被某个词所代表的东西并不一定就是真的。但是我的论据是：被我们清晰明了地领会为是某个东西的恒定的、真实的本质，或者本性或者形式上的事物，它们是真的能够被称作或者被断定为是属于这个事物的；但是，在我们充分认真地探究上帝是何物的时候，我们清晰明了地领会上帝的存在是归属于他真实的、恒定的本性的，因此我们真的可以十分肯定他是存在的，或者最起码这个结论是合理的。但是不能因此就否定大前提，因为在此之前，大家已经认可了，即所有能够被我们清晰明了地认识的东西都是真实存在的。剩下的问题就是小前提了，我承认在那儿有不小的困难。首先，由于我们已经很习惯将除此之外的东西的本性和存在进行区分，这就导致了我们很容易忽略掉为何存在性是属于上帝的本性却并属于其他东西的本性；再次，因为轻率地将那些属于某些东西的恒定的、真实本性的东西和那些只是因为理智的想象就将其归之于它的东西进行区分，虽然我们十分清晰明了地看出来存在性是归属于上帝的本性的，但是我们却并不能因此说上帝是存在的，因为我们不知道上帝的本性是否是恒定的、真实的，或许只是因为我的精神想象的、捏造出了它的本性。然而，为了解决第一部分困难，必须将可能存在和肯定存在进行区分，而且需要指出的是，可能存在涵盖在我能够清晰明了地领会的全部东西的概念中或者观念中的，而必然存在仅仅存在于上帝的观念。因为，对那些认真思考上帝的观念和其他所有观念之间区别的人，我丝毫不怀疑他们能够发现以下事实：虽然我们只是将其他东西领会成存在的，但是并不能因此就说明他们是存在的，而只是证明了它们是可以存在的；因为从真实存在和这些东西的其他属性连接在一起这一点上，我们并不能认识到它是必然的，但是从我们可以清晰地认识到现实存在性与上帝的其他属性是必然的、永恒地连接在一起这一点上，所得出的必定是上帝是存在的。接下来，为了解决另一部分困难，需要留意的是，不包含真实的、恒定的本性，只包含那些虚拟的、理智想象成的观念，能够被理智自身，不只是运用思维，同时还用一种清晰明了的活动，进行分割；如此一来，那些理智不能按照这种方式进行分割的东西，就肯定是被它想象的或者组合的。譬如说，在我想象一匹拥有翅膀的马，或者是一头真实存在的狮子，或者在正方形中绘出一个三角形时，我可以十分轻松地进行相反的想象，想出一匹没有翅膀的马，一头现实中不存在的狮子，一个没有正方形的三角形，所以这些东西并没有真实的、恒定的本性。假如我想出的是一个三角形，或者是个正方形（我在此之所以不提狮子和马，是因为它们的本性还没有被完全[1]认识），那么自然，所有会被我理解为属于三角形观念的东西，譬如说三内角之和等于一平角，等等，我都会认可它们真正地属于三角形，并且所有会被我理解为属于正方形的观念的东西我都将其归属于正方形。因为，虽然我能够将我的思维进行限制，从而是我无论如何都只会从认识到它的三角之和等于一平角这一点去认识三角形，我却无法用一种清晰明了的活动，换句话说清楚认识我所说的，否定他身上的这个东西。而且，如果我思考的是被画在正方形中的三角形，不是为了将那些只归属于三角形的东西加到正方形中，或者是将那些只归属于正方形的东西加到三角形中，而只是为了能够对由二者结合而成的东西进行检查，那么这个结合成的东西的本质就不会不如只是三角形或者只是正方形的本质真实、恒定。如此一来，我就可以很正确的认定，正方形与它内部画的三角形的两倍比起来，并不比后者小。这个组合图形的其他本性也是一样。但是，如果我思考的是一个十分完满的物体的观念，在其中包含了存在性，而这是由于它在实际上是存在的，并且也存在于理智之中，与仅存于理智比起来具有更多的完满性，由此我就无法断定这个十分完满的物体是存在的，却只可以说它能够存在。因为我充分意识到是我的理智做出的这个观念，理智把所有的物体性的完满性组合到了一起；同样，从存在于物体的本质中的其他完满性我们也得出存在性，因为对它们的存在，我们既可以肯定也可以否定。[2]由于在对物体观念进行查验时，我并没有在物体里发现任何能够产生自己或者保持自己的力量，因此我就当然可以断定必然存在性（在此的问题就只是这种存在性），虽然它是如此完满，和它归属于一个没有山谷的山的本质，或者归属于一个比内角和大于一平角的三角形的本

1　法文第二版把“完全”删掉了。

2　法文第二版在这句话后增加了一句：“换句话说可以将他们领会成是存在的，也可以领会成是不存在的。”

质是相同的，都是不合适的。但是，此刻我们要问，并不是关于某个物体，而是并不仅限于某个什么样的东西，它在其中所拥有的任何完满性都是可以共同存在的，那其中的存在性是否也应该被当作存在于这些完满性中。当然，我们首先可以怀疑这些事情，由于我们的精神（它是有局限的）已经习惯性地对它进行分开考虑，或许它突然间不能发现它们是如此的必然联系在一起。但是，如果我们进行认真的考查，即存在性是否适用于对无上强大的存在体或者怎样的存在体，我们就可以清晰明了地认识到，首先，最起码它适用于可能存在体，这就像那些我们心中拥有清晰观念的所有东西，甚至与那些我们的思维所幻想出来的组合成的东西都适用一样。但是（我们不可能因为意识到上帝是可能存在的，而不同时因为想起他所拥有的无上能力而意识到他可以依靠自己的力量存在），我们便可因此断定他的存在是真实的，而且他曾经的存在是绝对的、永恒的。因为，显而易见，我们通过自然的光明可以知道，能够依靠他自身力量而存在的就是永恒存在的；如此一来，我们就能够认识到之所以必然的存在性包含于某个无上强大的存在体观念中，不是因为理智的虚构，而是因为它以这个存在体真实的、恒定的本质而存在着；而我们也能轻松地认识到，在这个无上强大的存在体内部是不可能不具备上帝观念中的其他一切完满性，所以，它们是因为本性才连接在一起的，而不是因为任何理智的虚构，并且它们在上帝那里存在着。所有这些东西，对于任何仔细思考的人都可以很轻松地认识到，和我之前的论述没有什么不同，只是解释的方式在此有所不同，我特意选用了适用于各种各样人的方式。在此，我大可放心地承认，所得的结论是这样的：对于那些记不起可以帮助这个论据的一切东西的人，他们很有可能将这个论据看成是诡辩，这导致我一开始就考虑是否要使用这个论据，因为我害怕那些不理解它的人因此也对其他论据产生怀疑。但是，由于要想证明上帝存在，只有两条路可以选择：其中一条是通过上帝的效果来论证，另外一条是通过上帝的本质或者本性来论证，而我在第三个沉思中曾竭尽所能地解释了第一条道路，我认为此后我不该再忽略另一条路了。

对于这位学识渊博的神学家所说的，引用了司各脱的形式的（formelle）区别，我简要地进行一下回答：形式的区别和样态的（modale）区别是相同的，它仅仅适合于某些不完整的东西，我曾经将它们与那些完整的东西进行了仔细的区分。说实在的，在抽象精神的作用（它对事物的认识是不完满的）下，形式的区别足够让一个东西被领会成与另一个东西是有区别的，却并非是为了让两个东西被领会成彼此各异到如此地步，让我们认识到它们中的每一个东西都是一件完整的，和另一个迥然不同的东西；因为，要想如此，就需要借助一个实在的区别。这样，比如说，对于同一个物体的运动和形状存在着形式的区别，而且我完全可以只领会运动而不领会形状，只领会形状而不领会运动，领会运动以及形状却不去故意想起运动着的、具有形状的物体；但是，我却不可以完全地、完满地领会形状却不去领会这个运动依附着的物体，也不可以完全地、完满的领会形状却不去领会这个形状依附着的物体，最后，我也不可能将运动设想成一个没有形状的东西，或者形状是一个不能运动的东西。同理，我无法领会到没有正义者的正义，或者是没有崇尚品德者的崇尚品德，并且我们也不能够假想那些具有正义的人也同时是崇尚品德的。但是，当我只是想到物体是个具有广延的、拥有形状的、运动的以及具备其他性质的东西时，我完整地领会到了何为物体（换句话说，物体本身被我领会成了一个完整的东西），虽然我否认物体中存在有关精神本性的任何东西。我也把精神领会成一个完整的东西，它会怀疑、会认识、会有欲望，等等，虽然我也否认在精神中存在任何物质观念中的东西。如果物体和精神之间不存在实实在在的区别，这是不可能的。

先生们，以上便是我关于你们共同的好友所提的细致的、善意的反驳的答辩。但是，假如我不够幸运，没能完全达到他的要求，劳烦你们一定要告诉我，我还需要在哪些地方加强解释，或者甚至在某些地方有可能存在严重错误。如果我能够从你这获取到关于他的这项通知，我将感激不尽。

第二组反驳
由多方面神学家和哲学家口述，经尊敬的麦尔赛纳神父搜集的[1]

先生：

在这个世纪竟然会有一些新的巨人敢于向所有事物的缔造者发起攻击，为了让这些人感到狼狈，你致力于论证这一缔造者的存在，并以此巩固了他的地位，并且你也十分完美地执行了你的计划，心怀善意的人们都希望，此后不会再有人在认真拜读了你的《沉思录》之后还不承认存在着一个万物赖以存在的永恒的上帝，所有，我们觉得告知你，同样也请求你，把我们将指出的某些地方同样当作一种光明进行传播，从而帮助你尽可能地使你的著作不存在任何没有经过十分清晰、十分充分地论证的东西，这样做是十分恰当的。因为你经常进行沉思，你对你的精神进行了长时间的锻炼，以致你的精神到达了如此地步，在那些别人觉得十分模糊、不靠谱的东西，你所见的都是十分清晰的，你可以通过纯粹的精神灵感来认识它们，你不知道哪些东西对别人来说是模糊不清的，因此，最好的办法是，将那些需要给予更清晰、更多的解释和论证的东西直接告诉你；并且，在你满足了我们这些要求后，对于你为了上帝的荣耀以及公共利益所做的推论中已经被采纳的证据，我们就会不再认为还有谁可以否定它了。

第一，你应该记得，你竭尽所能地摒弃掉了一切虚影，从而得出你只是个思维着的东西，我所担心的是，此后你可能会以为人们可以得出你是个精神或者是个思维着的东西是在事实上的，而不是幻想出来的。这并非是中厚

1　法文第二版下面又增加了“对第二个沉思、第三个沉思和第五个沉思所做的反驳”。

的、诚挚的，而只是一种精神的假想。这是从你的前两个沉思中我们所能找到的全部的值得提出的意见。在这两个沉思中你明确指出，最起码思维着的你是某种东西这一点是十分确定的。在此让我们先停一下。至此你已经知道了你是个在思维着的东西，但是你还不清楚你这个在思维着的东西是什么。你又是如何知道你的这种思维行动不是某个物体因为它的各种运动和碰触而产生的呢？因为，虽然你觉得你已经将所有的物体都摒弃掉了，但是你却可以犯这样的错误，即并没有将自身也摒弃掉，你自身就是个物体[1]。因为你如何证明某个物体不会思维，或者物体所做的运动不是思维本身呢？为什么那些已经被你摒弃掉的肉体的全部系统，或者它的某些部分，譬如说大脑，不能够帮助产生那些被我们称作思维的运动呢？你说，我是个思维着的东西：但是你如何知道你不也是物质性的运动或者是运动着的物体？

第二，通过一个无上的存在体的观念（你觉得这个观念不可能是你产生的），你就决心得出一个无上存在体是存在的结论，只有他才能产生你精神中的观念。但是在我们自己的心中我们发现了一个充实的论据[2]，只有通过它我们才有可能形成这个观念，尽管没有无上的存在体，或者我们不确定这个无上存在体是否存在，或者甚至我们想象不出它的存在性。因为，既然我拥有思维能力，就[3]因此具备了一定程度的完满性吗？我不是也发现了那些和我不同的人也具备和我同样的完满性吗？这就有理由让我想到不受限制的程度，而且我也有理由在一定程度的完满性上再添加上一定程度的完满性，直至无穷无尽，同理，就算世界上只存在一种水平的热或者光，我也可以为其永远地添加上或者设想出一些新水平的热或者光，直至无穷无尽。为何我不可以通过同样的方法为我内心中发觉的某些存在程度添加上别的任何程度，并把所有可以添加的程度做成一个完满体观念呢？但是，

1　法文第二版为：“或许你自身就是个物体。”

2　法文第二版把“在我们自己的心中我们发现了一个充实的论据”改为“这就像我们无法从我们自己心中找到一个充分的论据”。

3　法文第二版把“既然我拥有思维能力，就”改为“这个在思维的我，我”。

你说，结果所具有的完满性或者实在性的程度只可能达到在它之前的原因所具有的。但是，除了苍蝇以及其他动物（包括植物）这些我们每天看到的东西都是由太阳、雨水和土地产生的，但是在太阳、雨水和土地中不存在像这些动物中的生命，这些生命与任何其他单纯的物体相比，所具有的程度更高，因此，结果的实在性可以从它的原因中得到，但是它的原因却并没有这种实在性。这个观念仅仅只是个理性存在体，它与领会它的精神比起来，并非更加高贵。况且，假如你这一生都一直生活在人迹罕至的地方，没有能够和学识渊博为伴的话，你如何确定这种观念会出现在你的精神中？难道人们不会说你的这个观念是从你之前的思想中、从书籍的教育中[1]、从与朋友的交谈中等其他地方获取来的，而并非是从你的精神中或者从存在着的无上完满的存在体中获取到的吗？因此，有必要对这一点进行更清晰的证明，假如无上的存在体不存在，那么你的心中就不可能有这个观念，到那时，我们将首先信服你的推理，同时我们也将在这上面认输。但是，这一观念是从此前的那些概念得来的，从加拿大人、休伦人[2]以及其他别的野蛮人没有这一观念这件事上，我们似乎可以很清晰地得出来；你甚至在对物体性的东西的认识中也可以得出这一观念；所有你的观念仅仅表象物质界，所有你能想到的完满性它都具备，因此，你可以得出的结论不过是，存在某个十分完满的物质性存在体，除非你新添加些什么东西，这一东西能够提升我们的精神，使它可以认识到精神的或者非物质的东西。在此，我们也有理由说，你心中可以存在一个天使观念和你心中关于无上完满存在体的观念是相同的，无须某个实际存在的天使将这个观念在你心中做出来，虽然天使比你具有更高的完满性。但是[3]，我们既没有上帝观念，也没有无限的数量或者无限的线的观念；即便你可以有这个观念，但是却完全不可能拥有这个数目。再说，把所有的完满性都包罗成某个单独的完

1 法文第二版把“从书籍的教育中”改为“从接受过的教育中，从书籍中”。

2 休伦人指的是在休伦湖边的人，休伦湖位于加拿大和美国之间。

3 法文第二版为：“但是我要继续说的是。”

满性，只有通过推理的理智运动才能做出这种统一化和单一化，他和共相统一做出的东西是一样的，这种共相统一并非存在于事物之中，而只是存在于理智中，这就像在逾越了种属等统一化界限后人们所看到的那样。

第三，既然你还不能确定上帝是存在的，但是你却说，如果你没有先对上帝的存在有肯定的、清晰的认识，你就不能准确理解任何东西，或者你就不可能清晰明了地认识任何东西，这就是说，你还不知道你是个思维着的东西，所以，如果依据你的说法，这一认识来源于你对上帝的清晰认识，但是，在那些你十分清晰地认定你是什么的地方，你还没有对这种认识进行过论证。另外，一个无神论者清晰明了地认识到三角形的内角之和等于一平角，虽然它根本不相信上帝是存在的，因为他对他持绝对的否定态度，他说，如果上帝是存在的，那么就会存在一个无上的存在体和无尽的善，换言之，存在一个无限；但是，这种在任何完满性上都是无限的东子，它排除掉了除他之外的所有东西，不仅排除掉了所有种类的存在体和善，也排除掉了所有种类的非存在体和恶。但是〔实际上〕却仍然有很多存在体和很多善，也仍然有很多非存在体和很多恶。对于这些反驳，我们觉得你有必要给出相应的答辩，从而使那些无神论者再也无话可说，再也找不到可以被他们用作不信神的借口。

第四，你否认上帝可以说谎或者欺骗，尽管一些经院哲学家持相反的观点，譬如说伽布里埃尔（Gabriel）、阿里米奈西斯（Ariminesis）等其他一些人，在他们看来，某种绝对意义上，上帝会说谎，绝对的说，换言之他会像那些违背他的意志以及不服从他的命令和决定的人们表达一些东西，这就像他让他的先知无条件地告诉尼尼微人：四十天之后，尼尼微[1]将要被毁灭，之所以他说了很多类似的事情都未曾成真，是因为他并不希望这些他说的话依照他的意愿或者指令变成现实。如果他让法老变得铁石心肠，并且失去双眼，如果他让先知们领悟了这种说谎精神，你又如何说我们不会被他欺骗呢？难道上帝对待人类的方式不可以和一个医生对待病人，父亲对待子女的方式一样吗？它们不管谁都是经常说谎的，但是它们的谎言

1　尼尼微，古亚述国都城。

永远是深谋远虑的、永远是善意的谎言。所以，如果上帝无所顾忌地告诉我们全部实话，我们要具备怎样坚强的精神意志才能承受得起？

说实在的，为了你在你认为理解的清晰明了的东西上受骗而设想一个说谎的上帝，这十分没有必要！因为你被骗的原因很可能在你，即便你根本不知道。因为你如何知晓你经常被骗不是你的本性使然呢？你觉得你在那些认识得清晰明了的东西上从来没有被欺骗过，并且你也不会被骗，这你又是如何得出的呢？因为，我们可以发现有多少次人们在一些他们觉得比看到太阳还清晰的事情上犯错？因此，有必要对这条清晰明了的认识原则进行更清楚、明了的解释，让所有有理智的人今后都不再在他们相信认识得清晰明了的事情上被骗；否则，我们还是找不到什么东西能够十分可靠地保证任何事物的真实性。

第五，如果意志遵照精神的清晰、明了的引导行事，绝不会实现不了目的或者失败；相反，如果它遵照的是理智的模糊认识行事，那么就很有可能实现不了目的，那么引起我们注意的是，人们似乎可以做出这样的推论，土耳其人以及其他不信奉基督教的人不仅会在不认可基督教和天主教上不会犯错，反而，甚至对那些接受认可基督教和天主教的人，由于他们对真理的认识不是清晰明了的，所以也会犯错。甚至，假如你所发现的这个规律是正确的，它只能让意志接受很少的东西，因为如果依据这个你为了不存在任何怀疑而要求的清晰明了性，我们能够认识东西几乎没有。因此，请你注意，你的目的是坚守真理，但是你却没有给予必要的论证，并且你并没有为真理提供支持，反而推翻了它。

第六，你对前一组反驳所指的答辩所得的结论似乎并不正确。你所用的论据是这样的：被我们清晰明了地认识的属于某些事物真实的、恒定的本质或者本性，或者形式上的东西，这可以说是真正的、肯定地属于这个事物的；但是，在我们足够审慎地对上帝是什么进行观察后，我们清晰明了地认识了他的存在是属于他真正的、恒定的本质的。结论应该是这样的：因此，在我们足够审慎地对上帝是什么进行观察后，我们就可以这样说或者确定这个真理，即上帝的存在性归属于它的本性。这并非意味着上帝就是存在的，而只能说明上帝应该存在，如果它的本性具有这种可能性并且不是自相矛盾的话，换言之，不可以将上帝的本质或者本性理解成不具有存在性，如此一来，如果这种本性是存在的，那么上帝实际上就是存在的。其他论证也是这样：如果上帝的存上没有矛盾，那么上帝就一定是存在的；而在上帝的存在没有矛盾，所以等等。但是问题的关键在小前提上，即：在上帝的存在上没有矛盾，那么我们的一些对手就会怀疑，还有一些会否定。此外，你的这句推论被假定是对的，即：在我们足够清晰明了地对上帝是什么进行认识或者观察后；但是这一句并未得到大家的认同，因为你也承认你对无限的认识是不完满的。对于他的另一些属性也是如此；因为，既然上帝所拥有的都是无限的东西，那么怎样的精神才可以十分不完满的认识上帝中的很少一些东西？你又如何做到对上帝是什么进行足够的清楚明了的观察呢？

第七，在你的《沉思录》中我们没有找到任何关于灵魂不灭的论述，然而灵魂不灭应该是你要进行主要论证的，而且需要一个十分准确的论证，从而使那些灵魂不配不灭的人感到羞愧，因为对于灵魂不灭，他们是否定的，甚至或许是憎恨的。但是，除了这些，我们还担心你没有对人的灵魂与肉体的区别进行充分的论证，就像我们在第一个意见中已经指明的那样，对于第一个意见我们还要做些补充，即：通过灵魂与肉体的不同，好像并不能推导出灵魂不死或者不灭这一结论；因为谁会知道灵魂的本质是否会被肉体性的生命长短制约？而且，上帝是否曾对它的力量和存在性进行过衡量，从而让它的灵魂与肉体同时结束呢？

先生，这就是我们所提的东西，希望你可以对它们进行更多的阐释，从而让我们读过这本被评价为十分精细、十分真实的《沉思录》之后，能够带给大家好处。这就是为何，如果在你解决问题之后，在先提出一些定义、条件以及定律之后，你要运用几何学方法（你在几何学上十分内行）对它进行总结，从而让你的读者十分明了地看出能够满足的东西，而且你把对上帝的认识当作他们的精神食粮，这将大有裨益。

著者对第二组反驳的答辩

先生们：

读了你们有关我的第一哲学小论文所提的建议后，我十分的满意。因为，通过这些建议我看到了你们对我的一片善意，对上帝的忠诚和为了增添上帝的荣耀而给予的关心。我没有理由不感到高兴的是，你们不仅判定我的观点值得你们检查，而且对于这些观点你们也没有提出什么反对意见，对此我觉得我的回答可以轻松很多。

第一，你们提示我回忆起我摒弃掉物体的观念和虚影从而得出我是个思维着的东西，担心我或许因此认为我仅仅只是个思维着的东西。这并非是诚实的、真诚的，而只是一种精神虚构。但是，在第二个沉思中我已经说过，我思考的已经够多了，因为在那里我是这样说的：但是，或许我会出现因为我的不认识而被假设成不存在的东西，实际上这和我所了解的我并未有什么不同。我毫无所知，对此，我现在先不去讨论，等等。从这几句话中，我想向读者重点表达的是，在此我还没有探寻灵魂和肉体是不是不同的，我只是在探寻哪些灵魂特征是我能够清晰的、真实的认识。虽然在那我已经指出了很多特征，我不能够不加区分地接受你们接下来所说的：我却不知道什么是思维着的东西。因为，我承认虽然我还不清楚这个在思维的东西与物体是否是不同的，或者说它是不是物体本身，但我并不因此就说我对他一无所知；因为谁曾经做到过对任何一个东西的认识程度达到他知道在这个物体中除了他认识到的东西以外不存在别的东西的地步呢？但是，我们以为最好的事情是，我们认识某件东西，这个东西所包含的特征比我们所认识到得多。如此一来，我们对那些和我们每天都进行交流的人的认识就要比我们只知道其名字或者相貌的人的认识要多。但是，我们并不觉得我们对后者就是一无所知。基于此，我认为可以十分充分地说明下面的事实，即不包含那些通常被人们归为物体的东西而独自被思考的精神，要比不包含精神而被思考的物体认识得更充分一点：这便是第二个沉思中我先要论证的全部东西。

但是我十分清楚你们的意思，即对于第一哲学我仅仅只写了六个沉思，读者不理解为何我的前两个沉思只得出来刚刚那些结论，他们会认为十分的空泛，不值得拿出来。对此我只是这样回答，我并不担心那些读我所写的其余部分的拥有判断力的读者会怀疑我是资料匮乏，而是，我觉得十分合理的是：那些需要给予特别关注、需要分开考虑的东西，是否要分别放在不同的沉思中。

所以，为了实现对事物的牢固的、可靠的认识，除了在树立某些东西前，要先适应下怀疑一切，尤其是对物体性的东西要特别的怀疑，我不知道还有什么事是更好的，虽然很久之前我曾读过一些怀疑论者和科学院士关于这方面的书籍，但是它就像我在咀嚼一块嚼过的肉一样，令人反胃。正是因为这个原因，我没能躲开在这一点上做一个完整的沉思。我不仅希望读者们能够花费他们宝贵的时间来读它，并且希望他们能够用几个月，或者最起码几个星期的时间来考虑它所讨论的东西，然后再去读其他的，因为如此一来我相信他们能够从书的其他部分收获更多的好处。

而且，因为，到目前为止，我们对属于精神的观念都是十分模糊的、和可感知东西混杂在一起的，而且还因为它是人们未能充分清楚地认识有关上帝和灵魂的任何东西的首要原因所在，我曾以为，如果我解释了为何一定要把精神的特点或者性质与物体的特点或者性质区别开来，以及必须通过怎样的途径去认识它们，那么所做的就不少了；因为，虽然很多人曾说过，为了能够更准确地理解非物质的东西或者形而上的东西，需要让精神摆脱掉感官的束缚，但是据我所知，还未曾有人能够指出用什么方法可以做到。但是我觉得，可以做到真实的也是唯一的办法已经存在于我的第二个沉思中了，它是这样的办法：这种办法不能只使用一次，必须对它进行经常的检查，同时花费足够的时间考虑它，通过几天时间锻炼养成把精神东西和物质东西分开来的习惯的方法，从而改掉把它们混为一谈的习惯（这种习惯深植于我们内心，并伴随我们一生）。这便是为何我在第二个沉思中不去讨论其他方面的东西。

在此，你们问我如何证明物体不能思维。如果我的回答是，我还没有讨论到这个问题，也希望获得你们的谅解，因为只有到第六个沉思时我才开始讨论这个问题。我是这样说的：我可以清晰明了地认识某个东西并且不涉及另一个的东西，就足够确定这两个东西是有区别的或者是不同的，等等，随后不远我又说：虽然我拥有一个肉体，并且我和它十分紧密地连接在一起，但是，一方面我对自己有着清晰明了的观念，即我是个思维着的东西但是不具备广延性；另一方面，我对我的肉体也有一个清晰明了的观念，即它仅仅是个拥有广延性的东西但是却不可以思维，因此可以肯定的是这个我，换句话说我的精神或者说我的灵魂，也就是那个我之所以是我的东西，和我的肉体是彻底的、真实的不同的，它可以脱离肉体而存在。在此我很可能要补充一句：任何可以思维的就是精神，或者称之为精神。因为物体与精神实际上是不同的，所以任何一个物体都不会是精神。从而任何一个物体都不能够思维。可以肯定的是，对此我看不出你们还可以否定什么，因为，从你们对我清晰明了地认识某个东西而不涉及另一个东西的否定，就能够看出它们实际上是不同的吗？那么把能够代表它们是不同的实在的、可靠的标志给我吧，如果可以提供任何一个的话。因为你们要如何说呢？你们说那些东西实际上是不同的，它们中的任何一个都无须依靠另一个而存在吗？但是我要再问，你们是如何知道这个东西不需依靠另一个而存在呢？因为，作为区分不同的标志，它就一定要被认识。或许他们会这样说：是感官告诉你们的，因为你看到了这个东西没有看到另一个，或者你们摸到了，等等。但是感官和理智比起来更加不靠谱；同一件东西很可能通过不同的方式在感官面前展现出不同的形式，或者是在几个不同的地方，或者是几种不用的样子，如此一来它就会被认为是两个。最后，如果你们依然记得第二个沉思末尾处我关于蜂蜡的论述，你们就会明白感官无法实现对物体本身的真正认识，只有理智才能认识；所以，感知到某个东西而不涉及另一个东西只不过是一个东西的观念，即它和另一个东西的观念是有区别的。然而它只能通过某个东西并且不涉及另外一件东西而被领会才可以被认识，但是假如人们对这两个东西没有清晰明了的观念，那么就不能被确定的认识。如此一来，代表实在区别的标志就应还原到我的标记上，这样才是值得信赖的。

假如有人不认为他们对精神和物体的观念是清晰明了的，那么我只能请他们认真地思考下我在第二个沉思中所论述的东西，只能向他们指出，他们所认为的大脑的各个部分可以有助于精神形成我们的思维，这种观点毫无正面理由，这只是因为他们未曾感受过脱离肉体，他们的活动通常会被肉体拖累，这就像，某个人自童年时期双脚便被带上了铁链，他会错把铁链当作身体的一部分，离了它就不会走路了一样。

第二，在你们说我们从我们自身这里未能发现任何足以形成上帝观念的依据时，你们所述的东西并不是和我的意见相反的；因为在第三个沉思的结尾处我这样说道：这一观念是我与生俱来的，它不是从别处得来的，仅仅是来源于我自己。我当然承认我们可以做出它，就算我们不知道存在着一个无上的存在体，而并非是实际上如果不存在这样的无上存在体我们还可以这样做；因为，相反，我之前说过，我的论据的说服力就在于此：如果我不是上帝创造的，那么做成这一观念的能力就不会出现在我心中。

你有关苍蝇、植物的论述也绝不可能说明在结果中存在某种程度的完满性，但是在它之前的原因中却并不存在。因为，或许它说明动物中一定没有完满性，因为动物和无生命体是相同的，都没有理性，或许，如果它具备某些完满性，这些完满性是从其他地方得来的，这些动物的原因并非全部都是太阳、雨和土地。如果某个人只是因为他不知道有助于苍蝇存在的原因以及具有和苍蝇一样多的完满性，但是却未明确知道除了他所知道的完满性外还存在着一些别的完满性，如果某人因此而怀疑一件（就像随后不久我要大量论述的那样）自然的光明所告知的显而易见的东西，这会是一件非常没有依据的事情。

我要再多说一句：在此你们所反对的苍蝇一类的东西，既然是通过对物质性东西的考虑后所得的，是不可能出现在这些人的精神之中的，这些人依照我沉思的顺序，从而让他们的思维避开了可感知的东西，顺利地进行哲学思考。

你们所说的，我们心中的上帝观念只是个理性存在体，我也认为这句话没有任何反对我的意思。因为，假如理性存在体所指的是个不存在的东西，显然不对；只有这种情况，假如所有的理智活动都被认为是理性的东西，换句话说，都被认为是从理性而来的存在体，这才是正确的。基于此种意义，整个世界也可以被称为上帝理性的存在体，换句话说，是上帝的某个简单的理智行为创造了这个存在体。我已经在一些地方对它进行了充足的论述，我只讨论上帝这个观念的完满性或者客观存在性，这种完满性或者客观存在性同样也需要一个原因，在这个原因中实际上囊括了仅仅客观地包含的东西或者表象中包含的东西，这就像某个工匠的巧妙的机器观念所包含的客观的技巧或表象的技巧，它们是相同的。

可以肯定的是，如果不是由于读者更留心那些我已经写下的东西从而让他们自己从导致他们看不清自然光明的成见中挣脱出来，而且适应了对首要概念（他们对这些概念的认识是十分真实的、十分清晰，没有其他东西能比它们更真实、更清晰）的信任，而不再相信模糊不清的、虚假的，如果长久以来的习惯性已然深深烙印在我们的精神中的某些见解上的话，我找不到什么东西，通过增加些许这些东西才能让人更清晰地认识到，假如一个无上存在体不存在，我们心中就不可能出现这种观念。

因为，没有任何一个结果中的东西，曾经不是用相同的或者更好的方式在他的原因中存在着，它是首要概念，而且这个概念不能更明显了；无不可以生有，这是另一概念，它本身囊括了前一个概念，因为，假如人们认同了结果中的某些东西并未在它们的原因中存在过，那么人们就必须承认这是从无中产生的；然而，如果“无”正如它所显现出来的不可能是什么东西的存在原因，那么仅仅是由于在这个原因中并没有什么东西是和结果中的东西是同一的。

只是以一种客观形式存在于观念中的所有的实在性或者所有的完满性，必然形式上或者卓越地存在于它们的原因中，这也是个首要概念；向来我们所拥有的有关对我们精神以外东西的存在性的所有见解都单独依赖于这个概念。因为，假如产生这些东西的感官仅仅是因为这个概念才对我们的精神产生了打击，我们又怎能猜测出它们是存在的呢？

但是，我们心中拥有着某个无上强大、十分完满的存在观念，而且这一观念的客观存在性并不是形式的，也不是以卓越的方式存在于我们的心中，这一点对那些仔细思考、愿意同我一起沉思它的人们来说，是十分明显的；然而，我却不能将它们强加给那些把我的《沉思录》当作打发无聊时光的小说来读并且不留意思考的人的精神中。但是，从所有这些，人们却十分明显地得出上帝是存在的结论。即便如此，为了那些由于自然的光明十分薄弱，从而无法理解在观念中的客观存在的全部完满性必定是真实地存在于它们的某个原因中是个首要概念的人，我曾经使用了一种更容易理解的方法进行了再次证明，指出来这个观念的精神是不能自己产生的；所有我找不到你们能够想要的更多东西，从而让你们认输，就像你们之前所许诺的那样。

你们说我脑海中的上帝观念有可能是我之前的思想、书本的教育、朋友与我的交谈所表象的，而并非是我的精神传输给我的，这话我看不到你们有什么是反对我的。因为，假如我对那些人（他们认为我的上帝观念是从别人那里得来的）说，我是从他们自己还是从其他人那里得来的这个观念，而不是反问我自己，我的论据的效果依然不变；同样，我的结论仍然会是那个人就是上帝，这个观念的最初来源就是他。

至于接下来你们在那里所讲的，它可以是通过对物体性东西的思考而形成的，我觉得它并没有假如你们说我们根本不具备听觉感官，只是仅仅依靠颜色的视觉判断我们就可以实现对声音的认识更加真实可信。因为人们可以这样说，颜色与声音的关联和物体性东西与上帝的关联比起来，具有更多的相似性或者关联。当你们提出让我再增添什么东西以便使我们的认识能够达到物质性的或者精神的存在体上，我最好有请你们读一下我的第二个沉思，从而最起码能够让你们意识到它并非毫无益处；因为，假如只为这个问题而作的长篇论述都无济于事，在此我仅仅依靠一两个段落又能做出些什么呢？对于那段话我所下的功夫不比任何一篇我发表的其他文章少。

虽然我只在这个沉思中提到了人类理智，但是这并不意味着它就会因此对我们认识上帝本性与物质性东西的本性之间的差别用处不大。因为，我愿意在此大方承认，我们所拥有的观念，譬如说，除了像某个无限的数和二进数或者三进数观念是不相同的以外，对我来讲，上帝的理智观念和我们自身所拥有的理智观念并没有什么不同；它同上帝的所有属性一样，在我们心中我们仅仅认出了这些属性的一丁点儿痕迹。

但是，除此之外，在上帝那我们领会到了一种广袤无垠性、纯粹性或者绝对一致性，它涵盖了他的其他所有属性，对于这种广袤无垠性、纯粹性或者绝对一致性，无论是在我们内心或者其他地方，我们没能发现任何例证；但是，之前我曾讲过，它就像工匠在他的作品上所刻的标记一样。正是通过这个办法，我们才认识到，因为我们理智所存在的弱点，被我们以一种零散的方式归为上帝的那些个别属性，没有任何一个（正如我们心中所感受的）是归属于上帝和我们的，依照学院所认为的特有含义来讲。

我们也意识到，在我们拥有其观念的很多东西中，这些东西是无限制的，就像在无限制认识中，在无限制的力量中，在无限制的数量中，在无限制的长度中，等等，以及各类无限制的东西中有一部分形式的存在于我们的上帝观念中，比如知识和力量，另一些只是卓越的存在于我们的上帝观念中，比如数量和长度；如果这个观念只是我们内心虚构出来的，那么实际上自然也就不会是这种样子了。

它也不能如此准确地被所有人以相同的方式所认识；因为，很有必要注意的是，任何形而上学家在对上帝属性的有关描述上（最起码在描述那些只被人的理性认识的属性上）都是相同的，所以没有任何物理性的、能感知的东西，没有任何我们具有其十分特别的、能够触及观念的东西，对于这个观念的有关性质，哲学家所比的不是关于上帝的观念有更大的分歧的。

对于人们所拥有的无上完满的存在体，如果人们仅仅愿意给予它关注，人们就不可能不对上帝本性产生真正的认识。但是，那些将别的观念掺杂进这个观念中的人，通过这种方法组合了一个虚构的上帝，这个虚构上帝的本性中存在一些自相矛盾的东西，通过这样的组合之后，如果他们否认这个由虚假的观念所表象的上帝是存在的，这当然是十分正常的。所以，当你们说到一个十分完满物体的存在体时，假如你们将十分完满这一词绝对化，把物体当作自身拥有所有完满性的存在体，那么你们的话就自相矛盾了。因为在物体的本性中包含了很多不完满性。譬如说：物体可以被分为很多部分，每一部分都不是另一部分，以及类似的东西；因为，不可分割和可以分割比起来具有更多完满性，等等，这些道理不言自明；如果你们只是依照理解物体的方法来理解十分完满的东西，那么它就不会是真正的上帝。

接下来你讲到了一个天使的观念，它比我们更加完满，也就是说无须某个天使把这种观念放到我们心中。我十分认同你的看法，因为我在第三个沉思中曾提到，它可以是我们的上帝观念和人的观念组合成的。上面这些一点也没有反对到我。

对于那些否定他们心中的上帝观念而虚构一个偶像来替代上帝观念的人，我认为，这些人否定的只是名称而承认事实。当然，我并不觉得这个观念和描画的任意物质东西的影像是属于相同性质的；相反，在我看来它只能够单独被理智领会，如此一来它就是从它的第一个活动，或者接下来的第二个，或者第三个活动领会到的它观念[1]，我觉得只是因为在我之上的某些完满性成为我的理智对象，无论这个完满性是以何种方式向理智表现

1 法文第二版把“如此一来它就是……的观念”改为“如此一来他便是我们通过理智的办法或者通过它的领会，或者通过它的判断，或者通过它的推理发觉到的”。

的，例如，只是因为我发现我永远也找不到一个比所有数目都大的数，由此我意识到在数字上有某些东西超越了我的认知能力，我就一定可以得出结论，当然这并非是在说存在一个无限的数目，也并非是你们所说的无限数目的存在性上含有矛盾，而是说，对于我永远无法认识到的最大数上永远存在更多的东西要我去认识的这种理解能力，它不是来自我自己，而是来自某个比我更加完满的东西。

是否将一个无穷数目的概念称作观念，这倒是一件无关紧要的事情。但是，为了能够认识到这个比我更加完满的存在体究竟是什么，如果这和那些我无法探寻到终点的、事实上存在的、无限的数目并不是一回事，或者说这是另外一件东西，那么就一定需要思考其他所有的完满性，这些完满性除了拥有赋予我这个观念的能力，就可以是拥有这个能力的东西；从而人们就能认识到这个东西便是上帝。

最后，上帝被认为是不能够被领会的，这需要站在完整的、全面的角度进行认识，这一概念十分完满地包含了上帝中的所有东西，但是却不包含我们心中那些不完满的、不美好的东西，不过我们足以通过这种东西认识到上帝是存在的。你说，上帝里的所有的完满性的统一观念的形成方式，和种属的统一以及其他共相的统一相同，对此，你也无法证明什么反对我的东西。即便这样，它和它们是迥然相异的；因为它说明了在上帝那存在着某种特别的、主动的完满性，但是对于每个个体，种属的统一无法增添任何实质性的东西。

第三，我要说的是，如果我们没能首先认识到上帝是存在的，我们就无法确定地知道，在那里我使用特殊的词句我只是讨论这些结论知识，当我们不再思考我们是从何处得出这些理由时，我们对这些结论的记忆能够回到我们的精神中。因为逻辑学家们（dialecticiens）并未将第一原理或定理称作知识的习惯。但是，当我发现我们是思维着的东西时，这是个第一概念，它不是从任何三段论式中推导出的。当有人说：我思故我在时，他从他是思维着的推导出它是存在的这一结论并非是从某个三段论式得出的，而是来自他的自我理解；他借助精神的某种纯粹灵感看出了它。从以下事实来看，事情是显而易见的，假如他是从某个三段论式推导来的，他就要提前认识这一大前提，即任何思维着的东西都是存在的。但是，相反，这是他从他自己感觉到如果他是不存在的那么他就不能够思维这件事中得出的。因为，从个别认识到一般命题，这是我们的精神本质。

一个无神论者可以清晰地认识到三角形的三个内角之和等于一平角，我并不否认这一点；然而我觉得它的认识并非能称得上真正的知识，因为任何可以被怀疑的认识都不可以称作知识；既然，人们假设他是无神论者，之前我曾指出过，他无法肯定在那些他认为十分显见的事情上没有犯错；尽管他未能产生这种怀疑，但是假如他进行了检查，或者其他人帮他提出来了，它仍然能够怀疑，而且，如果他否认上帝，他就永远也无法摆脱掉产生怀疑的危险。

或许，他觉得他有一系列的推论来证明上帝不存在，这也无关紧要，因为他的这些所谓的推论都是不正确的，早晚人们会让他意识到他的推论是错误，那时人们会改变他的看法。说实在的，这并不困难，无论他有多少理由，他只需拿出在此提到的那些就足够了，也就是说，在所有种类上都拥有完满性的无限性排除掉其他所有的不拘是什么的东西，等。

因为，首先，假如有人问他，他是如何知道将其他东西全部排除掉这种能力是属于无限的本质的，他无法给出合理的答复。因为，对于无限这个词，人们不习惯把它理解成排除了有限事物的存在体，并且对于被人们认为什么也不是的东西，无法获知任何东西，从而得到结果就是没有本性，有的只是这个东西名称所包含的独立的、普遍的意义的东西。

另外，如果这个想象出的无限没能创造任何东西，那么它的这种无限力量又有何用呢？从我们感受我们内心的思维能力，我们就能够很容易地认识到这种能力同样也可以存在与别的东西中，甚至会比在我心中的更加强大；虽然那个能力无限增大，但是我们并不会因此而担心我们心中的能力会变小。上帝所拥有的其他任何属性也是这样，甚至对产生本身之外的某些结果的能力也是这样，只要假定我们的内心没有什么不是遵从上帝的意思。所以，我们完全可以把他领会为完全存在的，而这丝毫不影响他所创造的东西的存在性。

第四，当我讲上帝既不会说谎也不是骗子的时候，我认为我的观点和过去以及将来的神学家的观点是一致的。你们所提的全部反对意见和下面的事实比起来，并没有更强的说服力，即在否定上帝发怒或者他受到了灵魂的其他激情所支配后，你们对我《圣经》上的一些地方提出了反对，在那里好似将人类的一些激情强加给了上帝。

因为每个人都十分清晰地知道《圣经》在谈论上帝时使用的方式（此种方式契合普通人的能力，虽然它具有某种真理，但是这种真理仅仅与人有关）和表达简单的、纯粹的真实（虽然这种真理与人无关，但是它在性质上具有不变性）时所采用的方式（对于这些方式，每个进行哲学思考的人都会使用它们，在我的《沉思录》中我也必须运用这种方式，因为在这我还未曾假定我认识任何人，我也还没有将自己思考成精神与肉体的组合体，我只是认为我是个精神）二者之间的不同。

通过这些，很明显我在这里并没有讨论到通过语言表达的谎言，而只是讨论谎言核心的、形式的欺骗，虽然你们引用了一位先知的话：四十天之后，尼尼微将要被毁灭并非是个口头上谎话，它只是一种恫吓，这种恫吓真实发生需要一个条件；当说到上帝让法老变得铁石心肠时，或者其他类似的事情时，不要觉得他是从正面做的，而只是从反面做的，也就是，不对法老施加恩宠让他改信上帝。

不过我并不想指责那些人，他们说上帝借助他的先知之口传达了什么口头的谎言，就像医生在给病人治病时所使用的谎言一样，换言之，他们认为普遍情况下欺骗所包含的所有的恶意都不算数；但是，甚至有时我们会发现我们真的会被上帝所赋予的自然本性欺骗到，就像某个水肿病患者口渴想要喝水时那样；因为那是他之所以想喝水完全是由于上帝所赋予他的为了保存自身肉体的本性促使的，尽管这种本性欺骗了他，因为喝水不利于他的健康；然而，在第六个沉思中我也解释过，这是不能与上帝的真善相提并论的。

但是，对于那些不可以如此解释的事情，也就是，在我们能够十分清晰、十分准确判断的事情上，如果这些判断是错误的，就无法被更清楚的判断所纠正，同样也无法通过其他天然的功能将其纠正，我坚定地认为我们在这些判断上不能被骗。因为既然上帝是无上的存在体，那么他必定也是无上的善、无上的真，所以他会对那些来自他的有可能是错误的东西持反对的态度。但是，因为我们内心中的任何实在性的东西都是他所赋予的（这就像在论证上帝存在性时已经论证的那样），同时因为我们内心具有一个认识什么是真的以及区分真假东西的功能（就像只通过我们内心的真假观念所论证的那样），那么假如这个功能并非是偏向于真的，最起码在我们以正确的方式使用它是时候（换言之，在我们仅仅对那些我们领会得清晰明了的东西表示认可的时候，因为人们不可能为它臆想出一个更好的用法），那么赋予我们这一功能的上帝被认为是个骗子，就并非毫无道理。

如此一来，假如我试图怀疑那些我们领会得清晰明了的东西，那么我们就会发现，在理解了上帝的存在性之后，必然会把他想象成一个骗子；而且，由于这是无法被想象的，那么就必定要对这些东西的真实性、可靠性予以十分确定的肯定。

不过，因为我发现你们仍然停留在我第一个沉思已经提出的，而且认为在以后的沉思中已经十分清楚准确地被排除掉的怀疑中，在此，我把我觉得是人类一切可靠性所依存的基础再做一次解释。

首先，一旦我们以为清晰明了地领会了某种东西的真实性，那么我们就会自然地信任它。如果这种信念可以如此坚定，一直达到我们永远不可能有理由怀疑就像我们这样相信东西的程度，那么就无须再去探寻任何东西了，对于这件事，我们就可以合理地希望获取所有的可靠性。

因为，假如或许会有人顽固地说那些我们所坚信的具有真实性的东西在上帝或者天使看来是错误的，而且因而绝对地讲是错误的，这与我们又有什么关系呢？既然我们丝毫不相信这个所谓的绝对错误，并且我们未曾丝毫怀疑过，我们又何必费心在乎它？由于我们先具有了对某个信念坚定不移的、毫不动摇的态度，那么这个信念自然就是十分可靠的。但是，人们却完全可以怀疑人们是否拥有某种如此程度的可靠性，或者什么矢志不移的信念。

自然，人们不能对那些模糊不清的东西产生信念，即便是只有一点点模糊不清也不能；因为无论是怎样的模糊不清都会引起我们对这些东西的怀疑。对于那些我从感官得来的东西也不能有信念，因为我们时常发现感官中存在错误，比如说水肿病患者口渴或者黄疸病患者把白雪看成是黄色的，由于那个人所看到的雪的清晰明了的程度并不比我们差，然而我们看到的雪是白色的。所以，剩下的就是，如果人们可以拥有信念，那么便只有精神能够领会得清晰明了的东西。

但是，这些东西中，有一些东西是如此清晰，而且又是如此简单，从而我们不可能在想到它们时却不认为它们是真的。譬如，我思故我在；已经完成了的东西就不再可能是没有完成的了；以及其他类似的东西。对于这些东西，显然我们拥有十分充足的把握。

因为假如我们没有想到那些东西，我们就无法对它们产生怀疑；但是如果我们不认为它们是真的，我们就一定不可能想到它们，正如我刚刚所讲的那样。因此假如不同时认为它们是真的，我们就无法对它们产生怀疑，换句话说，我们一定不会怀疑它们。

说根据经验我们时常能够看到一些人会在那些它们觉得比看到太阳还清晰的一些事物上犯错，这也并没有什么作用；因为，无论是我们还是其他任何人都没有看到这类错误出现在那些仅仅依靠理性的知觉得出全部清晰明了性的人身上，只是看到过这类错误出现在那些通过感官或者某些错误的偏见得出全部的清晰明了性的人身上。试图假想或许这类事情在上帝或者天使眼中是错误的，这同样没有什么作用，因为我们的知觉明显性不可能允许我们听信那个试图假想并且想让我们信服的人所说的话。

而且，还有另外一些东西，在我们特别注意认识它们时所依据的理由时，我们的理智对它们认识得非常清楚，所以我们不能对它们产生怀疑；然而由于我们会不记得那些理由，反而我们记得由那些理由推导出来的结论，人们会问，在我们记得这些结论是从一些十分显见的原则推论出的时候，是否拥有着一个矢志不移的信念；由于这个记忆一定要被设定，从而使这些结论可以被称作结论。我的回答是，对于那些认识上帝到这样程度的人：他们知道上帝所赋予他们的理解能力除了可以将真理作为对象外不可能还有其他东西，这类人能够对这个结论拥有矢志不移的信念；但是其他人却不可能拥有。对于这一点，在第五个沉思末尾我已经讲得十分清楚，我认为在此无须赘述了。

第五，我很惊奇你们会怀疑当意志依照模糊不清的理智认识行势时，就存在无法实现目标的风险；假如他所依照的东西不是被清晰认识的，谁会使他可以依靠呢？谁（无论是哲学家，还是神学家，或者只是那些运用理性的人）会不承认，认同之前认识的越清晰明了的东西，我们因为它所面临的无法实现目的的风险就越小，而在对原因的认识还不清楚的情况下就贸然做出判断的人就失败？领会不可以说是模糊不清，除非因为在其中还有某些不认识的部分。

因此，你们所做的关于人类应当接受信仰的反驳，对我的反对力量并没有比反对一直都致力于培养人类理性的人的力量更大，并且，说实在的，它对任何人都很无力。因为，即便人们说信仰用于对付那些模糊不清的东西，但是我们信仰这些东西的原因却不是模糊不清的，而是比所有的自然光明都清晰明了。不但如此，还有必要把我们所信仰东西或者材料和那些驱动我们去信仰的形式理由进行区分，因为正是通过这种形式理由我们才想拥有清晰明了性。

对于材料，没有任何人说它不可以是模糊不清的，甚至它本身就是模糊不清：因为在我觉得我必须把我思想中的模糊不清去除掉，从而让我们的思想来主导我们的判断力，避开任何无法实现目标的危险时，给我提供材料使我能够形成清晰明了的判断的，就是模糊不清。

除此以外，需要注意到我们的意志可以被激发出的清晰明了性共有两种：一种是自然的光明所赋予的，一种是上帝恩赐的。

但是，即便人们习惯上认为信仰是些模糊不清的东西，然而这所指的只是他的材料，而并非是形式上的原因，我们的信仰是基于其形式上的原因；因为，相反是某种内在的光明决定了这种形式理由，上帝运用这种光明以一种超自然方式将我们照亮后，我们便有了可靠的信念，坚信那些我们所信仰的东西是他带给我们的启示，而他根本不会对我们有所欺骗，从而这当然比其他一切自然的光明值得信赖，经常受到上帝恩宠的光明更是如此。

很显然，土耳其人以及其他不信奉基督教的人，他们不信奉基督教，并非是由于不愿意相信模糊不清的东西，他们所犯之罪也不是因为这些东西是模糊不清的；他们之所以犯罪是因为他们不愿从内部告知这种神圣，或者是因为他们的其他罪过让他们不配拥有这样的恩赐。我可以断言，不信仰基督教的人，他不在享受超自然的恩宠之列，而且也无从得知基督教徒所信仰的东西是上帝给的启示，但是，在错误的推理引导下，他也会信仰一些和我们所信仰的东西相同的东西，而这些东西在他们眼中是模糊不清的；即便这样，他们不会因此而成为一名基督教徒，倒不如说因为他没有正确地使用它的理性所以他才犯罪。

我认为，对此不会有任何一个真正的神学家会有不同的看法；读过《沉思录》的人也不该认为我未曾对这种超自然的光明有所认识，因为，在我所做的第四个沉思中，我认真探寻了错误的原因，我特意使用了下面的词句：它（超自然的光明）主导了我们的内在思想，引导我们去愿望，但是它并不会限制自由。

况且，在此我要带大家回想下，意志所包含的那些东西，我向来是在平常生活和真理思考之间进行十分严格的区分的。因为，在平常的生活中，我绝不认为我们只应该能做那些被我们清晰明了地认识了的事情；相反，我甚至主张不必总是期盼可能性较大的事情，反而有时需要从一些完全不清楚的、不靠谱的事情中做出选择，并且做出决定，此后，以一种对待非常可靠的、十分明显的事物的态度坚持下去（只要我们没有看到反对的理由）就如同我在《谈方法》第 26 页[1]中所做的解释那样。但是在那里所讨论的只是关于真理的思考。谁曾否认，对于模糊不清的、未曾被清晰明了认识的事物不应该做出判断？不过，我写《沉思录》的目的只是思考真理，对于这一点，不仅可以通过这些沉思本身清晰地看出来，而且在第一个沉思的末尾我也讲得十分清楚明白：对此我无法给予太多的不信任，因为我所面对的不是平常生活，而只是对真理的探寻。

第六，你们在对我谱之于形式（逻辑）的三段论进行批评得出结论的地方，在这个三段论式中犯错的似乎是你们自己；因为，为了让你们的结论成立，应当具有这样的大前提：任何被我们清晰明了地认识到归属于某个东西本质的东西，都可以肯定地被说成或者确信为是属于这一东西的本质的。如此一来，这个大前提所包含的东西除了无用的、重复赘述外，没有任何别的东西了。但是，我的论证大前提是这样的：任何被我们清晰明了地认识到归属于某个东西本质的东西，都可以肯定地被说成或者确信为是属于这个东西的。意思是指，如果“人是动物”是人的本质或者本性，那么就可以肯定地说人是动物；如果三角形的内角之和等于一平角属于直角三角形的本质，那么便可肯定直角三角形的内角之和等于一平角；如果存在性包含在上帝的本质中，那么可以断定上帝是存在的，等等。而小前提是：存在性包含在上帝本性中。十分显然，由此必定能够得出我所说的那些结论，即：因此我们可以一直肯定地说上帝是存在的，而不是如你们所讲的：因此我们可以一直肯定地讲存在性是属于上帝本质的。

由此，为了运用你们接下来所提的例外，你们本应该对大前提进行否定，说任何被我们清晰明了地认识到归属于某个东西本质，不能因此就被说成或者断定为是属于这一东西的，除非它的本质具有可能性或者不是矛盾的。但是，我要向你们展示下这个例外的缺憾。因为，你们所用的可能

1　法文第二版把“第 26 页”删掉了。

这个词，或许是如用普通人所做到的那样，指那些和人类思想不矛盾的东西，按照这种意义，上帝的本质，从我描述的方式来说，明显是可能的，因为在上帝的本质中，除了那些被我们清晰明了地认识到是属于上帝的东西以外，我没有假设别的什么东西，所以我也没有假设任何与思想或者人类概念有冲突的东西；再或许是你们假设出来了其他一些可能性，从对象本身这一角度来说，假如这种可能性与前一种可能性是互相矛盾的，人类的理智就一定不可能认识它，从而，就如对人类认知中的其他东西进行的否定一样，不存在什么力量会促使我对上帝的本性或者对上帝的存在性进行否定。因为，假如否定了上帝的本性是可能的，从概念或者思想角度来讲，这并非没有可能，但是相反，上帝本质这一概念中所包含的任何东西都十分紧密地连接在一起，从而如果假设说其中某个并不归属于上帝本质，对我们来讲这似乎是矛盾的；所以说，假如可以否认上帝的本质是可能的，同理，也可以对三角形内角之和等于一平角是可能的这件事，或者现实中思维着的人的存在是可能的这件事进行否定；甚至，人们可以对任何我们感知到的东西都是真的这件事进行否定。如此一来，人类所获取到的一切知识，都会因为毫无理由、毫无根据而被彻底推翻。

至于你们拿来与我的论据进行对比的那个论据，即如果上帝在存在性上没有矛盾，那么上帝就是存在的，而在上帝的存在性上没有矛盾，因此，等等。它在实质上是正确的，但在形式上是一种诡辩。因为，在大前提中，有矛盾这一词所指的概念是关于上帝能够存在所依据的原因，而在小前提中，它的概念是仅仅关乎上帝的存在和本质，如果否认了大前提，对它就似乎必须要进行这样的证明：假如上帝还未存在，那么他的存在就是有矛盾的，因为不可能设定某个充分的理由来产生他；可是他的存在没有理由，正如小前提中所认同的。因此，等等。如果否认了小前提，就必须要这样证明：这件事不含矛盾的，它的形式概念中的东西不包含矛盾；上帝的存在或本质的形式概念中，没有东西包含矛盾。因此，等等。所以，有矛盾这一词包含两种不同的含义。

因为，可能如此：从事物自身无法领会到有什么东西会阻碍它的存在，但是从它的原因中可以认识到某些东西会阻碍它被产生。

但是，虽然我对上帝的认识是不完满的，但是这并不影响上帝的本质是可能的或者否定不存在矛盾这件事是可靠的，也不影响我们可以肯定的确信我们已经足够认真地核查了而且清晰地认识到上帝的本质，换言之，足够认识到上帝的本质是可能的，以及上帝的本质中包含着必然存在性。因为，所有的可能性，或者我们可以在此借用经院哲学的话，所有的矛盾性只是存在于我们的概念中或者思想中，因为对于互相矛盾的概念它不能将它们结合在一起，而在理智以外的所有东西中都不存在，因为，正是它在理智以外，因而，它十分明显没有矛盾而有可能。

而在我们思想中的不可能性只不过是由于我们思想的模糊不清导致的，在清晰明了的思想中不会存在任何的不可能性；由此，为了确认我们对上帝本性的认识已经足够清楚，从而能够知道上帝本性的存在是没有矛盾的，只要我们清晰明了地认识我们所见到的上帝本质中的所有东西（虽然这些东西和那些也存在于上帝本性之中但是我们未能看出的东西比起来，数量要少得多），我们只需要看出必然的存在性是我们从上帝本性中看出的诸多东西中的一个，这便足够了。

第七，在《沉思录》的《内容提要》中我已经讲过为何我在那里没有论述任何灵魂不灭的理由。在此之前，我也讲过我已经对精神与任何种类的物体之间的区别进行了充分的论证。

对于你们后来又补充的，不能从灵魂与肉体的不同得出灵魂不灭这一结论，因为虽然存在不同，但是人们可以这样说，是上帝赋予了灵魂这样的性质，让它存在时间和肉体的存在时间保持一致，对此，我承认确实没有什么可答辩的，因为我还不敢试图运用人类的推理来规定这个完全由上帝个人意志所决定的东西。

我们通过自然的光明知道精神与物体是不同的，精神是实体；同时，人的肉体，从它与其他物体的不同这一点来讲，只不过是某些形状的肢体与其他类似的偶性组合而成的；最后，肉体的灭亡只是由于形状的某种瓦解或者变化。不过，没有任何论据或者例证能够使我们相信精神这一实体的消亡或者湮灭是伴随着形状变化这一微小的理由，然而形状变化只是样态的不同，而且这一样态又不是精神样态，而是实际上与精神不同的肉体样态。甚至我们也没有任何论据或者例证能够让我们相信有些实体是能够被毁灭的。因此完全能够得出这样的结论，依照自然哲学所认识它的程度，人的精神或者灵魂是不灭的。

但是如果有人这样问到，上帝是否会运用他的无限能力，规定人的灵魂与灵魂所依存的肉体的毁灭保持一致呢？只有上帝才能回答这个问题。既然他现在给我们的启示是这种事情不会发生，对此我们不该再有什么怀疑了。

另外，我非常感谢你们。因为你们是如此的乐于助人，既十分坦率地向我指出了那些你们应当得到更多解释的事情，又告诉了我无神论者或者某些坏家伙可以向我提出的反驳。

你们所提的东西中，我没有看出来有什么东西是之前我在沉思中没有解释过的。例如，你们所说的有关从太阳产生的苍蝇、加拿大人、尼尼维人和土耳其人，以及类似的事，那些遵照我的沉思所提的方法，暂时摒弃掉一切感官所得的东西，从而更加留心那些纯粹的、最真实的理性所讲的话的人是想不到的。这就是为何我已经对这些东西避而不谈的原因。即便这样，我觉得这些反驳仍然对我的计划十分有帮助，因为我愿意有很多这样的读者，他们乐意给予我的文章以很多的注意力，从而看完文章后他们依旧记得读过的全部内容；而那些没有如此做的读者，就很容易陷入困惑，对于这些困惑，他们将会在这个答辩中看到我的解答，或者最起码他们能够由此获得更加仔细核验真理的机会。

对于你们所提的让我把理由按照几何学家所用的方法进行处理，从而使读者能够一目了然的建议，在此我将告诉你们，之前我是怎样做的，今后我又将怎么做。

按照几何学家的写作方式，我对两类事进行了区分：顺序和论证方式。

所谓顺序指的是：最早所提的东西应该在无须之后东西的帮助下就能认识；之后的东西则应当，必须只能从之前的东西中证明出来。在我的沉思中我就是尽量使用这样的次序。这也解释了为何我在第二个沉思中没有讨论精神与物体的不同，而却等到第六个沉思才去讨论；并且我有意对很多东西避而不谈，因为那些东西必须要先引入很多别的东西才能够说清楚。

所谓论证方式则是双重的：一个是通过分析法或者决定法，另一个则是通过综合法和组合法。

分析法点明了一条井然有序地发现一件事物的道路，而且也指出原因是如何决定结果的；如此一来，如果有读者愿意按照这种方法并且认真关注在它内部所包含的全部东西，他们就能以同样完满的方式理解那些被这种方法证明的东西，就好似是他们自己发现了它，最终让它成为自己的东西。

但是，这种论证方法并不能让顽固的、不认真的读者信服；因为，假如一不小心把他所提的某些小事情疏漏掉的话，那么就不能得出必然性的结论；人们尚未习惯对那些本身足够明确的东西做大量的检查，虽然这是最该予以关注的东西。

而综合法则正好相反，它所遵循的是一条迥然不同的道路，好似是从结果中核验原因（虽然它的很多论证也是通过原因检查结果），的确，它清晰地论证了结果中所包含的东西，而且还运用了一大堆定理、条件、公理、定律、问题，如果对它的某个结论进行了否定，它就会把这些结论是如何包含在之前的条件中的，如此一来它会就会让读者们（无论他们有多么的顽固执拗）必须给予认可，但是，它并不像另一种方法，会让那些想要学习的人感到满足，因为它并不会告诉你事物是如何被发现的。

古时候的几何学家们并不习惯在他们的作品中只运用这种综合法，这并非是因为他们不了解分析法，我认为他们是因为过于重视这种方法，以至于只把它留给自己，把它看作重要的秘密。

至于为何我在我的沉思中只使用了分析法，是因为我觉得这种方法具有最真实、最好的教学效果，但是，十分明显你们希望我采用综合法，在几何学所讲的东西上，虽然它仅次于分析法，但是它并不适用于形而上学的东西。因为有这些不同：被用来论证几何学命题的第一概念适用于感官，从而可以很容易就被每个人接受；所以，在此不存在什么问题，问题只存在于很好地推导出的结论上，这一点对于各种各样的人，即便是对最散漫的人来说，这都不是难事，只需要他们牢记前面的东西；并且，人们很容易促使他们想起在所提问题中要指出多少东西就会分出多少不同的命题，从而他们能够在每个上面分别予以停留，使他们之后可以对这些命题进行引证，使他们明白应当针对这些命题进行思索。相反，在形而上学中存在的问题主要是，实现对第一概念清楚明了地认识是困难的。因为，在第一概念的本质作用下，第一概念并非没有几何学家们所面对的第一概念清楚，甚至在很多时候它比那些概念更加清晰，但是，因为它们与我们从借助感官所得的成见是不同的，而对于这些成见，从孩童时期开始我们就已经对它习以为常了，只有那些十分用心而且竭力让他们的精神摆脱感官束缚的人才能够完全懂得这些第一概念；所以，如果人们单独提出它们，它们就很容易遭到那些好提反驳意见的人的反对。

正是基于这个原因，我更乐意写沉思而不愿意像哲学家一样写争论或问题，或者如同几何学家们一样写定律或问题，从而以此来说明我所做的这些沉思只是为了那些愿意和我一同进行认真沉思而且潜心笃志地对事物进行思考的人。因为，如果谁想要向真理发起进攻，基于这个原因他就越是无法理解真理，由于他的精神是和他对所信奉真理的理由的思考是背道而驰的，他所追求的是摧毁真理的理由。

但是，即便如此，为了表达我对你们所提意见的尊重，在此我尝试着仿照几何学家们所用的综合法，同时对我论证上帝的存在和精神与人类肉体之间的不同的主要论据进行概括：这也许对于安慰读者们的关心大有裨益。

按几何学方式证明上帝的存在
和人的精神与肉体之间的区别的理由

定义

一、思维（pensée），我所指的是以此存在于我们以内，从而我们对其有着直接认识的东西[1]。如此一来，任何意志活动、理智活动、想象活动以及感官活动都属于思维。然而我加上了“直接”这一词，目的是排除掉那些我附加在我们思维上的东西和取决于我们思维的东西。比如说，在意志指导下进行的运动真正说来是以意志为基本原则的，但是运动本身却并非是一种思维[2]。

二、观念（idée），我所指的是我们的每个思维的这种形式，我们因为拥有对这一形式的直接知觉，才对这些思维产生了认识。所以，当我明白我所讲的话的含义时，对于我用语言所要表达的东西，除非我心中拥有关于它的观念，否则我用言语表明不了任何东西。所以，对于只是随意描绘出的影像，我并不将其称之为观念；相反，当这些影像是由肉体随意描绘出的时候，换句话说，如果它们是大脑的某部分描绘出的，那么我并不将其称作观念，而仅仅在它们将其告知到这一大脑部分的精神本身时，我才会把它称作观念。

三、所谓观念的客观实在性，我指的是通过观念[3]所表象的东西的实体

1 法文第二版为：“从而使我们通过自己直接感知到它，而且对其有一种内部认知。”

2 法文第二版中，这句话后又增加了一句：“所以，散步并非是一个思维，而是我们对于自己散步时的一种感觉或者认识。”

3 法文第二版为：“这一观念。”

性或者存在性，是从这个实体性存在于观念中这一角度讲的。人们也同样可以将其称之为客观完满性或者客观技巧等。因为任何被我们领会为存在于观念对象中的东西都是以一种客观的或者表象形式存在于观念中的。

四、在这些东西以我们领会的模样存在于观念的对象中的时候，我就将其称之为形式地存在于观念的对象中；在这些东西实际上并不是以我们所领会的模样存在于观念中，而是以一种非崇高的模样从而它们可以发挥自身的优越性来弥补这一缺憾，我就将其称之为以卓越的方式存在于观念的对象中。

五、任何被其他东西当作其[1]主体并直接包含于其中的东西，或者被我们所领会[2]的（换句话说，在我们的内心具有其真实观念的某种特征、性质或者属性的）某种东西因它而存在的东西，就称作实体（Substance）。因为所谓实体就是，它里边形式地或者卓越地包含着我们感知的或者客观存在于我们观念中的东西[3]；除了这些，严格地讲，我们没有其他有关实体的概念，因为通过自然的光明我们知道"无"没有任何实在属性。

六、直接包含思维的实体，在此把它称作精神〔或心[4]〕（esprit）。即便如此，这种叫法是有歧义的，因为有时候人们也把风和十分稀薄的液体称之为实体，但是我不知道还有什么更合适的名称。

七、具有广延以及那些把广延作为其前提条件的偶性（比如形状、位置、地点的变化等）的直接主体，被称作物体〔或者肉体、身体〕（corps）。但是，假如想要知道被称作精神实体的是不是同样也可以被称作物质实体，或者它们两个是否是两个不相同的实体[5]，这放到以后再去讨论。

八、我们认为是无上完满的、不可能领会到在他中间会有任何缺点或者是不完满的东西的这种实体就被称作上帝（Dieu）。

---

1 法文第二版把"其"改为了"一个"。

2 法文第二版把"领会"改为"知觉"。

3 法文第二版把"东西"改为"这种特性或属性"。

4 "心"在拉丁文版本中是mens。

5 法文第二版为："两个不一样的、相互区别的实体。"

九、当我们讲某一属性包含于某一东西的本质中或者包含于它的概念中，这就好像我们说这一属性真的就是这个东西的属性，我们确定它存在于这个东西中，是一样的。

十、当两种实体中的一种无须依靠另一种就可以存在的时候，我们就将这两种实体称作是实在不同的。

要求

第一，我要求读者们思考下，到目前为止他们对其感官产生信任的理由都是十分软弱毫无说服力的，一直以来他们通过感官所做出的判断都是十分不靠谱的。我要求他们长久地、多次进行思考，直至他们不再确信他们的感官为止；因为我觉得做到这一点对于认识形而上学的真理非常有必要。形而上学的东西并不依赖感官。

第二，我还要求他们对他们自身的精神和这些精神的所有属性进行思考，他们将发现这些属性没有丝毫可怀疑的东西，虽然他们向来把从感官所得的东西假定成是完全错位的。我要求他们在这一点上坚持思考下去，一直到他们习惯于领会，并且坚信它比任何物体性东西都容易认识为止。

第三，对于那些无须论证就可以认识并且其中任何一个概念都可以从其自身中发现的命题，我要求他们对其进行潜心的研究。比如：一件东西不可能是既存在的又是不存在的；“无”无法成为任何东西的动因，以及其他类似的东西。我要求他们充分发挥自然所赋予的这一理智的明白性，因为感官的干扰，导致这种明白性经常是模糊不清的。我说到，我要求他们发挥十分纯粹的、完全摆脱了成见束缚的这种理智的明白性，这是因为，运用这种方法，他们就可以十分明显地看到后边所要讲到的真理的真实性。

第四，我要求他们针对这些性质〔或本性〕(nature）的观念开展研究，这些观念包含了很多属性的总和，例如三角形性质，四边形或其他图形的性质；例如精神和肉体的本质，以及上帝或无上完满所拥有的存在性。他们需要注意到的是，人们会十分确信所有这些东西都存在于观念中，我们十分清晰明了地认识到它们被包含其中。譬如说，因为直角三角形具有三角之和等于一平角的性质，在物体性质中或者在具有广延性的东西的性质中，包含着可分割性（因为，对于任何一个拥有广延性的东西，无论它多么小，我们都将其领会成是可以分割的，至少可以用思想对其进行分割），因此，任何直角三角形的两个内角之和等于直角，任何物体都是可分割的，这些结论是完全正确的。

第五，我要求他们继续对无上完满存在体的本性进行长时间的思考，另外，虽然我还要求他们思考其他所有性质的观念中所包含的可能存在性，但是，在上帝观念中，既包含了可能存在性，也包含了必然的绝对存在性。因为如果，单从这一点，我们根本无须任何推论就能认识到上帝是存在的。显而易见，对他们来说，同样清晰明了、无须论证的事情是：二是偶数，三是单数，以及其他类似的东西。因为某些东西，对于一些人根本无须论证就可认识，但是对另一些人却需要一个冗长的推论和证明过程才能明白。

第六，在要求他们认真思考我的《沉思录》所提到的那些有关清晰分明的知觉例证和模糊不清的知觉例证后，要适应对那些认识清晰的事物和模糊不清的事物进行分辨；因为，用例证比用规律能更好地说明，而且我觉得，不讨论到某些东西，就无法举出任何例子。

第七，既然，我要求读者发现他们从来未曾在被领会的十分清晰的事物中发现任何虚假的东西，相反，如果不是因为偶然因素，他们从来未曾在被领会得模模糊糊的事物中发现任何真实的东西，所以他们应该想到的是，如果他们因为感官所造成的偏见，或者由于一时兴起做出的并且建立在模糊不清的东西上的某些假设而对理智所做的清晰明了的认识产生了怀疑，这样做是毫无道理的。通过这种方法，他们将十分轻松地得出以下公理是真实的、无须辩驳的，的确，如果我愿意进行更精准的论述的话，便可将其中的很多条解释得更好，而且不是作为公理，而是一种定理的方式提出，假如那时我愿意这样做。

公理或共同概念

一、没有任何一件具有存在性的东西是人们不能追寻其存在原因的。因为，即便是上帝，依旧可以探寻其存在原因；这并非是因为他需要存在原因，只是因为他本性所拥有的无限伟大性本身就是他的原因，或者说，他不需要存在理由的原因。

二、此刻的时间并不是因为直接在它之前的时间；这就解释了为何在保持一件东西时需要一个和最初产生这一东西的同样大的原因。

三、任何一件东西，或者这一真实存在的物体的任何完满性，其存在原因都不可能是无或者是根本不存在的东西。

四、一件东西所包含的全部完满性或者实在性都是以形式的或者卓越的方式存在于它的最初或者总的原因中。

五、因此，在我们观念中的客观实在性需要有这样一个原因，它不但是客观的，而且也以形式的或者卓越的方式包含了我们观念中的客观实在性。需要特别留意的是，认可这一真理是非常有必要的，这个真理决定了我们对一切东西的认识，不管这些东西是否可以被我们感知到。因为，比如说，我们如何知道天空是存在的呢？是因为我们看到了它吗？但是假如“看”并不是一种观念（我的意思是，它并非是天然上就属于精神的观念）而只是一个随意描绘出的影像，那它就不涉及精神；并且，如果我们没有设定所有的观念都存在一个真实存在的客观实在性原因，那么我们便无法通过这一观念判定天空是存在的；这个原因让我们认为这就是天空，其他东西也是同样的道理。

六、具有不同级别分离的实在性或者实体性，[1] 因为实体所拥有的实在性要比偶性或者样态多，而无限实体所拥有的实在性又比有限实体多。所以，对于客观实在性，有限实体中的比偶性中的多，无限实体中的比有限

1 法文第二版把“或实体性”改为“即实体性或者完满性”。

实体中的多。

七、意志虽然具有自主性、自由性（因为意志本质如此），但是它却必然趋向于它所认识的善。这便是为何，如果它认识了某些它所不具备的完满性，那么它就会马上将这些完满性给它自己，如果它拥有这种能力的话。因为，它知道拥有这些完满性比不具备这些完满性，对它是更大的善。

八、较多的或者较难的都可以做的，那么较少的或者比较简单的就也能够做到。

九、创造或者保持一个实体的存在比创造或者保持这一实体的属性或特性更加伟大、更加不易。但是，我已经说过，创造一个实体并没有保持一个实体存在更加伟大、更加不易。

十、每个东西的观念中或者概念中都具有存在性，因为我们只可能离弃那些具有存在形式的东西。但是不同的是，在有限的东西概念中只包含了可能或偶然存在性，在无上完满体的概念中却包含了完满的、肯定的存在性。

命题一

只用思考上帝的本性就可以认识到他的存在性

证明

所谓的一个东西的本性中或者这个东西的概念中包含了某种属性，意思就是说这一属性确定无疑地属于这个东西，人们可以相信它存在于这个东西中（见定于九）。

而可以肯定的是上帝的本性中或者上帝的概念中包含着存在性（见公理十）。

因此存在性必定属于上帝的，或者说上帝必然是存在的。

我所讲的这三段论式与我对这些反驳（反驳的第二项——译者）所做的第六条答辩采用的方法一样；对于那些摆脱了成见束缚的人来说，它的结论无须论证就能认识到，正如在第五个要求中所讲到的。但是，因为要达到这种非常强大的精神明白性是一件不容易的事情，我们尝试着通过其他方法进行论证。

命题二

运用目的，即只从上帝的观念存在于我们心里，来论证上帝的存在性。

证明

我们的任何观念的客观实在性都需要一个原因，这一客观实在性并非是客观的，而是以一种形式的或者卓越的方式存在于这个原因中（见公理五）。

上帝的观念却存在于我们心中（见定义二、八）而且这一观念的客观实在性既不是以形式的也不是以卓越的方式存在于我们心中，（见公理六）它只能存在于上帝之中，不可能在别的东西中（见定义八）。

因此，我们心中存在的上帝观念的原因在上帝那里，所以上帝是存在的（见公理三）。

命题三

用被上帝赋予观念的我们自身的存在性来论证上帝是存在的。

如果我有保持自身存在的能力，那么我就更加有理由相信我自己就可以填补自己所缺失的完满性（根据公理八、九）；因为所谓完满性只是实体的某些属性，而我正是一个实体。

但是我不具备赋予自身完满性的能力；因为如果我拥有这种能力那么我就已经拥有了这些完满性了（根据公理七）。

因此我没有保持自身存在的能力。

但是，当我存在时，如果我没有保持自己存在（假设我拥有这种能力），或者没有其他拥有这种能力的人保持我的存在，那么我就不能够存在（根据公理一、二）。

然而我是存在着的，但是我却没有保持自己存在的能力，正如我刚刚所证明的。

因此是其他人保持了我的存在。

另外，我因为他而能够保持存在的那个人，我的所有东西都形式地或者卓越地包含在他那里（根据公理四）。

而我在其中有很多我所缺失的完满性或者概念[1]以及有关上帝的概念（依据定义二、八）。

因此这些完满性概念[2]也存在于保持我存在的那个人那里。

最后，保持我存在的那个人不能有他所缺失的（换句话说，在他内部形式地或者卓越地不存在）任何一种完满性的概念。[3]（依据公理七）；因为，就如我刚刚所讲的，他既然拥有保持我存在的能力，那么假设他不具有这些完满性，我们就可以更加相信他拥有把这些完满性赋予自己的能力（公理八、九）。

然而，我认识到的我所缺失的以及那些我意识到只可能存在于上帝中所有完满性概念[4]，这些他都拥有，就像我刚刚证明的那样。

因此他本身已经[5]形式地或者卓越地拥有了所有的完满性，所以他便是上帝。

系

天空、大地以及它们之间的所有东西都是上帝创造的；除了这些，正如我们所领会的那样，他还可以创造出任何我们能够清晰明了的领会的东西。

证明

所有这一切都是依据之前的命题清晰明了得出的。因为在那里我们证

1 法文第二版把“观念或概念”改为“知觉”。

2 法文第二版把“概念”改为“知觉”。

3 法文第二版把“概念”改为“知觉”。

4 法文第二版把“概念”改为“知觉”。

5 法文第二版把“已经”删掉了。

明了上帝是存在的，因为一定存在着这样一个存在体，它形式地或者卓越地包含了我们所能想到的所有完满性。

而在我们内心有一个具有非常强大能力的观念，不但天空、大地等，而且甚至其他一些我们认为是可能的东西，都应当是这个拥有非常强大能力的人创造出来的。

因此，论证出上帝是存在的之后，我们也因此证明了所有东西。

命题四

精神与肉体实质上是不同的

证明

任何我们清晰明了地领会到的东西，或许都是上帝依照我们所领会的样子做出来的（依据之前的系）。

然而，对没有肉体［意思是指，拥有广延性的实体（依据要求二）］的精神［意思是指，一个思维着的实体］我们领会得十分清晰；此外，对于没有精神的肉体我们也领会得很清晰［这一点任何人都很容易认可］。

因此，至少因为上帝是万能的，精神的存在可以不依赖于肉体，肉体的存在也可以不依赖于精神。

现在，这两个彼此可以分割的实体实际上是不同的（依据定义十）。

精神与肉体这两个实体是彼此可以分割开来的（依据定义五、六、七）。

所以精神与肉体实质上是不同的。

需要注意的是，在此我运用了上帝的万能性来进行论证的；并非是因为需要什么特异功能将精神和肉体进行分割，而是因为在之前的命题中我提到了上帝自己，我只能从上帝这，不能在别处进行论证。并且要认识到这两个东西是被什么力量分割开的，这并不是一件要紧的事情。

第三组反驳

一个著名的英国哲学家作，和著者的答辩[1]

第一个反驳

关于第一个沉思中会让人产生怀疑的东西。这一沉思中所讨论的好像已经充分地证明了并没有十分值得信赖的、显而易见的标志可以让我们对梦境、醒着的时候以及感官的真实知觉产生认识并进行分辨，因此在我们醒着的时候所感知的影像[2]并非是依附于外在事物上的偶性，从它们不能充分地证明出这些外在事物是真实存在的。因此假如没有其他推理的帮助，只依靠我们的感官，我们就有合理的理由对是否有什么东西是存在的产生怀疑。所以我们认为这一沉思是正确的。然而，既然柏拉图以及在他之前和之后的很多古哲学家们都说过可感知的东西不值得信赖，既然都很明白将梦境与现实区分开来并不容易，因此我更希望这些在进行新的探索的优秀作者不必再论述这些陈旧的观点。

答辩

这位哲学家对到目前为止是正确的并因此而被认可的东西所产生的怀疑，我认为都是模棱两可的。我把它们引用过来，当作怀疑的理由，并不是把它们当作新东西进行论述，而是，一方面为读者们留作精神准备，以便他们更好地思考理智性的东西，便于他们分辨出何为理智性东西、何为

1　法文第一版和第二版为："英国著名哲学家霍布斯先生作的第三组反驳以及著者的答辩。"

2　法文第二版为："从而在我们清醒着的时候感知到的那些影像或者幻影恰好和我们清醒着的时候都感知的一样多。"

物体性东西，因为我一直都认为将理智性东西从物体性东西中分辨出来是十分必要的；另一方面是为了方便对之后几个沉思的回答，还有一方面是为了说明我随后所提的真理是稳固的、值得信赖的，因为对于那些真理不是平常的、普通的怀疑可以动摇的。我论述这些怀疑理由的目的不是获得赞誉，而是因为我认为对这些怀疑理由进行解释，就像一个医生有必要将他所治之症进行说明一样。

第二个反驳

第二个沉思中所论述的人的精神本性

“我是个思维着的东西。”说得很好，因为通过我在思维或者我具有某个观念，可以推导出我拥有思维，因为对我思维和我是思维着的来说二者的含义是相同的。我思故我在；因为在思维的东西并不是什么也不是。然而，我们的作者在这又讲到了“换句话说，某个精神、灵魂、理智和理性”，在此就（让我）产生了一些怀疑。因为在我看来：从我是思维着的，就推出了我是个思维，或者从我有理智，就推出我是个理智，这种推导方式不是正确的。因为用同样的推导方式我可以说：从我在散步，因而推导出我是个散步。

笛卡尔先生把具有理智的东西与理智本身（理智是前者的一种行为〔用〕）画上了等号；或者最起码他认为思维着的东西和理智（他只是具有理智的东西所具有的一种能力或者功能）是同一个东西。但是，任何哲学家都会把主体〔体〕与它所拥有的能力和行为区分开来，换句话说，把主体〔体〕与它的特性和本质区分开来。所以这与东西自身存在性和本质并不能画上等号；所以一个思维着的东西可以是承载精神、理性或理智的主体，从而一个东西就是物体性的东西，但是他所提出的观点却与此相反，并且没有进行论证。即便这样，笛卡尔先生所要得出的结论的依据好似就是它。

在同样的地方，他又说道："我已经知道我是存在的，现在[1]我要问的是认识了我存在的那个我又是谁呢[2]。但是，非常确信的是，从严格意义上讲，我自己的这个观念见解不依赖于我不知道其存在的哪些东西。"

他说得很对：对我是存在的这一概念的理解是由我在思维这一命题所决定的，这是非常值得信赖的；但是我在思维这一命题又是如何得来的呢？的确，这无外乎是来自：主体〔体〕不存在，我们就无法对它的任何行为〔用〕产生认识，就好似思维着的东西不存在就不能对思维产生认识，在知道的东西不存在就不能对知道产生认识，散步的东西不存在就不能对散步产生认识。

在此似乎应当做出这样的结论，即一个思维着的东西是一种物体性东西；因为任何行为〔用〕的主体〔体〕好似都必须借助物体性的理由或者借助物质性的理由才可以被认识，正如随后他所阐释的关于蜂蜡的例子那样。虽然蜂蜡的色彩、硬度、形状以及其他所有的行为〔用〕发生了变化，但是蜂蜡依旧被认作是那块蜂蜡，换句话说，同一件物质可以有多种变化。但是我是思维着的，这并非是从别人思维推导出来的；因为即便是某人能够想起他之前思维过（这只是一种记忆），但是绝不可能思维他是思维着的，同样也绝不可能知道他在知道，因为，如此一来这会成为一个无止境的问题："你是如何知道你知道你知道……"

因而，既然对我是存在的这一概念的理解是由我在思维这一命题所决定的，而我在思维这一命题又是由我不能把思维和思维的物质分割开所决定的，那么便应当得出这样的结论：思维着的东西是物质而不是非物质。

---

1 法文第二版把"现在"删掉了。

2 法文第二版把"谁"改为"什么"。

答辩

在那里我讲道："某个精神、灵魂、理智和理性……"，我使用这几个名词不是仅仅针对功能讲的，而指的是可以思维的东西，这就像人们通常用前两个所指的和经常用后两个所指的那样。这些是我经常而且十分明显解释过的东西，我没有发现它有什么可疑。

散步和思维并没有什么联系；因为散步所指的只是运动本身，除此以外并不指其他东西，然而，思维有些时候指的是行动，有的时候指的是能力，有时又是指包含于这种能力之中的东西。

我并未把理智和在思考理解的东西画上等号，也没有把在思考理解的东西和理智（假如将理智看作是一种能力）画上等号，而只是当理智被视作在理解思考的东西的时候，我才把它们画上等号。坦白地讲，为了清晰地讲明白一个东西或者实体，我要尽可能地剔除掉那些不属于它的东西，我要尽量用简单的、抽象的词句进行论述；但是，恰恰相反，这位哲学家在对同一实体进行说明时，使用的词句却是另一些十分具体、十分复杂的，例如主体、物质、物体，其目的是尽量不让思维和物体（或身体）能够区分开来。我并不担心他所用的方法（把几种东西联系在一起的方法）比我的方法（用以尽量将每一个东西分辨清晰的方法）能够更加高效地认识真理。可是，空话套话无益，还是认真探讨下问题的关键吧。

他说："思维着的东西可以是物体性的，但是，他所提观点却与此相反，并且没有加以论证。"不。我并未提出相反的观点，我也根本未曾把它作为论证依据，我只是完全没有表明我的态度，直到第六个沉思我才对其进行了论证。

接下来他讲得很好："主体〔体〕不存在，我们就无法对它的任何行为〔用〕产生认识，就好似思维着的东西不存在，就不能对思维产生认识，因为在思维的东西不能是无。"但是接下来他所讲的："在此似乎应当做出这样的结论，即一个思维着的东西是一种物体性东西”，这就是毫无依据，违背常理，甚至与平时的讲话方式相反了。因为，我们当然可以说任何行为〔用〕的主体〔体〕所指的是实体（或者，你也可以说是物质，即形而上的物质，如果你想这样说）；但是并不能因此就得出它们是物质。

完全不同的是，所有的逻辑学家，甚至几乎所有人都普遍认为，在实体中有一些是精神性的，另外一些是物质性的。我引用蜂蜡的例子不是为了证明其他东西，而是为了说明色彩、硬度、形状并不是蜂蜡的形式理由，换句话说，我们无法把它领会为肯定是存在于蜂蜡中的全部东西，没必要因此就想起蜂蜡，在那里我并没有提到任何精神的形式理由，也没有提到任何物体的形式理由。

如这位哲学家所讲的，说这个思维不可能作为另一思维的主体，这没有任何意义。因为，除了他，还有谁会这般装模作样？但是，我会在此对这一问题进行一下简单的解释。

的确，思维不能缺失了在思维的主体，一般情况下，所有的偶性或者行为都必须有一个实体。行为是实体的一种行为。但是，既然我们无法直接认识实体，只能借助它的某些行为（用）的主体（体），那么十分合理的，而且通常也是如此要求的是，很多被我们认识为完全不一样的行为〔用〕或偶性的主体〔体〕，我们用不同的名词称呼它们，这些东西就是实体，然后我们再对这些名词进行检查，看看它们所指的是不是不同的东西，或者只不过是同一种东西。

我们把某些行为的〔用〕称作物体性的，比如大小、形状、运动以及其他所有能够被领会为不占空间的东西，它们存在于其中的实体，我们把它称作物体，却不能以错误的方式认为形状的主体是这个主体，运动的主体又是另一个主体，等等。因为所有的行为〔用〕彼此间统一的一点就是它们以广延为前提。然后，我们把某些其他行为〔用〕称作理智的，例如理解、愿望、想象和感觉等，这些的共同点是，它们必须具有思维或者知觉或者认识和领会；它们存在于其中的实体，我们称之为思维着的东西，或者称之为精神，或者随便其他什么别的称呼这是因为理智性行为〔用〕和物体性之间不存在任何的关联；思维（是各类理智性行为保持同一的共因）与广延（是各类物体性行为保持一致的共因）迥然不同。

但是，当我们具有了对这两种实体清晰明了的概念后，对照第六个沉思中我所讲的，我们就能够很轻松地对它们是否是一种东西做出判断。

第三个反驳

“有什么东西是和我的思维不同的呢？又有什么东西是和我相分割的呢？”

或许会有人这样回答道：我和我的思维是不同的，是我自身在思维；虽然事实上思维与我是不可分割的，但是它与我却是不同的，就好似散步（我之前提到过）和散步的人之间是不同的。如果笛卡尔先生十分明确地说在理解的人和理智是相同的事物：理智在理解，观看在看，意志在做出意愿；并且通过恰当的类比可以说，散步[1]或者最起码是散步能力在散步。所有这些事都成了一团乱麻，这违背了笛卡尔先生素来清晰明了的风格。

答辩

我并没有反对在思维的我和我的思维是不同的这件事，它就好似一件东西和它的形态是不同的；但是我在那里所说的：“有什么东西是和我的思维不同的呢？”我是从几种思维方式的角度来说这句话的（在那里我也对这些思维方法进行了论证），而并非是在说我的实体。在那里，我又继续讲到：“又有什么东西是和我相分割的呢？”我想表达的只不过是，任何存在于我心中的思维方式，都不能在我的外部存在。在此我既找不到有什么可怀疑的，也找不到为何谴责说这些地方被我弄成一团乱麻。

---

1 法文第二版为“人们可以说散步”。

第四个反驳

“因此我必须承认即便我用想象的方法也无法领会到这块蜡到底是什么，只能借助我的理智才能领会。”

在想象（意思是说有某种观念）与理智的领会（意思是说，通过推理得出存在某种东西或者有某种东西）之间存在很大的差异；但是，对于它们的不同之处笛卡尔先生并未进行解释。古老的逍遥派[1]也十分明确地教导道，感官无法感知实体，但是却可以用理性来推断[2]。

如果推理只是用词句组合起来的一连串名词的总称而已，那么我们又该如何说呢？如此一来，通过理性我们无法得出任何与事物本性有关的东西，只能得出一些有关的称号，换句话说，通过理论我们只能得出，依照事物意义所随意做出的约定是否把这些事物的名称对应正确了。假如的确如此（很有可能），那么推理就会被名称所决定，名称又会被想象所决定，想象或许会被物体性器官的运动所决定；所以精神运动只是在有机体的某部分中的运动。

答辩

我在第二个沉思中借用蜂蜡的例子，指出了哪些是我们从蜂蜡中想象出来的东西，哪些东西是我们只依靠想象就能领会的东西，在那时，我对想象和理智或者精神的绝对概念的含义进行了解释；但是，在其他地方我也对我们理解一件事和我们想象一件事之间的不同进行了解释，譬如说，试图去想象一个五边形，就要全神贯注地将这个图形（也就是它所有的五条边以及这五个边所组成的空间）好似展现在我们面前一样；如果是去领会，那么就不再使用这种方法了。推论中的总和并非是名称的总和，而是

1　也就是亚里士多德学派。

2　法文第二版为：“领会。”

名称所指事物的总和。我很困惑，为何会有人能够因此联系到相反的东西上。

因为谁会怀疑，对于一个法国人和一个德国人虽然他们对领会所用的名称不同，但是同一件事物不能用相同的思维或者推导呢？当这位哲学家指出我们对名称东西含义随意所做的约定时，他所反驳的难道不是他自己吗？因为假如他承认物体的含义是借助言语表达出来的，那么为何他不想承认我们的言语与推理所表达的正是其意义的东西的言语与推理，而不只是言语自身的言辞与推理？自然，借用相同的方法和同样恰当的理由，他得出了这样的结论，精神是种运动，他同样也可以得出，大地就是天空，或者他想怎么说就怎么说；因为世界上再也没有其他东西与它们之间的差别和运动与精神之间的差别那样合适了，它们从属于两类完全不同的东西。

第五个反驳

第三个沉思论上帝中的问题

"在它们中（即在每个人的各式各样的思维中）有一部分是事物的影像，只有这部分才适用于观念这一词：例如我想到了某个人，或者某个妖怪，或者天空，或者天使，或者上帝。"

当我所思维的是某个人的时候，我会给自己表象出一个观念，或者是具有某些形状或者颜色的图像，我可以怀疑这一观念或者图像和一个人是否是相称的。当我所思维的是天空的时候也是如此。在我所思维的是个妖怪的时候，我会给自己表象一个观念，或者一个图像，我可以怀疑这个观念或者图像是某个动物的模样，这个动物实际上并不存在，不过它是可以存在的，或者它曾经存在过。

在我所思维的是一个天使的时候，我内心出现的图像有时候是一团火焰，有时候是有一双翅膀的小孩，我断定，这些图像并不像天使，因此它不是天使的观念；只是因为我们信任某些无法看见的、非物质性的造物，他们是上帝的下属，所以我们把我们相信并假想出来的某个东西称作了天使，尽管我们因此而相信出来的这个天使观念是由一些我们所看到的东西组合而成的。

上帝这个尊称也是如此。我们并没有任何关于上帝的图像或者观念；这也是为何不允许我们把他当作偶性来崇拜，因为或许似乎我们领会到的是不可领会的。

所以，在我们内心好似根本就不存在上帝观念；这就和先天的盲人一般，他很多次靠近火，他可以感知到热，认识到火是因为某种东西热起来的，听别人说这就是火，就得出了火是存在的结论，虽然他根本不知道火的颜色和形状，如实地讲，在他的脑海中根本就没有表象出任何火的观念或图像。同样，人们可以看到它的某些图像或观念，这肯定是有原因的，而在这个原因上边肯定还有其他原因，如此推论一直到最后，或者推到某个恒定不变的原因，由于它还未曾开始存在，所以在它之前也就不存在原因，这就使他必然存在一个恒久的存在体，尽管他这个所谓的恒久存在体的观念他实际上并没有，但是经过信仰或者理性的说服，他将其称为上帝。

现在，既然笛卡尔先生依据这个假设（即我们心中存在上帝观念）推导出上帝（即一个万能的、无限聪明的、缔造了整个宇宙等的存在体）是存在的定理[1]，那么，他本应该对这个上帝观念进行解释后，由此推论出上帝是存在的，并且也要推出世界的创造。

答辩

采用观念这一词，在此他只让它指随意描绘出的物体性的物质东西的图像；如此一来，他便很容易地指出人们不可能永远拥有任何真实的上帝观念，同样也不可能拥有任何真实的天使观念。可是，我时常这样提醒，在此我使用观念一词主要是指那些直接被精神领会的东西。所以，当我想要和恐惧的时候，因为我明白我在想要和恐惧，我将这种想要和恐惧划归

1　法文第二版把“定理”改为“命题”。

到观念一列。我之所以采用这一名词，正是因为哲学家都已经认可了，为了所代表的是对上帝的理智的领会，即便我们无法从上帝那认识到任何物质性的想象或者设想，并且我找不到比它更加合适的。我想我对上帝观念所做的解释，对于愿意理解我所说的意义的人已经足够清楚了；但是对于那些非要将我的话理解为其他含义的人来说，无论我如何解释也不够。最后，他又讲到了时间的缔造上，这没有丝毫道理；因为在对上帝所创作的时间是否真实存在之前我已经对上帝的存在进行了论证，而只通过上帝（换句话说，一个无所不能的存在体）是存在的这件事，我们便能够得出，假如世界是存在的，那么必然可以得出是上帝缔造了这个世界的结论。

第六个反驳

"除此之外的其他思维则具有另外的形式，好比说我想要，我感到恐惧，我肯定或者我否定；虽然我会把某些东西当作意识行为的主体，但是我也借助这些行为，把某些东西当作我对这个东西的认识的一部分；这一类思维包括意志、情感，还有判断。"

当某人想要或者感到恐惧的时候，实际上他的脑海中真的存在令他恐惧的东西的图像和他想要做的行动的图像，但是他想要的或者令他恐惧的是什么东西，和他的思维比起来包含有更多的东西，在此并未进行解释。虽然，如果硬要将恐惧说成是人的一种思维，那么我找不出理由来说恐惧不是令人畏惧的东西的思维或者观念。因为，当一头雄狮向我袭来的时候，假如不是因为对这头狮子的观念，以及这一观念在心中引发的结果，正是因为这些结果，感到恐惧的人就做出来被我们称作逃跑的动物性行为，那么这一恐惧还会是其他别的什么吗？但是，逃跑行为并非是一种思维；因此，在恐惧中仍旧不存在别的思维，只存在类似于令人们恐惧的那种东西的思维。想要也是同样的道理。

另外，肯定和否定在缺失了言语和名称的条件下是不行的；所以禽兽就不可以肯定和否定，它们无法运用思维进行肯定或者否定，从而同样也无法做出任何判断。即便如此，不仅人有思维，禽兽也有；因为当我们肯定某个人在奔跑的时候，我们的思维与一只狗见到主人后的奔跑思维是相同的，所以，肯定和否定并非只是给思维加上某些东西，除非这一思维，即组合成肯定的那些名词，就是肯定之人内心的那些东西的名词；只不过这是运用思维来理解东西的相似性，但是这一相似性具有双重性。

答辩

事情本就是显而易见的：看到一头雄狮，并对它产生恐惧，这和只是看到它本就是两码事；同理，看到某个人在奔跑和确定看到他也是两码事。我看不出在此有什么是需要进行回答或者解释的。

第七个反驳

"接下来我需要做的，仅仅是检查下我是如何获得这个观念的。因为我既不是借助感官认识到，而且它不是[1]像我们通过感觉所获取的观念那样，可感知到的东西在向我提供或者似乎提供感觉时，不管我们愿不愿意，它都把这种感觉提供给了我。它也不完全是我的精神产生的或者说是捏造的，因为我根本就没有在上面增减东西的这种能力。因此，无须再多言，只能说它和我自身的认识都是从我被创造出来时，便与生俱来了。"

如果不存在上帝观念（无法证明出上帝的观念），既然这一观念似乎不存在，那么这些研究全都是没有意义的。另外，我自身的观念是我（假如观察下身体）主要依靠观察所得；假如提到灵魂，我们对它并没有任何一丝观念，但是理性告诉我们说在人的肉体中存在某种东西，它将动物性的运动赋予了我们的肉体，肉体依靠它进行感知和行动；即便如此，并不存在被我们称为灵魂的观念。

1　法文第二版为："不是一般。"

答辩

如果上帝观念是存在的（显然上帝观念是存在的），那么这一反驳便全部都不成立了；另外，说不存在灵魂的观念，它是通过理性得出的，这就好似在说，不存在任意描绘出的灵魂图像，但是却存在到目前为止被称作观念的概念一样。

第八个反驳

“另一个太阳观念是借助于天文学的道理，换句话说，是借助于在我心中天然存在的某些概念所得的。”

或许他同一时间只可以具有一个太阳的观念，这一观念中的太阳或者是他通过眼睛所见的，或者通过推理领悟到它比我们眼睛所见的要大很多；因为或者并非是太阳的观念，而是我们通过推理所得的结论，它告诉我们，如果从近处看太阳，这一太阳观念就会大很多。的确，在不同时间便可拥有不同的几种太阳的观念，例如我们肉眼所见和借助望远镜所见的就是不一样的，但是天文学的道理并不能让太阳的观念更大或者更小，它只是告诉了我们可感知到的太阳观念是一种欺骗。

答辩

我再次回答：在此所讲到的并非是太阳观念；即便如此，它所描写的就是被我称作观念的东西。这位哲学家既然不愿意认同我对这几个词下的定义，那么我再进行答辩也就没有任何意义。

第九个反驳

“因为，实际上通过表象实体的形式呈现给我的观念，确实比通过表象的形式或者偶性呈现给我的那些观念具有更多东西，而且就其自身而言也包含（暂且这么说）着更多的实在性；并且，我通过它也感受到了一个高高在上的、不朽的、无限的、不变的、无所不知的、无所不能的、除他自己以为其他一切事物的普遍缔造者的上帝的这一观念，无疑上帝本身比表象实体给我带来的观念要具有更多的实在性。”

在此之前我已经多次指出我们不仅没有上帝观念，也没有什么领会观念，现在还另外要加上的是，我们同样没有实体观念；因为，虽然我承认，对于这种可接受的偶性并且可以随同偶性一起变化的实体是通过推理被发现和论证出来的，但是它是不可领会的或者说我们没有任何关于它的观念。如果果真如此，又怎能说通过表象实体的形式呈现给我的观念比通过表象偶性呈现给我的那些观念包含更多客观实在性呢？另外，笛卡尔先生要在此思考下[1]包含更多的实在性这句话。实在性能用更多以及[2]更少来衡量吗？再或者，假如他觉得某个东西比另一件东西更加是一种东西，那么请他思考下，怎会通过用在论证所要求的、他在提到其他东西时曾数次使用的所有的清晰明了性进行解释[3]呢？

答辩

我曾多次讲过，我所谓观念的东西就是指我们通过理性认识的东西，它和我们领会到的其他任何东西都一样，无论我们是采用何种方法领会的。对实在性的多少我已经解释得很清楚了，也就是说，实体是一种与样态相比更多的东西；假如存在实在的特性或不是绝对的实体，那么它们就与样态比起来多，与完全实体比起来少的东西；最后，假如存在无限的、不依赖于其他东西的实体，那么它就会比有限的、依赖于其他东西的实体包含更多东西[4]或者说具有更多的实在性，换句话说，享有了更多的存在性或者

1 法文第二版为：“另外，笛卡尔先好似未曾考虑到。”

2 法文第二版把“以及”改为“或”。

3 法文第二版为：“让内心更清晰而且解释。”

4 法文第二版把“包含更多的东西”改为“是更多的存在”。

享有了更多的东西[1]。这本就是显而易见的，无须再做更多解释。

第十个反驳

“因此，最后剩下的是关于上帝的观念，对于这个观念我们必须认真思考下是否存在来源于我自己的什么东西。我所提的上帝这个名称指的是：一个无穷的、恒久的、经久不变的、不依赖别的东西而存在的、极度聪明的、无所不能的，并且创造和产生了我自己以及其他所有（假设真的有东西存在）东西的实体[2]。所有的都是如此[3]，即我越是认真地思考它们，就越是对我的观念能够仅仅来源于我这件事产生怀疑。因此，根据上面的论述，一定可以得出上帝是存在的[4]这一结论。”

对上帝的属性进行思考从而帮助我们由此发现上帝的观念，找一找在这一观念中是否有某些东西是可以从我们自身得来的，我发现（如果我是正确的话）通过上帝这个名词我们所领会到的东西既不是从我们自身得来的，也不是一定来自外部某处。因为，对于上帝这个名词，我指的是一个实体，换句话说，我所指的是上帝存在，不是因为某种观念，而是因为推论。所谓无限，指的就是，我不仅无法领会也无法想象它的边界或者它很远的[5]部分，也无法想象到它很久以前的部分，因此无限这一词并不能把上帝的无限性这一部分提供给我们，他提供的只是我们自身的止境和边界。不依赖于别的东西，指的就是，我无法领会到上帝有可能是因为某些原因导致的，所以我好似是，除了我对自身观念的印象，没有什么别的观念是可以和不依赖于别的东西这个名词相称的，而我自身的观念可以在不同的时间

1　法文第二版把“换句话说，享有了更多的存在性或者享有了更多的东西”删掉了。

2　法文第二版为：“以及不仅我自身，甚至包括其他所有的东西（如果其他所有的东西是存在的）都是被这个实体缔造的。”

3　法文第二版把“所有的这些东西都是如此”改为“所有的这些东西，严格说来，都是如此”。

4　法文第二版为：“推出上帝一定是存在的。”

5　法文第二版为：“或者它最末尾的部分。”

开始，因此所有这些观念都是依赖于其他东西的。所以，说上帝的存在不依赖于别的东西，这只能说明上帝的来源是属于我所不知道的东西，除此以外不能说明其他的了。说上帝是具有无限性也是如此，这就像我们说大地的边界属于我们无法领会的东西是一样的。如此一来，便可以将所有的上帝观念否定掉，因为，这个没有结束也没有源头的观念是什么呢？

“极度聪明的。”我要问笛卡尔先生的是通过怎样的观念来领会上帝的聪明？

“万能的。”我要问的是，他了解未来事物的能力，又是通过怎样的观念来理解的呢？

当然，对于我，我对能力的理解所借助的是以往事物的影像或者回忆，是这样推导而来的：他以前这样做过，所以他之前可以这样做；所以，他在将来只要是存在的，那么他就可以这样做，换句话说，他拥有如此做的能力。但是所有这些东西的观念都是可以从外部事物中得来的。

“世界上所有东西的缔造者。”我用曾经看到过的东西的方法，例如我看到过某个刚出生的婴儿，他从几乎看不到那样小成长到现在这般大，这便可以做成缔造的影像；我想对于缔造这一词，不会有人存在其他的观念。然而，通过我们可以想象出的世界的缔造，这并不能充分地证明缔造[1]。

所以，虽然指出了一个无穷的、不依赖别的东西的、无所不能的、等存在体存在，然而并不能就此证明一个缔造者存在，除非有人相信这种推论是非常正确的，即由某种东西存在，我们认为它缔造了其他所有的东西，所以世界之前是他缔造的。

另外，他[2]还说我们的上帝观念和灵魂观念是从我们内心而生的，而且它们就住在我们心中。我要问的是，那些处在深度睡眠中的、没做任何梦的人，他们的灵魂是否在思维。假如他们的灵魂没有进行任何的思维，那么他们的灵魂自然不存在任何观念；因此就不会有观念是从我们内心而生

1 法文第二版为：“世界的缔造。”

2 法文第二版把：“他”改成了“笛卡尔先生”。

的并且住在我们心中的，因为那些从我们内心而生并且住在我们心中的东西，永远都以此刻存在的方式在我们的思维中。

答辩

所有我们认为归属于上帝的东西没有一个能够当作一个样板说它是从外部世界而来的，因为在上帝那的东西中没有任何一个与外部世界的东西类似，换句话说，没有一件是与物体性东西类似的。但是，显而易见，所有被我们认为在上帝中与外部世界不相同的东西，它们要想来到我们的思维中就不能依靠外部媒介，而只能依靠这个不同的原因（即上帝）的媒介。

此刻，我要请问这位哲学家，他是如何从外部世界得出上帝理智的；因为，对我自身而言，用下面的方法我可以很轻松地说清楚我所拥有的观念是什么：实用观念一词，我是从某种知觉的所有形式[1]这一角度讲的；因为，谁会只领会某个东西却没有感知到这个东西，从而导致他缺失了这种理智形式或者这种观念？这种理智形式或者这种观念无限延伸，从而上帝的理智的观念就此形成。上帝的某些属性便是如此[2]。

但是，既然我通过运用我们内心的上帝观念来论证了上帝是存在的，而且在这一观念中蕴含着某种非常强大的能力，它是我们领会到假如在上帝之外的东西并非是由上帝创造的，假如上帝真的存在，他就会以反对的态度对待那些东西，那么很显然，通过证明出它们是存在的这件事就能论证出全世界，换句话说，任何存在于上帝之外的东西，都是上帝创造出来的。

最后，当我讲到，某种观念伴随着我们的存在，或者说它天生就印刻在我们的灵魂中，这并非是在说它会永恒地存在于我们的思维之中，因为，假如这样，任何观念就不存在；我所指的只是我们拥有产生这样观念的能力。

1　法文第二版把“某种知觉的所有形式”改成了“所有的知觉的形式”。

2　法文第二版：“我针对这种完满性所讲的话，也适用于其他所有的完满性。”

第十一个反驳

“我关于上帝存在的论据，它的所有效果就是，让我意识到如果上帝，即我们心中存在其观念的上帝，是真的不存在的，那么我的本性也就不会是现在这个样子，或者说，我的心中就不可能存在关于上帝的观念。”

那么，既然在我们心中存在上帝观念这件事并未得到证明，并且基督教一定要我们认为上帝是不可领会的，换句话说，在我看来，人们不可能存在上帝的观念，所以上帝是存在的这件事并未得到证明，更不用说创造了。

答辩

所谓的上帝是不可领会的，指的是彻底地、完满地对上帝的理解。况且，对于我们内心[1]是如何产生上帝观念的这件事，我已经进行过很多次解释，假如再次赘述，读者们会为此感到厌烦的。

第十二个反驳

在第四个沉思论真理和错误的问题

“如此一来，我也意识到，错误就其自身来说，它的存在并非是由上帝的某些实在的东西所决定的，而单单就是一种缺憾，因此，就我会犯错这就事，根本就不需要上帝专门为此赋予我某种能力。

无知当然只是一种缺憾，根本不需要什么正面的功能来产生无知；但是，对于错误，事情就不再是显而易见的了。因为好似是，之所以石头和其他所有的无生命体不会犯错，正是由于它们不具备推理和想象的能力，因此可以得到这样的结论，要想能够犯错，那么就需要给犯错者赋予想象

1　法文第二版把“内心”删掉了。

和推论能力，或者最起码是一种想象力（这些功能都是正面的），而不是只赋予它们自己。”

另外，笛卡尔先生有讲到：“我发现导致我犯错的原因有两点，即因为我心中的认识能力和选择能力或者我的自我意志。”这似乎[1]与之前所讲是矛盾的。对此要必须进行注意，所谓自由意志的自由，是假设出来的并未得到证明，虽然这一假定与加尔文派[2]的观念是截然不同的。

答辩

虽然说需要在具备推理能力（或者说判断或肯定或否定[3]更合适）的条件下才会犯错，然而，既然犯错是一种缺憾，那么不可以由此就说这种缺憾是真实存在的，这就好比我们不能把盲目称作真实存在的一样，石头没有看的能力，但是不能由此就认为石头是盲目的。所有这些反驳让我感到奇怪的是我还未曾见到我觉得是从原则中正确推导而来的结论。

对于自由，除了我们自我感知到的东西以外，我未曾做过任何假设，因为自然的光明，这一点是众所周知的；而且令我困惑的是，在此他为何说这与我之前所讲的话是矛盾的。

然而，或许会有一些人，在他们认识到上帝提前注定时，他们无法理解为何我们的自由可以继续存在并且和上帝的提前注定保证一致；即便如此，任何人在审视自己后，都不会不感到而且体验到意志与自由就是同一件事，虽然不如说，自愿与自由二者之间并没有什么不同。并且在这里也并不适合去核验加尔文派所持的观点。

第十三个反驳

“譬如说，前几天我对世界上什么东西是存在[4]的进行了查验，并且认

1 法文第二版把“这似乎”改成“我认为”。

2 “加尔文派”也就是基督教新教，通常我们称其为耶稣教。

3 法文第二版为：“或者最好称之为判断，换句话说肯定和否定。”

4 法文第二版为：“确实存在。”

识到正是我做了这样的查验，所以我明显是真实存在的，因此我就必须做出这样的判断，也就是我如此清楚地认识到一件事是真的，并非是因为外部的某些原因迫使我如此做，而只是因为在我的理智中对此事是非常清晰的，之后则是我的意志中有一个十分巨大的倾向性；如此一来，我的态度越是无所谓，那么我就越能够自由地去相信。”

在我的理智中对此事是十分清晰的这种说法十分不明确，因此把它当作一个论据并不合适。不存在任何怀疑的人自己觉得他的认识十分清晰，并且他的意志和才识渊博的人具有一样多的倾向性来肯定他对此没有任何可怀疑的东西。所以这种清晰不过就是有人持有某种见解并顽固地为其辩解的原因，但是这并不能让他断定这种见解就是正确的。

另外，不但要认识到一件事是正确的，同时还要信任它，或者认可它，这并不是由意志决定的；因为通过运用正确的论据所证明的事情或者把它当作值得信赖的事情讲述出来的，无论我愿意与否，我们都不得不相信。确实，进行肯定或者否定，支持或者反对某些命题，这是意志主导的行为；但是并不能由此就说是意志决定了我们的认可和内心的承认。

所以，“造成犯错的形式的这一缺憾就是由于以错误的方式运用了我们的自由”这一结论还未得到完全论证。

答辩

问题的关键并不是把充分的清晰性当作论据是否合适，只要通过它能够清晰地解释我们的思维就可以了，而且事实也是如此。因为任何人都明白这种清晰性就是认识的清晰明了性，这种清晰明了性是每一个人都觉得有的，但是或许并不是每个人都能拥有的；然而这并不影响它和固执的见解没有巨大的差异。由于不存在十分显见的知觉才形成了这一固执见解。

当他在这讲到，无论我们愿意与否，我们相信那些我们清晰明了认识到的东西时，这就好似我们说无论我们愿意与否，我们都愿意和想要好的东西，只要我们清晰明了地领悟了这些好的东西，二者并没有什么不同，因为，即便我们不愿意，这一说法在此并不适用，因为对同一件东西既愿意又不愿意，是十分矛盾的。

第十四个反驳

在第五个沉思中论物体性东西的本质

“比如说，在我想起三角形时，就算是我思维之外的世界根本就不存在这样的形状，或许它从来都不曾存在过，但是三角形的某些肯定的性质、形式或者本质毕竟还是存在的，它们具有不变性、永恒性，不是我虚构杜撰的，也不是我的精神所能决定的，这就好似我们可以从论证三角形的各种性质所展现出来的那样”。

假如世界上根本就没有地方存在这种形状，我无法理解为何会存在这个形状的性质；因为，没有地方存在的东西，就是不存在的，所以它就没有存在性，也不会有性质。我们心中领会到的关于三角形的观念是根据我们的所见或者根据我们所见的东西创造出的另一个三角形；然而，一旦我们把对三角形进行思维的这一观念所由来的东西定义成三角形之后，就算这个东西消失了，三角形的名称仍会继续存在。同理，假如一旦我们用思维把三角形的内角之和等于一平角领会了，而且给三角形定义了另外一个名称，即它是拥有三个内角并且三个内角之和等于一平角的东西，在世界上不存在任何的三角形时，也不会影响这个名称的存在。如此一来，三角形是具有三个内角并且三个内角之和等于一平角的东西的这一命题就会是恒久不变的；但是三角形的性质并非因此是恒久不变的，因为万一所有的三角形都不存在了，那它也便随之不存在了。

同理，之所以人类是一种动物这个命题恒久地[1]是真的，其关键就在于“永恒地”这一词；但是，如果人类灭亡了，那么人类所拥有的性质也就不存在了。

1 法文第二版把“恒久地”删掉了。

通过以上论述，很明显，既然本质和存在是不同的，那么它就只是用动词组合在一起的名词；因此，对于存在性的本质是不存在的，这是人们的精神想象出来的。这就好似，人在精神世界中的影像是属于人的，本质同样是属于存在的；或者是，苏格拉底是或者存在的命题包含了苏格拉底是个人这一命题，具有同一性的苏格拉底的存在包含了苏格拉底所拥有的本领。对于苏格拉底是人类这一命题，如果苏格拉底不存在了，那么这一命题就只是一堆名词了，而且对于是或者存在这两个词本身就使用了两个词指出了同一东西的统一影像。

答辩

对于本质与存在的区别大家都很清楚；在这所讲的并不是关于永恒真理的概念或者观念，而讲的只是永恒的名称。对于永恒的名称，在之前我已经进行了充分的反驳和否定了。

第十五个反驳

在第六个沉思中论物质性东西的存在

“因为，既然他没有赋予我任何能力让我认为事情是这样的”（即上帝通过自身或者某种比物体更高贵的造物媒介把有关物体的概念传输给我），“恰恰相反，他却让我十分倾向地认为它们是物体性东西所传输给我们的，或者认为它们是来自物体性的东西，那么假如实际上物体性的东西并非是导致或产生[1]这些观念的原因，而是因为一些其他原因，我实在找不到理由可以辩解说它不是个骗局。所以对于物体性东西是存在的这一点我们必须予以承认。”

所有人都会同意医生基于病人的健康的考虑而欺骗病人，和父亲为了子女的好处而欺骗子女都是没有罪过的；欺骗之恶不在于说了假话，而在

1 法文第二版为：“从其他地方送来的或……呈送给我的。”

于欺骗者本身的恶意。所以，笛卡尔先生应当留意的是，上帝不可能撒谎这个命题从普遍意义上讲并不是真的；假如从普遍意义上讲它不是真的，那么由此所得物体性东西是存在的这一结论也就是不正确的。

答辩

为了说明这一结论是正确的，不必说我们一定不可以被骗（因为，相反，我很清楚地承认我们经常被骗）；可是，我从我们所犯的错误表示在上帝中找不到任何欺骗的意志；在上帝中不可能存在欺骗的意志。在此能够发现，所得结论还是从原理论证而来。

第十六个反驳[1]

"因为现在意识到这个和那个之间"（也就是醒着时和睡梦中）"有一种十分大[2]的不同，这个不同就是，我们的记忆不能够像我们习惯于把我们醒着时所遭遇的事情连接在一起那样，以同样的方式将我们的各种梦境也连接在一起，将梦境和生活的连续性也连接在一起。"

我要问的是：某人，当他在睡梦中梦到他自己在怀疑自己是不是在做梦的时候，无法梦到他做的梦和许多以往的事物的观念联系起来，这是否是真的。假如他可以，那么对于在睡梦中的那个人的以往生活行为的事情就可以是真的，这和他醒来时一样。况且，就像他自己所讲的，由于科学的全部的可信赖性和所有的真实性只是由真实的上帝决定的，或者就是，一个无神论者无法意识到他醒着是因为他对以往生活的记忆[3]，或者就是，一个人无须认识真实存在着的上帝，便可以知道他是醒着的。

1　法文第二版为："最后一个反驳。"

2　法文第二版把"十分大"改成了"十分显著"。

3　法文第二版为："以往生活行动的记忆。"

答辩

睡着了的和在睡梦中的人无法将他的梦境和以往事物完满地、真实地联系起来，尽管他很希望把它们联系起来。因为，谁可以否认睡梦中的人不会犯错呢？但是随后，在他醒来的时候，他就可以很轻松地认识到错误。

一个无神论者无法意识到他醒着是因为他对以往生活的记忆[1]，但是，假如他不知道自己的缔造者是上帝，上帝不会欺骗，那么他就无法明白这个标记完全可以让他相信他并没有犯错。

1　法文第二版为："以往生活行动的记忆。"

第四组反驳

神学博士阿尔诺先生作[1]

阿尔诺先生送给麦尔赛纳神父的信

尊敬的神父：

承你好意，收到您转交给我的笛卡尔先生的《沉思录》，非常感谢。你提出了很高的要求，是因为你知道它的价值，因为假如我一开始没有向你承诺把读后的感想告诉你，那么你就不会让我拥有享受这本杰作带来的快乐。如果见识这件好东西的欲望不是那样强烈，我是不会接受这个条件的，正是因为这种可称赞的好奇心的驱使，我才有了这番境地；若是我认为有可能轻易得到你的饶恕，我情愿要求取消这个要求，就如从前古罗马执行官予以赦免那些在逼供之下答应的事一样。

因为，你要我做什么？关于我对著者的判断吗？一定不是；你很早就知道，对他本人，我有着很高的评价，对他的智慧、学识，我是非常敬佩的。你并非不知道那些让我无法脱身的事物；如果你对我的评价比我所应得的程度高，这也并不是就意味着我对我浅薄的才识没有丝毫的认识。尽管如此，你让我去检查的东西要求具备一种很高的能力和非常多的平静与闲暇，一旦让精神挣脱了世俗事务的束缚，所思维的只有它自己；你能自己判断，这个事情没有非常深刻的思考和非常集中的精神就做不了。即便如此，既然你让我这么做，我便唯有遵从。可是我有一个条件，既然你即将成为我的保证人，而且你会承担我所犯的所有错误。虽然哲学可以自我炫耀说是

1 阿尔诺（Antoine Arnauld）（1612—1694），法国人，哲学家、神学家。

自己创作了这本著作，可是，由于在这一点上我们的著者十分谦逊，独自一人来到神学法庭上，在此我将拥有两个角色：第一个角色，我作为一名哲学家出现，并提出两个主要问题，我肯定从事这一职业的人们可以提出这两个问题，即有关人类精神本性和上帝存在的问题；在此之后，我以神学家的身份出现，并提出神学家在这本著作中可能碰到的问题。

关于人类精神本性

在此我所遇到的第一件有必要指出的事情是，看一看被笛卡尔先生视作其全部哲学基础和首要原则而建立的东西，也就是说，在他之前被圣奥古斯丁当作哲学的基础和支柱所建立起来的东西。不管在神学上还是在人类哲学上，圣奥古斯丁都是一个非常智慧和拥有过人学识的人。因为，在《自由意志》第二卷第三章中阿里皮乌斯与艾沃迪乌斯在论证上帝存在时辩论道：首先，为了最开始的事情是显而易见的，我问你，你是存在着的吗？或者你会不会担心在回答我的问题时犯错？不管怎样，假如你根本就不存在，那么你肯定就不会犯错。我们的著者所讲的话和上面的很相似：但是，存在着某个十分强大、非常狡诈的骗子，我不知道它是什么，它总是用尽手段欺骗我，所以，假如它欺骗我，那么毋庸置疑我就是存在的。接下来让我们不至于偏离我们的主题，来看看从这个原则中如何得出我们的精神和肉体是不同的、可分离的。

我可以对我是否只有一个肉体这点产生怀疑，甚至我可以质疑这个世界上是否有物体存在；但是当我在怀疑或者在思维的时候不管怎样我都不能质疑我的存在。

因此这个质疑着的、思维着的我，不是一个物体。不然，当我在质疑物体时，我其实也质疑了自己。

尽管我坚定地认为世界上根本不存在任何物体，但是这一真理会始终存在，即我是某种东西，因此我并不是物体。

这的确十分微妙，可是会有人说（甚至连我们的著者也持反对意见），从我对存在任何物体这件事的怀疑或者否定，不能推导出不存在任何物体这一结论。

但是，他说，是否可以这样：因为我不知道其存在而假设是不存在的东西，它们和我自己认识的我之间并没有什么不同？我一无所知。对此，我不做讨论，我只能对我认识的东西做出判断：我知道我是存在的，现在我要问的是，这个知道我是存在的我又是什么呢。但是，可以十分肯定的是，对于我自身的概念和认识，严格意义上讲并不是由我不知道其存在的东西所决定的。

可是，由于他在《谈方法》一书第 34 页[1]中所提的论据，既然他自己说，事情到了这种境地，即他把所有的物体性东西从他的精神中排除掉[2]，并非是依照事物的实际状况，而只是依照他自己的思路和推导顺序，如此一来，他所要表达的是除了他这个在思维的东西以外，他不知道任何其他归属于他本质的东西了。很明显，经过这个答辩[3]，争论依旧止步不前，从而他承诺要解决的问题仍然没有彻底解决，即除了他这个在思维的东西，从他不知道任何其他归属于他本质的东西这一点，怎么就推导没有任何东西是归属于他的本质。他的才能是如此的粗俗，在第二个沉思中自始至终我都没能找到答案；但是，依照我的推导，是在第六个沉思中论证的，因为他认为这一论证是由对上帝清晰明了的认识所决定的，在第二个沉思中这一认识尚未取得。下面就是他论证和解决这个难题的方法。

他说，因为，任何被我清晰明了地领会了的东西，上帝都可以按照我所领会的方式创造出来，所以只要被我清晰明了地领会到一件东西，并且不涉及另外一件东西，就完全可以肯定这件东西和那件东西是有区别的或者不相同的，因为它们彼此可以分割开来，至少万能的上帝可以把它们分

1　法文第二版把“第 34 页”删掉了。

2　法文第二版把“即他把所有的物体性东西从他的精神中排除掉”改成“即他不得不把所有的物体性东西和由物体所决定的东西从他的精神中排除掉”。

3　详见《前言》。

割开来；至于是何种力量将其分割开的，把它们认定为不用的东西，这倒无关紧要。因此，由于一方面我对自身有着清晰明了的观念，即我仅仅是个思维着的东西而不具备广延性，而另外一方面，也有一个关于肉体的明白的观念，即肉体是具有广延性但是没有思维的东西，因此可以肯定：这个我，换句话说，我的灵魂，即之所以我是我的那个东西，与我的肉体有着彻底的、真实的不同，灵魂可以不依存于肉体而存在，所以，即便肉体消失了，灵魂仍然是灵魂[1]。

在此有必要停一下，因为我觉得困难就在这寥寥几句话中。

首先，为了让这一论据的大前提成立，不应该将其理解成对所有种类的认识，也不该将其理解成清晰明了的认识，而只应该将其理解成完整的认识（换句话说，它涵盖了事物所有可以被认识的东西）。因为，在为第一组反驳所作的答辩中，笛卡尔先生自己承认，无须真实存在的不同，只需要一个形式上的不同，从而可以用精神的抽象作用来实现对一件东西清晰地、与另一件东西分别开来进行的领会，可是这种精神的抽象作用对东西的领会只能是部分的，并且不能完满地进行领会，就在此处他继续说道：

但是，当我只是想到物体是具有广延、具有形状、可以运动等东西时，我对物体有了完全的认识，（即物体被我领会成一件完整的东西）尽管我对任何物体中从属于精神本性的东西都是否定的。另外，精神被我领会成一件完整的东西，它在怀疑、理解、想要等，尽管我不认可精神中包含的任何物体性观念的东西。所以，物体与精神之间存在着实实在在的不同。

然而，假如有人对这个小前提产生怀疑，觉得在你把自己(即你的精神)领会成有思维没广延的东西，同样，你还把自己（即你的肉体）领会为一个具有广延但是没有思维的东西，此时你对自身的观念是不完整的，而只是不完满的。必须看看在之前你所说的话中是如何论证的；因为我并不觉得这件事是显而易见的从而应当视作一个不能证明的原则而无须论证。

在他的第一部分中，即在你只是想到物体是个具有广延、形状、可以

1 在第六个沉思中和拉丁文版本中都没有“所以……灵魂”。

运动等的东西时，你对物体的认识是完整的，尽管你不认可它拥有关于精神本性的任何东西，这倒是无关紧要；因为假如谁认为我们的精神是物体性的，那么他就不会因此也认为物体是精神，如此一来，物体与精神之间的关系就像属和种之间的关系一样。但是“属”能够在离开“种”的情况下被人们理解，虽然在“属”上人们否认专属于“种”的东西；其逻辑定理是：虽然种被否认了，但是属并未被否认；或者，属存在的地方，种不一定存在，就是从这而来的；如此一来，我能够领会形状，而不需要单独领会属于圆的某一特点。所以，还需论证能够完满地领会精神，无须肉体。

可是，为了论证这一命题，在整部著作中我似乎只找到了我在开始时提到的论据，除此之外，没有找到任何更好的论据，即我能够对时间上任何物体、任何具有广延的东西的存在性进行否定；然而，当我在否认或者在思维的时候，我就可以肯定我是存在的：因此我是个思维着的东西而不是一个物体，我对自身的认识中并不包含物体。

但是我发现由此只能得出无须对物体的认识我就能得到对自身的认识结论；但是要将这个认识说成是完整的，从而当我将物体从我的本质中剔除掉的时候我并未犯错，这对我来讲并不是十分明显。比如说：如果某人知道在半圆上的圆周角是直角，用这个角与圆的直径组成的是一个直角三角形，但是他对此存在疑问并且无法确信，甚至因为某种诡辩的欺骗，他不承认以直角三角形斜边为边长做出的正方形面积等于由两条直角边为边长做成的正方形的面积之和，如果依照笛卡尔先生的观念，他似乎应当坚持他的错误认识。因为按照他的观念，我清晰明了地认识到这个三角形是个直角三角形，可是我怀疑以这个三角形斜边为边长做出的正方形面积等于由两条直角边为边长做成的正方形的面积之和：所以，以直角三角形斜边为边长做出的正方形的面积等于由两条直角边为边长做成的正方形的面积之和这一论断不属于这个三角形的本质。

此后，虽然我不承认以直角三角形斜边为边长做出的正方形的面积等于由两条直角边为边长做成的正方形的面积之和，可是我确信它是直角的，并且对于这个三角形有一个角是直角这件事，在我心中是非常清楚明了的，即便是上帝也无法改变它是直角这件事。

从而，我心存疑问的，甚至是我可以进行否定的，一直存在于我的内心之中的这个观念并不是它的本质。

另外，因为任何可以被我清晰明了地领会的东西，上帝都可以按照我所领会的方式创造出来，因此只要我能够清晰明了地领会到某个东西并且无须别的东西，那么就完全可以确定这件东西和那一个东西是不同的，因为上帝拥有将它们分开的能力。但是我清晰明了地认识到这个三角形是直角三角形，我无须知道以它的斜边为边长做出的正方形的面积等于由它的两条直角边为边长做成的正方形的面积之和；所以，或许是以三角形斜边为边长做出的正方形的面积不等于由它的两条直角边为边长做成的正方形的面积之和，至少上帝拥有使它这样的能力。我看不出在此可以回答什么，除非做出回答的人对这个三角形的性质的领会不是清晰明了的。但是，我又如何知道我对我的精神的性质的认识程度要比他对三角形性质的认识程度更好呢？因为，他确信在半圆的圆周三角形中存在一个角是直角（这就是直角三角形的概念），这和我确信我是在思维的因此我是存在的是相同的道理。

因此，和那个认为以直角三角形斜边为边长做出的正方形的面积等于由两条直角边为边长做成的正方形的面积之和这一论断不属于这个三角形（他清晰明了地认识的直角三角形）的本质这件事上犯错的人完全一样，或许我不是同样也在我以为除了我是个思维着的东西以外，不存在其他东西属于我的本性（我清晰明了地知道我是个在思维的东西）这件事上犯错，因为或许我是具有广延性的物体这件事同样也属于我的本性吧？

有人会这样说，当我从我在思维得出我是存在的这个结论时，假如我由此而形成的自我观念只是向我的精神呈现出一个思维着的东西，这自然不足为奇，因为这一观念就是单单从我的思维里引发而来的。所以，我从这个观念中找不到可以引发出的任何论据，用以证明除了这个观念所涵盖的东西外不存在其他别的东西从属于我的本质。

通过上面这点，人们可以继续说道，所提的东西似乎论证了太多东西了，它把我们引向了柏拉图学派的观点上了（我们的著者反对这种观点），即在我们的本质中不包含任何物体性的东西。所以，人只是个精神；肉体则仅仅是承载精神的车辆。因此他们将人定义成一个依托于肉体的精神。

假如你说我的本质并非彻底地将肉体排除在外而是只有当我是个思维着的东西时它才会被排除在外，那么人们会担心有人会疑虑到，也许我对自身的观念或者概念，从我是个思维着的东西这一角度来说，并非是被完全地、彻底的认识到的完整存在体观念或者概念，而仅仅只是个领会得不完满的而且具有某些精神抽象以及思维桎梏的存在体观念或者概念。

因此正如几何学家把直线领会为没有宽的长，把面当成没有高度的长宽，即便不存在没有宽的长，也不存在没有高度的宽，同样的道理或许会有人对任何思维着的东西是不是也并非是不存在广延产生怀疑，而是，除了拥有和具备广延性的东西相同的那些特征，比如可移动、具有形状等，除此之外，它还具备这种特别的思维能力和功能；因此，这个东西通过某种精神抽象的单一能力被认为是个思维着的东西，虽然实际上肉体所具有的特点和性质适用于任何拥有思维能力的东西，这就和大小只被认为具有长是一样的，虽然实际上根本不存在大小是没有长、宽、高的。

难度增大了。这便是，好似这种思维能力和肉体器官是紧密结合在一起的，因为在小孩那里它表现得微乎其微，在疯子那里又彻底消失；正是主要因为这个原因那些无信仰的和泯灭灵魂的人才反对我们。

以上便是我对灵魂与肉体之间真实区别的论述。可是，既然笛卡尔先生致力于证明灵魂不灭，人们有理由问通过这个真实区别是否可以轻松地得出这个结论。因为，在普遍的哲学原则下是不能得到这个结论的；由于这些原则普遍认为动物的灵魂与肉体是不同的，即便如此，它们的灵魂与肉体同时消亡。

行文至此，我打算指出，依照我们的著者的原则（我认为我是在他的哲学思维中采用了这些原则），通过对精神与肉体的真实区别的对比如何轻松地得出灵魂不灭的结论，此时有人把同一位著者所作的六个沉思概要递到了我手中，这本概要不仅赋予了它整部著作无限的光明，而且还包含了一些与我在解决这个问题时所做思考相同的一些理由。

至于动物的灵魂，在另外一些地方他已经有过清晰的阐释，他认为动物没有灵魂，动物仅仅拥有一个通过某种方式配备的、由很多不同的器官组成的肉体，这些器官以这样的形式构成，即这些器官所呈现给我们的所有活动都存在于肉体中、而且是由肉体所做的。

但是，让人担心的是，如果这种观点没有一些十分强力的理由来支持和论证，它就无法赢得人们的信任。因为，首先这就好似是，假如不存在任何灵魂的引导，比如一只羊看到了一只狼的影像便对它小小的视觉神经系统造成如此大的鼓动，以致这种鼓动，直接传输至大脑，动物的精神又通过此种方式向它的神经进行扩展，它完全可以促使这只小羊逃跑，首先，这并不值得信任。

在此我要补充一句话：笛卡尔先生对想象和思维[1]或者智慧的不同所作的论述我非常认同；并且我们通过理性所认识到的东西比我们肉体感官直接感知到东西更加值得信赖，我一向的观点也是如此。因为很早之前我在圣奥古斯丁所著的《论灵魂的量》的第十五章中便知道，有些人认为我们通过精神获知到的东西没有我们通过肉体视觉获知到的东西值得信赖，黏液总是会将我们通过精神所获知的东西弄的模糊不清，对于这些人的看法我们必须予以摒弃。在圣奥古斯丁所著的《独白》(Soliloques)的第一卷第四章中，圣奥古斯丁说他在几何学方面数次感觉到：感官像船只一般。

他说：因为在对几个几何命题的建立和论证上，在我任凭我的感官将我引向我想去的地方的时候，在我刚刚摒弃感官，通过思维去回想它们好似告知我们的所有东西后，我感觉精神是如此的不稳定，就好似人们在经过长时间的海上航行后刚刚踏步上岸一样。所以我觉得与其使用感官的媒介来认识几何学（虽然，对于刚刚接触几何学的人，这一点帮助不大），倒

1 法文第二版把“思维”改成“单纯领会”。

不如探索在陆地上行船的方法技术。

关于上帝

著者为了论证上帝是存在的提出了第一条理由（在第三个沉思中他对其进行了论证），这条理由包括两部分：第一部分是关于上帝存在，因为上帝观念存在于我的心中；第二部分是，存在这种观念的我，我只能是由上帝创造的。

对于第一部分，仅有一点是我不认同的，即，笛卡尔先生在说真实地讲错误只存在与判断之后，但是他在不久后又说，某些观念，严谨地讲它们并非是形式上的，而是质料上的错误，我觉得这似乎和他的原则相矛盾。

可是，为了防止在这个十分模糊的问题上我没能非常清楚地解释我的想法，我会举一个例子来使它更加清晰。他说冷只是因为缺少了热，向我表象出的正面的某个东西的观念[1]将在质料上是错误的。

相反，假如冷只是某种缺失，那么就绝不会存在能够向我表象正面东西的什么冷的观念；在此，判断和观念被著者一概而论了。

因为，什么是冷的观念？从冷在理智中客观地存在着这点来说，冷本身就好似冷的观念；然而，假如冷是某种缺失，那么它就绝不会通过某种观念客观地在理智中客观地存在着，因为客观存在观念是正面的。所以，假如冷只是某种缺失，那么它的观念就一定不是正面的，从而就不会存在在质料上是错误的观念。

对于这一点，笛卡尔先生在论证无限存在体观念一定是真的时候所用同样的论据已经予以了肯定。因为，虽然我们可以认定这个存在体是不存在的，但是却不能认为这个存在体观念不向我表示真实存在的东西。

所有的正面观念都能够如此地说；因为，虽然我可以假想被正面观念所表象的冷并不是正面的东西，但是我因此就认为正面的观念和不向我表象什么真实地存在的、正面的东西，因为观念是否是正面的，并非是由其

1　法文第二版把“的观念”删掉了。

作为思维方式而拥有的存在性决定的（因为，假如是这样，那么所有的观念便都是正面的了），而是由那些它们本身具有的以及赋予我们精神表象的客观实在性所决定的。所以即便这一观念不是冷的观念，也一定不是错误的观念。

但是，或许你会这样说：正是因为它不是冷的观念，因此它才是错误的。相反，错误是你所做的判断，如果你将其判定为冷的观念；然而，从观念这点来说，它自然是十分正确的；同样，也不应该将上帝的观念判定为在质料上是错误的，虽然有人可以将其转换成非上帝的东西，正如偶像的追随者所做的。

最后，对于冷的观念，也就是所说的质料上是错误的观念，它向精神表象什么？某种缺失吗？那它便是真实的；某个正面东西吗？那它便不是冷的观念了。况且，如果依照你的观点，那个正面的、客观存在的导致这一观念在质料上是错误的原因是什么？你说：就是我自身，从我对非存在事物的分享这一点来说。所以，非存在可以产生某种观念的客观的、正面存在，然而这与你的基本原则是完全矛盾的。

让我们对这个问题的第二部分进行一下讨论吧，对于这部分，人们问道：存在上帝观念的我是否可以通过其他别的东西而存在而不是通过一个无限存在体，而且最主要的是我是否可以因为自己而存在。笛卡尔先生的观点是，我不能因为自己而存在，这是因为，如果是我将存在性赋予了自己，那么我便可以将我心中所知的所有完满性也给予我自己。然而在《第一组反驳》中作者给了很好的回答：因为自身存在不应当从正面，应当是从反面来理解的；所以这一点和不是因为其他人而存在是相同的。那么（他继续说道），假如某种东西是因为自己，换句话说不是因为其他人而存在，你又如何依此论证它包含一切，而且是无限地包含呢？因为，假如你说：因为其自身而存在，它就很轻松地赋予自己所有东西，当前我不愿意听，因为它并不是因为某种原因那样因为自身而存在，而是在它产生之前，他不可能预见到它可能的模样以便为以后是什么做出选择。

为了对此进行反驳的，笛卡尔先生说，不该将因为自己而产生这种说明当作反面的，应该当成是正面的，甚至对上帝的存在性也是如此。所以，从某种意义上来说，上帝对其自身和动力因对其结果是相同的。这一点对我来讲有些生硬，不切实际。

这就是为何我同意他这部分观点，不同意那部分观点的原因。因为我对自己仅仅从正面由自身而存在这一点是同意的，但是我不认为上帝也是如此。相反，在我看来某件东西是正面的就像因为某个原因那样因为它自身而存在，很明显这是矛盾的。正是基于这个原因，我才有了和著者一样的结论，不是通过完全不一样的方法得出的，即：为了因为自身而存在，我应该正面地因为自身而且像因为某个原因那样存在；所以说我因为自身而存在是不可能的。对于这一论点的大前提已经论证过了，因为他说：对于时间的各个部分是可以分割、互不依赖的，因为我此刻是存在的并不就能说我在将来也是存在的，除非在我内部存在着某种时时刻刻都在创造着我的实在的、正面的力量。对于小前提，也就是我无法正面地因为我自身而且像某个原因那样存在，在自然的光明下，我觉得他是显而易见的，根本无须论证，因为用一个大家不熟知的事情去证明一个大家了然于心的事情是一件徒劳无益的事情。著者本人，在他未敢公开否认它之前，似乎也认可它是正确的。因为，我请你和我一起认真地研究一下他在为第一组反驳所做的答辩中的话吧。

他说：我并未说过某个东西不可以是自身的动力因；因为，即便人们对动力的意义进行了这样的限制：这些原因要与结果不同或者说在时间上要先于结果，这一点当然是正确的，但是对于这个问题，进行这样的限制好像是不合适的，因为我们并没有从自然的光明那里获取到动力因的本性在其结果之前。

对于这个区别的第一部分论述得非常好；但是他为何把第二部分省略掉了呢？他不是又继续说，我们并未从自然的光明那里获取到动力因和他的结果是不相同的，是由动力因的本性所决定的，除非是自然的光明不让他这么说？说实在的，任何结果都是由其原因所决定的而且其存在也来源于它的原因，那么对于这个同一的东西既不能是由他自己所决定其存在性也不能来源于自己，这不是十分清楚明了的吗?

况且，任何原因都一定是结果的原因，任何结果也都是原因的结果;因此原因与结果间具有某种互动关系：而这种互动关系只可能存在于两个东西间。

另外，将某个东西领会为获得存在性，然而这个东西却在我们领会它获取这一存在性以前就已经具备了存在性，这种领会显然是荒诞的。而假如我们把原因和结果都给予从其自身来看是同一个东西上，那么这种荒诞的事情便有可能发生。因为，何为原因的概念?赋予存在性；何为结果的概念?获取存在性，那么很显然原因的概念要先于结果的概念。

此刻，如果我们没有认识到一个东西的存在性，那么我们便无法在给予存在原因的概念基础上领会这个东西，因为没有人能够给出他根本没有的东西。因此，我们会在一个东西获取到存在性之前，先要认识到它具有存在性。即便这样，对于获取者来说，获取要先于拥有。

还可以用其他方法来阐释这个道理：没有人能够给出它根本没有的东西，所以任何人都只能将自己已经拥有的存在性给予自己：但是，既然它已经拥有了存在性，那它为何还需要将这种存在性给予自己呢?

在最后他说：通过自然的光明我们知道，只有理性才能够把创造和保持存在区别开来，这是显而易见的。但是，通过自然的光明我们还知道，没有东西可以创造自己，因此也无法保持自己的存在，这也是显而易见的。

然而，假如我们将论题由一般转移到特殊——上帝上，我觉得事情会更加显而易见，也就是说，上帝一定不是正面地因为他自身而存在的，而只可能是反面的因为他自身而存在的，换句话说，不可能因为其他东西而存在。

首先，因为笛卡尔先生用作论证的理由已经说得很清楚：假如某个物体因为其自身而存在，那么它必然是正面的因为自身而存在。他说，因为，在时间的各个部分间是相互分割、互不依存的，以致假设某个物体到目前为止是因为自身而存在的，换句话说它没有原因，由此并不能就得出它以后还会继续存在的结论，假设不是因为在它内部存在某种实在的、正面的能力，这种能力，暂且这样说，无时无刻不在重新产生[1]它的话。

然而这个道理还远远不能用于一个无上完满的、无限的存在体，截然相反，因为某些截然不同的道理，必定要得出截然不同的结论。因为，无限存在体观念中也涵盖了其保持存在的时间上的无限性，换句话说，这种观念没有制约因素，以致它不仅是不可分割的，同时又是恒久不变的，还是无限连续存在的，可是，因为我们的精神是不完满的，在这一观念中对过去和未来的领会只可能是错误的。

所以，很明显我们无法领会无限存在体的存在，即便只是一瞬间，而不能同时认识它过去一直都在，而未来会恒久的存在（在某个地方著者自己也这样讲过），以致我们问他为何始终保持存在，这是多余的。更何况如圣奥古斯丁所教导的（对于上帝，圣奥古斯丁的论述要比在他之前的神圣作家要更加崇高、更有价值），对上帝来说，不仅不存在过去，而且也不存在未来，仅有的只是一个无限存在的现在；这已经很清楚地说明了假如问上帝为何始终保持存在，便是十分荒诞的，因为在这个问题中很明显包含着前和后，包含了过去和未来，而所有这些都是一定要从无限存在体的观念中剔除的。

况且，不能从正面意义上领会上帝是因为自身而存在的，就好似之前他是由自己产生的；因为如此一来就好似他在存在前就已经存在了，而此时只是（正如我们的著者多次提到的那样）由于实际上他保持着自己的存在。

但是，对于无限存在体，保持存在与第一次的创造比起来并没有更加合适。因为，请问如果保持存在不是某种东西连续不断地重新创造还能是什么呢？因此会出现这样的结果，任何持续存在的前提都是第一次的产生，也正是因为这个道理，“持续”这一词，就和“保持存在”这个词一样（说它们是作用，倒不如说是潜能），自身就已经具有了某种获取能力或者意向；但是无限存在体是一个十分纯粹的作用，定然不会是这些意向。

那么让我们下个结论吧。我们不可以从正面意义上把上帝领会为因为

1　法文第二版把“重新”删掉了。

自身而存在的，除非是因为我们的精神不完满，它从造物的角度来领会上帝；从接下来的理由中将更加清晰地看到：问某件东西的动力因，是站在存在性的角度来问的，而不是从本质的角度。比如说：问某个三角形的动力因，这是在问是谁让这个三角形存在于世界上的；但是，假如我问一个三角形三角之和等于一直角的动力因是什么，这便是很可笑的；对提这个问题的人，不能从动力因的角度来回答，而只能这样回答，即这是三角形的性质决定的；所以，对于数学家（他们不太关心他们所论证对象的存在性）他们一定不会从动力因和目的因的角度进行论证。可是，某个无限存在体的存在，或者，假如你愿意，它保持其存在，是因为这是由它的本性决定的，同样的道理，一个三角形的三个内角之和等于一平角也是由它的本质所决定的。所以，对于问为何一个三角形的三个内角之和等于一平角的人，也不应当从动力因的角度进行回答，而只能这样作答：因为这是由三角形恒定的、不变的本性所决定的；同理，假如某人问上帝因何而存在，或者上帝为何始终保持存在，那么就不应该从上帝那里或者从上帝以外找寻动力因或者从与动力因类似的东西中（在此我并不争辩名称，只讨论事实），而是必须以所有的理由来说；因为是无限完满的存在体的本质决定了它。

正是基于这个原因，对于笛卡尔先生所说的，通过自然的光明我们知道没有什么东西是不能追问它为何而存在的，或者不能探寻它的动力因，再或者，如果它不存在动力因，它们追问他为何不存在动力因，我的回答是，如果追问上帝因何存在，不应当从动力因的角度进行回答，而只能如此回答：由于他是上帝，换句话说，他是个无限的存在体。如果要追问什么是上帝的动力因，就应当这样作答：他无须动力因。最后，如果追问为何他无须动力因，就必定要这样作答：因为上帝是个无限存在体，存在性便是他的本质；因为，对于那些在其内部可以将现实存在性和本质区分开来的东西才需要动力因。

以至，他在我刚才所引用的话之后他所说的话就否定了自己的观点，即他说：如果我想任何一种东西对待自己的方式的关系就是动力因与其结果的关系，我在此根本未想要得到结论说存在某个第一原因，恰恰相反，从这个被人们称作第一的原因出发，我继续探寻原因，如此一来我将永远都不能到达这个第一原因。

因为，相反，假如我想无论从任何一件东西上都应当探寻动力因或者准动力因，那便是在精神上探寻某种于这个东西不相同的原因；因为很明显，所有的东西都无法通过某种方式关涉它自身，就好比动力因关涉它的结果一样。

可是，我觉得有必要提醒我们的著者谨慎地去思考所有这些东西，因为我敢断定几乎所有的神学家都会被下面的命题所困扰：上帝是在正面意义上因为自身而且就像因为某个原因那样而存在。

我仅剩下一个疑问了，这就是，对于他所讲的，仅仅因为上帝是存在的，我们才可以断定被我们清晰明了认识的东西是真的，他如何答辩才能避免落入循环论证。

因为，之所以我们认可上帝的存在，只是因为我们对此有着清晰明了的认识，所以，在我们承认上帝是存在的之前，我们必须先承认所有被我们清晰明了地认识的东西都是真的。

有一件之前被我遗忘的事情，但是我现在提出来，这就是，无论什么东西，从他是个思维的东西这个角度来说，如果这个东西没被他认识，那么这件东西就不能存在于他里边。我觉得这个命题是错误的，但是笛卡尔先生觉得他是十分正确的。因为在他那，对他是个思维着的东西这句话来说，在他里边的“他”[1]，仅仅指他的精神，除此之外，不指其他东西，从精神和肉体是不同的这一点来说。可是，谁又能看出来，在精神中可以存在很多东西，然而精神自己却对这些东西一无所知？比如说：母亲肚里的孩子的精神自然是具有思维能力或者功能的，但是他对此没有认识。还有很多类似的东西，我便不再举例了。

能够引起神学家怀疑的东西，最后为了尽快结束这个已经让人厌烦的

1 在法文中“他”和指物代词的“它”是一个词，所以在这段话以上的几句中的“他”也可用作“它”。

辩论，在此我想我尽量使用简短的形式进行讨论；如此，我的计划只针对困惑所在，不进行详尽辩论。

首先，我所忧虑的是，会有人对质疑一切事物的自由思辨感到困惑。实际上，我们的著者在《谈方法》这本书中也提到了，理智薄弱的人运用这种方法风险很大；即便如此，我承认，在他对第一个沉思所做的《内容提要》中已经稍微降低了这种风险。

虽然这样，为它增添一个序言我不知道是否会好一点，通过序言向读者说明，对这些事物的怀疑并不是十分严肃的，而是为了将所有的能够让我们产生哪怕是一丝怀疑的东西，或者，正如我们的著者在另一个地方所讲的那样，把任何有可能引起我们的精神产生最夸张怀疑的东西，都暂时放在一边，在此之后，我们看一看是否在此之后没有方法可以找到某种非常坚定、十分值得信赖从而即便是最为顽固之人也无法对其产生丝毫怀疑的真理。另外，说不知道我的来自何处的作者，我觉得最好将其改作假装不知道。

在进行真和假讨论的第四个沉思中，因为种种原因（如果在此说明这些原因就太过冗长了），我认为笛卡尔先生有必要在他写的《内容提要》中或者在这一沉思的论述中，向读者讲明两件事：第一件事情是，在他对错误的原因进行解释的时候，他的主要意图是说明在区分真和假上犯错的原因，而并非是在行为上的善恶上犯错的原因。

因为，既然这已经足够达到我们的著者实现其计划和目的的要求，并且由于如果将我们的著者针对犯错的原因所论述的事情，扩展到关于善恶的行为上去，便会招致很多反对的观点，因此，在我看来，既为了以防万一，又是因为秩序本身（著者似乎对此十分在意）的要求，我们有必要这样做，即任何对主题没有帮助、有可能造成争议的事情都要取消，所担心的是，当读者在以一些无关紧要的事情争论为乐时，对重要东西的认识就被忽略了。

第二件事情是，我觉得我们的著者有必要进行一下说明，当他说我们只应该对那些被我们清晰明了地认识了的东西进行信任时，这仅仅指知识性的、基于我们理智的东西，而不是针对那些关于信仰和生活行为讲的；换句话说，指责那些不知道硬要装作知道的人的狂妄；可是对于那些谨慎地认可他们所信之物的人的正当劝告，他从未指责过。

因为，正如圣奥古斯丁在其《信仰的用途》一书的第十五章中十分明确地指出的那样，人的精神中存在三样东西，它们之间有着紧密的联系，它们几乎就像是同一件东西似的，可是必须谨慎地将它们区分开来。它们就是：理解、相信、发表谬论。

谁理解指的是因为某些确定无疑的道理而明白了一些东西。谁相信指的是某人受到了一些十分牢固的、有力的权威的影响，将他在确定无疑的道理下还认识不了的东西信以为真。谁发表谬论指的是某人自己认为自己知道但事实上他并不知道的东西。

可是发表谬论，是一件羞耻的、不配为人的事情，这有两点理由：第一点，由于他硬要将不知当作知，那么他就不会再去学习了；第二点，因为骄傲自大本身就标志着此人是个无耻之徒。

所以，被我们理解的，是基于理性的原因；被我们信任的，是基于权威的原因；被我们发表出来的谬论，是基于错误的原因。我说这些话的目的是为了告诉我们，信任那些我们还不能理解的东西并非就等同于那些发表谬论者的狂妄骄傲。

因为，对于那些说除了我们所知之事以外任何东西都不相信的人，只是不要被发表谬论者所欺骗，而说谎本就是令人鄙夷为人不齿的。可是，如果谁认真地思考下那些以不知为知的人和那些虽然不明白但是在某种十分有力的权威言论的影响下去相信的人之间存在着很大的不同，那么他就能发现后者明智地避免了犯错的风险，躲避掉了信义和人道缺失者的指责，避开了骄傲自大的罪过。

在随后不久的第十二章中[1]，他继续又说：可以提出很多条理由，通过

1 前文说"第十五章"，而在此又说"随后不久的第十二章中"，这两处应该有一处是错误的。

这些理由我们发现，假如我们认定除了那些可以被我们清晰明了的认识的东西外，其他东西我们都不相信的话，那么在整个人类世界中便没有什么东西是值得信任的。到此皆是圣奥古斯丁所言。

此刻，笛卡尔先生或许在判断，将这些东西予以区分是如此的必要，让人担心的是此后会有一些偏向于无神论的人可以利用他的言论来反驳信仰和我们深信不疑的真理。

可是，我预想到神学家们最会反对的事情是，依照他的原则，好似在教会那里我们获知到有关圣体的神圣秘密的某些东西无法继续存在，无法确保它们的统一完整性了。

因为，一旦面包的实体从圣体面包中脱离了出来，剩下的就只有些偶性了，这是被我们视为信条的。剩下的这些偶性便是广延、外形、颜色、味道，以及其他类似的感性性质。

对于这些感性性质，我们的著者皆不认可，他只认可我们身边某些小物体的不同运动，这些小运动给了我们不同的印象，此后我们把这些印象称作颜色、气味、味道等。如此一来，便只剩下形状、广延和运动性了。可是我们的著者并不认为这些功能可以在脱离它们所依附的实体的情况下被理解，而且因此它们无法脱离实体而存在；他甚至在为第一组反驳所做的答辩中不止一次这样说过。

除了这些样态或者属性和实体间的形式区别外，他不认可其他区别，然而产生的区别似乎不能让这些事可以彼此分割开来，即便是万能的上帝也无法做到。

笛卡尔先生的虔诚之心尽人皆知，我不会怀疑他会仔细地核验和权衡这些事情，他会很认真地判断他必须谨慎地留意在尝试支持上帝的事业、反对无神论者的不虔诚上，避免将武器递到他们手中来攻击他所捍卫的上帝依靠自身权威所建立起来的信仰，而且通过相同的方法他想要获得永不消亡的生命，这种生命正是他致力于让人们相信的。

神学圣师阿尔诺先生对第四组反驳的答辩[1]

致麦尔赛纳神父的信

尊敬的神父：

你寄给我的信已经收到，并一一拜读。你的批评明智且中肯，字里行间流露出一种乐于助人的严谨的治学态度。在这个世界上，很难找到一个人，可以给予我的著作如此诚恳真切的批评意见。这些批评是温文尔雅的，以致误认为他的矛头并不是针对我和我所从事的事业。虽然如此，在仔细检查过那些批评我的理由和痕迹，发现您非常认真，很专注于那些细节部分的瑕疵，以致我没有理由怀疑您对局部利益会有所纰漏。除此之外，您以一种比较强烈的措辞来反对我所不能接受的东西，使我没有理由担心人们会认为这种客气在掩盖什么。感谢上帝，这就是为什么我对他的反驳态度并不感到那么厌恶和难以接受的原因，因为他并没有在著作的架构和选题部分上提出更多的反对意见，因而，使我感到十分欣慰。

第一部分答辩

关于人类精神的性质

在这里，我将特别感谢他在陈述理由上使用这种方式，因为他用圣奥古斯丁的权威来支持并援助我。即使这些理由并不够充足，很多地方并不具备说服力。但面对众人的非议，他并不恐惧，也不退缩。

1　法文第二版的标题：“著者对第四组反驳的答辩。”

首先，将从某个地方开始证明，我所不认识的任何事物属于我的本质（即我的精神本质）。事实上没有任何事物属于它，除非我在思维上得出这样的结果，我也将在同一地方证明上帝的存在。在这里，要证明的上帝的存在，能够更清楚地、非常明白地领会到可能存在的一切事物。

虽然在认知层面上有许多事物我们并不认识和熟知（就像假定在某个地方人类并不知道精神有推动肉体的力量，或者精神和肉体在实质上已经结合在一起，且不可分割）；只要认识到我在里面的事物，有了这个条件，就足以证明我有了存在感。因为上帝用了我未知的事物并创造了我，尽管那些事物并不属于我的精神本质。虽然精神是人的本质，精神与肉体的结合，并不是精神的本质。任何事物没有它的存在，别的事物也可以存在，其中不包含个别事物存在于本质里。

在这里十分有必要解释一下这段话我想要表达的意思：用一种事物领会到并不圆满的精神抽象作用，去领会一个事物而不牵涉另外一个事物的时候，并不能得出两个事物之间的真正区别。正像阿尔诺先生所说的那样[1]，需要一种全部且完美的认知来加以区别，即一个认知要全部且尽善尽美，其本身就必须包含所认识事物的全部特质和个体特性。因此，只有上帝知道他所创造的一切事物的全部内涵和完美的认知。

即使被创造的一个理智[2]，对于许多事物来说也许真的有了全部且圆满的认识。假如上帝本身并没有特别启示，他就永远不能感悟到对这些事物的存在。为了使其对某些事物有一种全新的认识，只要求其的认知能力等于这个事物，这似乎是可能的。要使其知道有这样一种认知，或者说上帝在里面没有暗示使他认知的更多内涵，那就必须是他的认知能力，等于上帝的无限创造能力，这似乎又是不可能的。

为了认识两个事物之间的真正区别，不必关于对两个事物的认识必须

1　法文第二版在“那样”，后面还有这样的内容“为了建立一个实在的分别在这两个东西之间”。

2　指对于人们的理智来说。

是全部的和完美的，除非我们已经知道两个事物之间的认识是全部的，并趋尽善尽美的。如若刚才证明过的那样，我们永远不知道认识是否已经探底，且尽善尽美。因此，这样的要求是不必要的。

为了这个缘故，对一种事物的精神抽象作用，去领会一个事物而不牵涉另外一个事物，这样做显然是不够的，也没有从中得出结论。即为了建立一个真实的区别，需要一种全部的、完美的认识。通过精神抽象作用和限制作用，结果却弄成了并不完满且有缺陷的认知。

对以下两种认识之间的区别，一种是完美的。假如上帝并未向他启示的话，这种认知任何人并不知道。另一种是完满到一定程度的认知，尽管我们知道它的存在，没有被我们精神的任何一种抽象作用所感知，其结果并不完美。

当完全领会一种事物时，应该说我们的领会是全部的且尽善尽美的。换言之，在我们足够认识这个事物的前提之下，以便知道它是完全彻底的。

在这一点上我认为是很明显的。一方面由于之前说过的那些事物，一方面是另一些事物。因为把不完全的事物和完全的事物加以区分，即：每一个真实区别的事物，有必要领会为一个由个体存在的事物，和所有事物之间存在的差异和区别。

稍后我以同样的方式所表达的意思去完全领会肉体是什么；接着所表达的方式去领会精神是一个完全的事物。完全领会和领会是一个完全的事物，两种说法所表达的是同一个意思。

在此有理由可以问：一个完全的事物指的是什么？怎样证明只要把两个事物领会为两个完全的事物，此一个可以不牵涉彼一个，那么两个东西是否存在真实的区别？

对第一个问题的回答是：一个完整的物体，只是在我认为是一个带有各种形式或者是属性的事物，就单单这些形式或者是属性，已经足够让我领会到它是一个实体。

因为，我在别的地方已经指出：我们在领会实物的实体的时候，应该在某些形式或者是属性的知觉上领会，而不是直接从实体本身来领会，我们把这些形式或者是属性依附的实物，叫作实体。

如果我们把这个实体从认识的所有属性里摆脱出来，这样会导致关于它的全部认识破坏殆尽。如此一来，关于实体虽然可以表达的一点东西，仅仅停留于口头上的，不能更清楚、分明地领会它的真正意义所在。

一些通俗的称之为不完全的实体；这样称呼，是因为它们本身没有别的支持就不能单独存在。在这一点的认知上，把它们称之为实体是相互矛盾的。也就是说，一些事物是由于自身而存在的，同时又是不完全的。即一些东西不能由于自身而存在。在另外一种意义上，并不能完全地称之为实体，这并不是因为实体的存在有什么不完整，而是说跟另外一个实体之间存在的关系，跟其他的实体组合成一个完整的事物。这个完整的事物与其他的事物区别开来，由于自身而存在。就假如说，一只手单独来看的话，就是一个完全的实体；但是关系到全身来说，一只手不是一个完全的实体，它只是全身的一部分。同样的道理，精神和肉体，如果把它们分别来看的话，它们都是完全的实体；但是如果关系到它们之间的组成，则是不完全的实体。

有形状的、可分的、有延伸的等，都是属性与形式，就是这些，被人们称为物体或者是肉体的实体；而那些怀疑的、意愿的、有智慧的，都只是一些形式，我们称它们为精神的实体。我认为的在思维上的实体是一个完全的东西，相比较于我认为的有广延的实体是一个完全的实体，并不差多少。

阿尔诺先生说：肉体与精神的关系，就像是“属”跟“种”的关系一样，不管是在什么样的情况下，都不能这样说。因为“属”不用“种”的情况下就可以被我们领会，不用特别地区分开来。但是无论任何情况下，“种”离开“属”以后，我们都无法领会。

举例来说，我们很容易领会事物的形状而用不着想到事物的图形（虽然这个概念并不关系到什么特别的形状，所以它就是模糊的；如果不包含物体的性质，它便不是一个完全的事物）；因而我们不能领会到任何图形的一个特别的区分，便不去想象其形状。

我们可以清楚、完全地认识到，作为一个完全的事物，就像是第二个沉思里充分论证的那样，在所有前提条件都具备的情况下，去感悟精神存在的意义，即使是没有认识物体是一种实体时通过的任何一种形式。即使是在没有任何一种属于精神事物存在的情况下，我们依旧把肉体认为是一个完全的事物。

即便如此，阿尔诺更进一步地说：我自己虽然可以不用物体的概念来取得概念，但是并不能因此说这个概念就是完全的、全部的。从而可以肯定，当我从本质上排除物体的时候，我并没有混淆概念。

举个例子，一个半圆的内接三角形，我们可以很清楚地知道，这就是一个正三角形。而对于它斜边上的正方形，是否等于两个直角边上的正方形我们并不知道。尽管如此，我们也不能因此得出，对于一个正三角形来说，两个直角边上的正方形之和不等于斜角边上正方形这样的结论。

就例子而言，它在许多方面和所提出的事物有所不同。

第一，对于一个三角形，我们可以把它理解为一个实体。而实体的形状是三角的，有斜边上的正方形，等于两个直角边上的正方形之和，这个特点肯定不是一个实体。因而这两个事物的任何一个，都不能被理解为完全的事物。精神和肉体同样如此，其特点也不能称之为事物。按照我能够领会到的一个事物（指一个完全的事物）而用不着另外一个事物等的意思，那么下面的话便非常容易理解。我在里边找到一些功能，等等。因为，我并没有说这些功能是事物，不过特别想在事物（也就是说实体）与事物的方式（实体的功能）之间做出分别。

第二，虽然我们能够清楚地领会到内接于半圆的三角形是正三角形，便用不着感知到它的斜边上的正方形等于两个直角边上的正方形之和。如果不能清楚地领会一个三角形的斜边上的正方形等于两个直角边上的正方形之和，更用不着领会这个三角形是正角的。如若用不着感知肉体，便清楚地领会精神。反之，用不着精神就清楚地领会肉体。

第三，虽然对于直角三角形的两个直角边的正方形之和等于斜边上的正方形，不能被包含在内接于半圆的三角形概念里，这个概念是被否定的，也就是说，没有什么办法可以领会到，两个直角边上的正方形之和跟斜角边上的正方形之间的比例关系是属于这个三角形的。所以，当我们没有办法确认这个比例关系是什么的时候，可以领会到它不包含比例关系以外，不能否认它的任何其他的比例关系。不过，我们的确是不能在它们之间相等的比例关系上来理解这些。

但是，肉体的东西不被包含在精神的概念里；反之，所有的属于精神的东西也不被包含在肉体的概念里。

因此，我们可以清楚地证明一个事物，即使是在没有别的事物的前提下。但是，我们也不能因此去做出这个假设：虽然领会到这就是一个直角三角形，即使是在怀疑两个直角边上的正方形之和是否等于它直角边上的正方形，等等。

第一，两直角边上的正方形之和是否等于斜角上的正方形之间的比例关系，并不是一个完全的东西。

第二，因为只有在一个直角三角形关系中，我们才可以清楚地领会到这个相等的比例关系。

第三，如果一个三角形直角上的正方形跟斜角上的正方向之间的比例关系是被否定的，那我们就不能直观地领会到这个三角形。

但是，我们用不着另外一个实体就可以直观地领会到另外的一个实体，便可以清楚地知道他们之间是相互排斥的[1]，我为什么要这样认为，这就是我们必须要谈论到的第二个问题。

不需要任何其他实体的帮助，仅仅依靠自身就可以存在的事物就是实体的概念；用两个不同的概念去领会两个实体，而且从不怀疑它们与实际的区分，从来没有人这样做过。

如果我们只是满足于在第二个沉思里提出过的：精神在不加给它任何属于肉体的东西的条件下，依旧被领会一个持续性存在的事物，而不去寻

1 法文第二版下面还有："而且在实际上是有区别的。"

找比普通可靠性更大的可靠性。就像是肉体被领会为一个可持续性的东西，即使是不加给它任何属于精神的事物。我们习惯性再判定一件事物的时候，事实上就像是它自己表现出来的那样，这样便不用证明实际上精神是区别于肉体的。

我在第一个沉思里曾经提出过这样一个夸张的怀疑：假定当我对我的来源的作者不认识的时候，那我也就不能再确知这些东西的事实是否还跟我们之前认知的一样。关于上帝跟真理的话，都对肉体跟精神有着实在的分别，这个结论我在第三、第四、第五沉思里都有说到，这个结论直到第六沉思才有结论。

关于阿诺先生所说的，关于半圆中的内接三角形的性质，即使是在不知道它的两直角边的正方形之和等于斜角边上的正方形之和，我依旧可以领会得很清楚。对此我想说的是：的确，我们不用知道这个三角形的两直角边的正方形之和跟它斜角边上的正方形之间的比例关系，就可以领会到这个三角形，换一种说法就是，三角形的性质里没有这个比例关系，但是精神却并非如此。因为我们不仅可以忽略肉体来感受其存在[1]，而且任何属于肉体的东西都不属于精神。其原因就是两实体之间相互排斥的本性。

阿尔诺先生接着说的话并没有反对我的观点，在这一点上并不奇怪。当从思维里得出存在的结论时，观点上仅仅表现为思维的东西。同样，当检查肉体性质的时候，内在便找不出任何事物带有思维的气味；关于两个事物之间的区别，并分别加以考虑之后，在一个事物里找不出任何一个事物里完全不同的东西，除此之外，便没有更有力的论点去加以论证。

由此可以看出，为什么对这个论据不厌其烦地加以证明；因为我个人认为，为了指出一个事物实际上和另外一个事物有所区别，除了上帝的全能之外，这一个事物才能同另外一个事物区别开来。由此可以看出，已经足够仔细地使任何人都不能因此而想到人，不过是一个使用肉体的精神。

1 法文第二版因为把“sans”印成“dans”，导致全句的意思发生了改变，变成了“因为不只是只有我们领会到它是在肉体内”。

在第六个沉思里[1]谈到精神和肉体的区别，我也指出了精神在实质上是同肉体结合在一起的产物；为了证明这一点，我已经使用了相比上述论点更充分、更具说服力的论据，但是我已经不记得我是在哪里看到的了。

实际上，一个人的胳臂与身体的其余部分是有区别的实体，但是并不能因此就否认它属于全部的人的本质；当人的胳臂属于整个人的本质的话，并不因此就给人以机会，相信它不能由其自身的存在而持续存在。同样，不用更多的论断加以证明。精神可以不依附于肉体而存在，精神和肉体在实质上是结合在一起的产物。这种结合的实质，并不妨碍对于单独的精神有一个更加清楚、分明的观念或概念，因为它是一个完全的事物。因此，面积和线与精神的概念相比是完全不相同的，如果在长和宽之外不加上高的话，面积和线的概念不能就这样被理解为完全的事物。

最后，在小孩子的身上，思维的功能是处于不清醒的状态的，然而疯子身上的思维又并不是完全消失的，而这个事实比较的混乱，我们不能因为思维跟器官的结合程度，就因此说思维不能没有肉体的器官。我们不能因为看到思维被器官阻碍的现象，因此就得出它是由器官所产生的结论，这是没有任何的道理的。

即便如此，每天所体验的精神跟肉体之间的紧密关系，我们依旧没有办法否认。如果不对此深入的思考，对于它们之间的实际区别其根本原因，是很不容易被发现的。

在我看来，那些看完我在第二个沉思里写的东西并经常在心里思考的人，很简单地就认可精神与肉体之间的区别，不只是由一种虚构或者是理智的抽象作用，被认识为跟肉体有别的东西都是一些事实。

阿尔诺先生关于灵魂不死的说法跟我的观点是一致的，我并不想对此说些什么。可是对于动物灵魂的说法，也许在这考虑这个问题并不合适，因为除了我在我的《谈方法》一书的第五部分说过的那些话以外，没有全

---

1 “dans la m ê me sixi è me M é ditation”，法文第二版是“m ê me dans la sixi è me M é ditation”“m ê me”的词性跟意义，随着它在句子中的位置不停也发生着改变。

部物理学的解释的前提下，我不想过多地讨论这些；不过，在这里，我还是想说出来我所认为的，值得我们去注意的事情：不管是在动物还是我们的身体内，就像是一架机器做出来的一样的全部工具跟器官一样，身体里没有能由之而做出来的运动，那么任何的运动都是不现实的。所以，即使是我们人类，并不是因为精神直接使动的外部肢体，而单单就只是这种非常的稀薄的流动的液体，被精神称为动物精神的东西。它从心脏历经大脑最后达到我们的肌肉里，我们肢体运动的所有原因都是它们，并可以足够地经常很容易地引起很多不同的运动。但是它并不都归为动物精神，因为我们人类的活动很多事不取决于精神的，例如人心脏的跳动、人睡着时候的呼吸以及食物在人体内的营养与消化，当然也包括当我们精神清醒的时候，走在路上情不自禁地走路、唱歌以及其他类似的动作。当人从高处掉落的时候，会情不自禁地首先用双手保护头部，这并不是理性告诉他们要这样做，也不取决于他们的精神，而仅仅只是因为他们的感官感受到了当前的危险，在大脑里引起的这种运动，就像是在一架机器里所规定好的步骤一样来产生这种运动一样，这种运动规定我们身体里的动物精神过渡到神经，根本不用精神去干涉。

我们在自己身上都可以体验到这样的状况，更何况是在羊的眼睛里看到一只狼的时候，就会有同样的力量去让这只羊产生逃跑的反应，所以，对于这样的现象，我们有什么觉得奇怪的呢？

这一点被指出以后，如果我们想要对动物的某些运动与人类用精神所完成的运动，或者只是依靠动物的器官支配和精神的运动是否差不多这样的推理，那就必须要好好地推算这两者之间的差别存在。这一点我在《谈方法》这本书中的第五部分说明过。很容易可以看得出来，动物的一切行动跟有没有人类精神参与的行动之间大差不差，独一这些，我个人认为很难找出来别的说法。

由此，可以得出这样的结论。当我们还没有完全认识到有关动物世界运动的原则时，片面地认识到动物器官的支配和精气的不断流入，是心脏热能的产生，而热能的产生能减缓和稀化血液。与此同时，我们认识到没有任何东西可以让我们赋予它们成为另一个东西，除非是没有办法分不开运动这两个原则，并观察到（它只是取决于动物感官跟思维）在动物的身上，也包括在我们人身上，也就不明不白地相信了其就在动物的身上。

当然，当我们很早的时候就认为的一些事物，即使是随着时间的增长，我们认为的东西更加的坚定以后，不管其他的人用什么样的方式让我们看到它身上不对的地方，或者是我们明明知道这些错误，换一种方式说，我们可以认识到这些错误，而不在精神里经常想到这两个原则，不是因为理性而没有办法挖掉这些习惯，而是因为习惯这些深深地印刻在我们精神之中的东西时，那么从我们的信任中摒弃这些成见，依然是十分困难的。

第二部分答辩

关于上帝

在这里，我一直都是试图解决阿尔诺先生对我提出论据的一切攻击；此后，效法对付一个太强有力对手的人，我将宁愿试图躲避他咄咄逼人的攻击，而不是迎难而上。

在这一部分里他只是谈到了三件事，按照他所理解的那样，这三件事我是能够同意的。不过，在我写这三件事的时候，也参考了其他的意义。那个意义，我认为也是真实的，可以被接受的。

第一件事：有一部分观念在材料上其实是不对的，换一种说法也就是说，按照我的说法，它们给予了判断错误的材料或者是机会，但是在作为用在形式上的想法时，判断是被认为在观念里没有任何错误的。

第二件事：就像是又一个原因而产生那样，上帝是正面的，而且由他自己而产生，我只是想说上帝的存在不需要任何的动力因素的原因是上帝是一个正面的东西，这是建立在上帝广大无垠的本身之上，它是所有存在的东西上的最正面的东西。但是阿尔诺却有不一样的看法，他说明上帝不是由自己而产生的，也不是由动力因素在正面行动上保存的，在关于这一点上我没有异议。

第三件事：不管是什么事物，如果我们对于这个事物没有任何的认识，那么就无法存在我们的心里，这句话我是从作用的方面来说的，但是阿尔诺却是从潜能的方面来直接否定的。

在这里有必要重复解释一下。第一，阿尔诺先生说冷仅仅是一种缺乏，不能表现为一个正面事物的观念，他的这种说法显然是指形式上的观念而言。

因为，由于观念不是由物质组成的，在根本上只不过是一种形式，每次当观念被考虑要表现出来什么东西的时候，是在形式上被使用，而不是在质量上。如果不是把观念表现为某种东西或者是事物来思考的话，那当然可以说是在质量上来使用的；那么这样一来，它们就既跟事物的“错”没有任何的关系，也跟事物的“对”没有任何的关系。

为了这个缘故，跟我已经解释过的不相同，我认为它们不能被说成是资料上的错误，即：不管冷是一种缺乏还是正面上的东西，我不能因此就对它有其他的看法，而且换个观念跟我心里一直存在的观念是一样的，如果冷真的是一种缺失，而且不像热存在同样多的实在性，则这个观念就会给我错误的指示跟机会。可能考虑到我从感官接受过来的不同的观念，我分辨不出来这两个表象所表现出来的实在性是否差别很多。

当然，我并没有把观念跟判断这两者混为一谈。因为我说过，在判断里，除了形式上的错误，不可能还有其他的错误；但是在观念上，还会有质料上的错误。阿尔诺说的冷是客观地存在理智上而说的，是冷的本身，我觉得应该给其划分出区别，因为在很多含混不清的思想上（冷和热这两者的观念应该被包含在内），经常会发生的事情就是，它会经常被表现为其他的东西，而不是它所真正应该被表现出来的东西。

这样说来，如果冷单单只是一种缺失，那么冷是客观的存在于理智之中的这些冷的观念，其实是别的东西，并不是冷本身，只是错误地被当成了这种缺失，或者说是某一种感觉，在理智之外，这种感觉绝对不存在。

上帝的观念并非如此，至少清楚、直观地告诉我们不是如此。因为，不能说它是关于某种对它不合适的事物而言的。

至于由偶像崇拜者所编造的那些神的模糊观念，给了他们以错误的判断而言，我不知道他们为什么不能同样地把他们当作质料上的错误观点。

姑且这样说，那些未能给予判断以任何错误，或非常轻微的错误的观念，不能跟那些有重大错误的机会的观点一并而论，把它们的错误也说成是质料上的错误。很多其他的例子都可以用来说明，有些观念会比另一些观念更容易让人有更大的误导。

因为，那些由我们的精神世界编造的模糊不清的观念（例如那些假神的思想观念）里，错误的误导没有感官带给我们的模糊提供的那些影响的大，如果真的像我所说的这样，冷和热的这两种观念，并不表现为任何实际存在的事物。

在一切错误的机会里，莫过于产生最大饥渴之感的那些观念。举例说明，一个水肿病人对渴的观念，促使其相信喝水会产生好处，其结果实际上是有害无益的。针对一个身患水肿的病人而言，这个观念实际上是个严重的错误。

阿尔诺先生向我提出了关于冷的观念。在这里我要强调的是，这个观念在质料上是不对的。因为，如果它表现为一种正面的东西，那它就跟冷的观念有所不符；如果要想它是正确的，就要表现出来一种缺失。在这一点上我并无异议。但是，之所以认为它是错误的观点，不仅仅是因为它是模糊不清的，而是说在分辨不清表象的事物的感觉之外究竟是不是正面的；这就是我有机会把只是一种缺乏判断为正面的事物定性为错误的缘故。

从而不仅要问，按照我的观点，这个观念在质料上是不对的那个正面的、客观的事物的原因究竟是什么；因为我从来没有说它在质料上是错误的是因为那些正面的东西，我认为正是由于某些正面的事物由于自身的模糊不清，而事物含混不清的主体和基础则是正面的东西，即感觉本身。

诚然，正面的事物存在于我的内心世界，因为它是一个真实的事物；对于模糊不清的事物，只有给我以判断的机会，这个感觉的观念表象便被排除在我的思维之外。人们叫作关于冷的观念，因为它没有实在的原因，仅仅是来自我的本性之外，所以并不是完全圆满的。

这个观点绝对推翻不了我的论断。不过，我最担心的是，由于我在读哲学家们的著作时，向来不很留心。当我给判断不正确的机会或者质料的时候，在质料之上，那些观念其实是不正确的，也许并没有完全精准的按照他们的意见去实践。在苏阿莱兹的作品《争论》的第九章第二节第四小节里的内容，我在无意之间碰巧看到，书中所说的关于质料的观点跟我表达的是一样的。

我认为，最不应该让阿尔诺先生反对的，也是他自己觉得最不满意的观点是：我们很直接地可以联想到，在某种意义上，上帝关于他自己和动力因对其结果是完全相同的。

在这一观点上，我反对阿尔诺先生认为是粗暴、虚假的，即上帝是其本身的动力因。如果按照他的观点，在某种意义上是一致的时候，对此我会持截然相反的观念；同时，如果把很容易想到这几个字放在这句话前头的话，我之所以如此解释这些事情，仅仅是因为人类精神世界尚未达到完全圆满的境界。

况且，在我写的书里其他的部分，一直做了同样的划分。因为从一开始所强调的那样，没有任何事物是不能追究其动力因的地方，我要补充一句话：或者，如果它没有动力因，我们不禁要问为什么它不具备动力因；这一观念就足以证明在没有动力因的情况下，有些东西是存在的。

然而，除了上帝，还有什么事物也是如此呢？甚至在后面的时候我还会强调到，上帝在某种方式上是自因的，所以，上帝之所以拥有如此强大的、源源不断的能力，以致他不需要在任何的帮助下都可以存在或者是被保存。

在那个地方，自因无论如何也无法被理解为动力因，只能被理解为上帝之所以会有源源不断的能力的原因，或者是上帝不需要任何而存在的原因。

由于本质上用之不竭、广大无垠的能力，或是说这个用之不竭的能力是非常积极正面的。因此，之所以说上帝的存在不需要理由，其缘由同样也是正面的。针对任何有限的东西而言，无论如何都是不存在的，尽管这种事物在它同一类型里是非常完美无缺的。

因为，如果说一个事物[1]是自因的，便只能用反面的方式来理解。因为从关于这个事物任何正面的性质里都找不出任何理由，因此我们应该领会到它不需要任何动力因的缘故。

同样，在其他的一切地方，上帝的存在或者是被存在都不需要任何的理由的这个从本质上被提出来的缘由，我把它跟有限的事物想要存在都不能缺少动力因来作比较。这样，从我的专业角度来看，不管是从哪个方面都能很轻松地分辨出来它跟动力因完全是两回事。

上帝保存自己是通过一种正面的东西来保存的，这跟造物都是由他保存的说法一样，不管是在其他的任何地方都找不到我说过这样的话。我只是说他的能力或者是他的本质都是广阔无边的（他之所以不需要保存着而存在正是因为其广大无垠），这是一件正面的事物。

这样一来，我便能很容易地接受并同意阿尔诺先生为了证明上帝的动力因并不是他自己，也不是由任何一种正面的作用或者是他自身的不断生产而自我保留的所提出来的事物，而我们人类从他的理由中所能够得到的全部东西也就只有这些。

我希望阿尔诺先生不会否认这一观念，即上帝不需要原因而存在于广大无垠的能力里，因为上帝自身是一件正面的事物，而在其他一切事物里，人们无法领会到任何类似的正面的事物，包括不需要动力因就可以存在的事物；我所说的，除了上帝以外，不管是任何的东西，任何的其他的事物都可以被认为存在是因为其自身。为了对阿尔诺先生所提出的诘难做出回答，别的观点就不用赘述了。

但是，由于阿尔诺先生已经很郑重地警示过我，下面这个命题，很多的神学家都在极力地反对：上帝就像是一个原因那样正面的由自己而存在。

---

1 法文第二版：“一个有限的事物。”

为什么我觉得这个说法对这个问题非常的重要，而且是十分必要的，甚至没有任何人说出这种说法不好[1]的理由，在这里，我将要说出来。

我了解到，当我们的神学家在讨论一些事物的时候，当讨论到要举例说三位一体的三位的行列的时候，并当希腊人没有任何的区别的使用和时，会使用本原这个唯一的词语，这样做唯一的意义，就是为了不让人们误解圣子比圣父小。

然而，当不可能发生这样的机会之上，问题只是在与上帝的单一本质，而不是在三位一体的三位的时候，我不知道为什么要如此地躲避其原因，当人们一意识到这一点，似乎才明白使用这一词非常的有用甚至在某种意义上是非常必不可少的。

证明上帝的存在时，使用这一词非常的重要，而且没有比它更重要的了。要想把上帝的存在解释清楚，就必须要用到它。

我想每个人都知道，对动力因的考虑是我们用来证明上帝所具有存在性的重要方法，也许不能说是唯一的，但最少是第一的、主要的方法。

如果我们不随着自己的心意去追寻世界上包括上帝在内的一切事物的动力因，那我们就不能使用它们。因为在我们追寻上帝为什么存在之前，就一定会去追寻上帝所存在的动力因。

因此，我们就可以去追问任何的一件东西，它们是由其他的东西而存在的，还是由自己而存在的。当然，我们可以用这种方法来得出上帝是否存在的结论，即使我们没有办法用严谨正式的语句来解释由自己而存在这句话。

因为，无论做什么事情，都按照光明磊落的行为标准去做事的人，都会在他们的内心形成一种理念，这种行为标准、处事规则对动力因还有形式因这二者都是相同的。也就是说由自己而存在的就如同是一种形式因而存在，它好像是不需要动力因的性质而存在的。相对来说，那些由别的形式而存在的就好像是由动力因而存在的。我之所以没有在我的“沉思”里

1 法文第二版：“离那些只要是有机会可以反对它的东西都非常的遥远。”

去详细地说明这些，把这些都省略去，就像是一个大家自己都可以明白的东西，不需要做出任何多余说明的缘故。

但是，坚定地认为任何的事物都不能成为自己的动力因，而且长时间习惯提出这些意见，甚至把这些原因很认真地由自己区分开来的人。当他们听到人们总是频繁地问不是由自己而存在的都有哪些东西的时候，也就是说在他们的认知里只有动力因，而没有想到还有由自身这一个其他的原因一样。只想到它的反面，也就是说没有任何的原因。因此，它们只认为又一个其他的事物存在，而从来不考虑它所存在的原因是什么。

一旦我们可以接受并把“自身而存在”几个字解释清楚以后，我们就会摒弃以前上帝由于结果而存在的证明方法，就如同第一组反驳作者所证明的那样，这也就是我们无法接受和赞同的原因。

为了对阿尔诺先生提出的反驳做出恰当的回答，有必要证明出来一个事物具有正面的本质，即在真正的动力因和没有原因之间应该有一个中间的事物。动力因的理念或者是概念跟几何中的概念有一定的相似之处，都是习惯地用同样的方式延伸到它。就像是几何学里的那样，把一条无限大的弧线，延伸到一条直线上去，或者是说把一个无穷的边的概念延伸到一个圆上去。

我觉得那时候做过的解释是最好的，那时候的我曾说明：我们不能把动力因的意义只是限制在某些原因上，这些原因在时间上是在结果的前面，或者是说那些原因跟它们之间的结果不一样。在某些方面，那些毫无用处，而且没有任何的意义，你以为所有的人都知道，同一个东西都与其本身相同，在时间上也不能是在它本身之前。另一个方面看，在它的概念里这两个条件可以被取消一个，但是仍可以保持其动力因的完整。

在它的时间上没有必要在它的结果之先，这是非常显而易见的，因为只有当它向我们以前所说的产生它的结果的时候，它身上动力因的名称跟性质才会显现出来。

由于另一个条件不能被取消，所以我们得出了这并不是一个真正的动力因的结论，在这里，我必须要承认。不过，这绝不能说明它就是一个反面的原因，这个原因可以说是跟动力因相似，而我所提出的问题里要求的也正是如此。如果把自我的存在给了自我，那么凡是在心里有其观念的完美性都会给予自我。同时，没有什么东西可以按照人们习惯用于限制动力因的原因，把存在给予自我。即同一件东西，因为给了自我所存在的价值，因为它接受了存在，所以就不再跟它的自身相同。既是它的本身，又不是它的本身或者跟它的本身又不相同，这就是二者之间所存在的相互矛盾。

对此，只能这样去理解。当我们问道是否有什么事物能把存在给予它自我的时候，即某一个事物的本性或本质是否不需要动力因就可以存在而存在。

接下来要答辩的话题是：如果某些事物尚不具备一切完满性的观念，它就会把产生的完满性都给予了自我。也可以说，现实可能会具备其观念的一切完满性，自然的光明可以让我们认识到，一个东西的本质不需要任何的动力因就可以存在，这就是它本质的广大无垠，同时在具备其观念的所有完美性的同时也不需要任何的动力因，而且由于它自身的卓越性，能够把所有动力因可以给予其他东西的完满性都给予自身，只要是我们可以想象到的。

在我阐述论断和论据的时候，这句话在此仅仅作为解释之用；如果一个事物尚未具备一些完满性，就会把这些完满性给予了自身。因为由于同一的自然光明使我们懂得，这个事物不可能把新的事物给予自我的能力和意志；而是，它的本质同样如此，即只要是现在想得出（假如它还没有）它会给予自身的东西，且已经永久地具备了。

即便如此，所有关于动力因相类似的说法，对于引导自然的光明，使我们非常清楚地、也是非常必要地领会到其中的道理。同样如此，阿基米德把由曲线组成的球形以及其他的形状同那些由直线组成的形状相对比，由此证明出了很多的原理。如果没有这些论述，真的很难让人去理解。

由于以上的论述并没有受到反对的意见，虽然在世界上球形被看作一个有很多边的形状而存在，同样的道理下我认为，再解释这种形式的事物的时候，不能够用我们使用过的相同的动力因的类别。换种方式也就是说，这属于上帝自身。

凡是单独只属于动力因的特性，还有那些不能被延伸到形式因上的事物，其本身都存在着非常明显的矛盾，并且这些矛盾不能被其他人所认可和接受，因此对于以上的论述，完全不用担心发生一些错误。例如，不管是什么东西都跟它本身不相同，即使是同样的一个事物，在同样的时间也不是同一样事物。

在这里我要特别强调的：我把原因这个高大的头衔给了上帝，但是并不能说我把这些结果的不完美性推卸到了上帝的身上。就拿神学家们来打比方，当他们说圣子的本原是圣父的时候，并不代表圣子就是由本原而生的。同样的道理，所以我说过的，也许在某些原因上来说成是他自己的原因，但是我并没有说过是他自己的结果。这主要是因为我们习惯于把结果跟动力因联系在一起，并且认为他不如原因高贵，即使跟其他的原因相比起来更高贵。

不过，当我把事物的所有本质都当成是形式因的时候，就说明我此时跟随的是亚里士多德的想法。因为在他的《分析后篇》卷二的第十六章里曾经说到过，在把质料因取消以后，提出的第一个原因被他叫作形式因。这些形式因被他延伸到所有事物的本质上，因为在那个地方亚里士多德还没有谈论到物理所组成的东西的原因（在这里我也并没有谈论到它），我们只是简单地谈到人们会因为这些得到一些认识的原因。

然而，对于我而言，我认为为了表示所提出的问题里，把原因归结到上帝的身上是很不容易办到的，在阿尔诺先生一直试图用其他的办法来得出跟我相同的结论，虽然没有成功，但是这依旧是最好的证明。

在大量论据和论点面前，我们可以看出上帝并不是自身的动力因（因为，动力因有自己的本性，跟它的结果不相同），同时也指出，上帝并不是正面的（正面这一词是指正面的作用）由自己而存在的，而且清楚地看，他自己并没有保存自己的能力（保存的意思是指事物可以不断地产生）。以上的这些，我都同意，但是他想要证明上帝却不应该说成是自己的动力因。阿尔诺说过：当我们问到一个事物的动力因的时候，不是从他的本质上来问的，而是从其存在性上来说的。但是，一个无限的存在体所存在的本质并不少于一个三角形之三个角的和等于两个直角的和的本质。所以，根据以上的这些，我们应该明白，就像是人们问道三角形的三个角的和为什么等于两个直角的和一样，当人们问道上帝为什么而存在的时候，不应该拿动力因来做出回答来。

按照以上三段的论述来看，我们可以很简单地倒转过来反对它的作者本身的论述。也许我们没有办法从其本质上来追问动力因，但是我们可以从其存在性上去讨论。其实在上帝的身上，本质跟存在是没有任何区别的，所以我们可以去追问上帝的动力因。

但是，为了让这二者的存在显得没有矛盾，我们应该对那些追问上帝为什么而存在的人做出的正确的回答是，不能用真正的动力因来回答，而只能从事物的本质本身或者是其形式因来回答。不管是其本质还是其形式因，因为上帝的存在跟动力因有着非常大的联系，跟其本质没有任何的区别，所以我们称其为“准动力因”。

在最后，阿尔诺接着说道：对于那些追问上帝动力因的人的正确的回答是，上帝的存在不需要任何的动力因，而上帝为什么不需要动力因，应该回答说：因为上帝的存在是无限的，上帝的存在就是他的本质；因为只有这样的东西才需要真正的动力因，在这些东西里，现实的存在性才允许同其本质区分开来。

由此他得出了以下的结论，以致推翻了我所有的观点：即假如在某种方式上我想任何的东西不管是以任何的方式跟它自己的关系就是动力因对他结果的关系，就追寻事物的原因上来说，我永远都做不到第一。但是在我看来，这些绝对没有推翻，甚至没有任何的削弱或动摇。因为，可以确定的是：不光是我的论证所需要的，还是人们所提供的结果来证明上帝所存在的一切论证所需要的力量都完全依靠于此。但是，如果不根据其结果，就没有办法提出来任何的论证，这几乎是所有神学家的共同主张。

因此，当阿尔诺先生不允许人们把上帝对于其自身的动力因之类似关系归于上帝时，并没有给上帝的存在性的论证提供任何阐明。相反，这个观念把读者弄糊涂了，并阻碍其弄清楚这一证明。在结尾的地方，阿尔诺的结论是：不管是想要追求一个事物的动力因还是准动力因，如果是必须要去追求，那就会追求到一个与这个东西所完全不一样的一个动力因。

如果不是认为所有的事物都可以追寻到其动力因，对于那些还不认识上帝的人来说，他们不可能会用追求其他事物动力因的办法来达到对上帝的认识。

最后，如果他们认为不管是什么东西其动力因与这个东西的不同之处都要被追求出来，他们就不可能停止在上帝的身上停止对动力因的追求，就像是停留在第一因上的那样。

阿基米德谈到，当用内切于圆形的一些直线之间的类比关系来证明圆形的东西的时候，他也许会说：当我认为这些圆形不是被当作一个无穷的边的直线或者是准直线的时候，我就没有办法给这个证明任何的力量性的论述，真正的来说，这个证明仅仅是把圆形看作一个具有无穷的边的图形，而不是把圆看作一个曲线图像。所以，阿基米德跟阿尔诺先生的观念是一致的。

如果阿尔诺先生既想要保留阿基米德的证明，又觉得赋予圆形这样的称呼并不好，说道：在这里我认为，如果得出来的结论确定是一个拥有无穷数目的边的图像，那我认为这绝对不是一个圆形，因为我清楚地知道，圆形并不是一个直线形的。但说到这些话的时候，他的观点跟阿基米德的并不相同，甚至可以相反地说，他给自己设置了一些障碍，这个障碍阻碍了别人对他观点的理解。

在这里，我讲的观点太多了，好像事物本身不值得深究这么多，这是为了指出我在这些论断上是十分小心谨慎的，因为我不想被神学家们用任何的原因在我的书中挑出一点点的毛病。

最后，在我对第二组的反驳的答辩里的第三点跟第四点[1]里明确地指出，当我们非常确定的知道，我们之所以非常清楚明白这些东西是因为上帝的存在的时候，而我们也是因为对上帝的存在非常地清楚、明白也是因为我们确知上帝是真实存在的，这就是把我们记忆里的曾经领会清楚的东西同我们事实上领会得非常清楚的事情之间相互区分开来

因为，首先，当我们清楚地注意到证明上帝所存在的理由，并且确切地知道上帝是真实存在的。在这以后，我们要想确切地知道它是真实存在的，就要把这个东西领会得清清楚楚。如果不知道上帝的存在，并误认为不可能是个骗子。这样做显然是行不通的。

是不是任何的东西都不能存在于我们的精神世界里（这里的精神是指一个思维的东西），假如这个东西没有被精神本身所认识的时候，那么对于以上的这个问题，我认为解决起来就非常地简单。因为当我们做出这个观点的时候，我们其实非常地清楚，除了思维以及取决于思维的东西之外，在它的里面没有任何的东西，否则这就不再属于精神，对于精神来言，这只是一个思维着的东西来说的；而在我们的认知里，没有任何的思维（当它存在我们的认知的时候）是在现实认识里我们所认知的。

因此我坚定地认为，当精神一旦渗入到一个小孩子的身体里的时候就开始有思维，从这个时候开始他就有自己的思维，虽然也许他以后会忘记他的思维，因为这些思维尚未深刻地印刻在他脑海中的记忆里。

在这里，我们要注意的是，除非是潜在的，要不然我们自身对于精神和行为的认识就会有一种现实的认识而不是对其功能才会有现实的认识。因此，当我们想要使用某种功能的时候，这种功能只要是在我们的精神世界里，我们就会立刻得到有关它的现实的认识。如果我们没有办法得到关于它的有关现实的认识，那我们就能够确切地否认它的存在，其原因就是如此。

1 “第三点和第四点”，法文第二版没有。

对于能够引起神学家们疑惑事物的答辩

我没有办法同意阿尔诺先生的前几个理由，也试图反驳其次的几个原因，最后的那些理由我完全同意，但是除了最后一个，在最后的那个问题上，我希望我可以轻松地让他同意我的观点。

在第一个，甚至是其余的几个沉思里，我曾经跟他一起坦率地承认过，对于不同人的欣赏才能其中所包含的东西并不是适合于所有的人。这个声明我已经做过很多次了，并不是在今天才做出这个声明，并且在将来，我还会不断地做出无数次的声明，只要我还有机会。

这也是让我没有办法在《谈方法》这本书中讨论这件事的原因，因为《谈方法》这本书是用非常普通的语言写的[1]，但是其中的问题却遗留在了《沉思录》这本书里，因为在这里我已经说过很多次了，它不单单只是让那些才华横溢的人看的。

虽然这些东西对所有的人来说都是合适的、有用的，但是我还是要写出来。因为我认为这些东西都十分重要。我认为，如果没有它们，人们就没有办法在哲学上建立任何坚定可靠的事物。

就像是铁器与火，孩子们如果稍微使用不得当就会发生非常严重的后果，但是并没有人会因为这些东西存在着潜在的危险而不去使用它们，因为它们在生活中有很大的实用价值。

但是，在第四个沉思里所表述的，我的论述并不是为了追求善或者恶所产生的错误，而是计划在分辨真假上所发生的错误，而且，我们应当单单相信所认识的东西，并且习惯于摒弃那些关于生活与信仰行为上的东西，

---

1 这里指用的法文而不是拉丁文。

这些都可以被《沉思录》里的所有内容所证明。除了这些以外，在反驳第二组的第五点[1]上，我特意地声明过，并且在《沉思录》的《内容摘要》里也作出过相同的言论，我之所以陈述这些观点，其目的就是表现出我对阿尔诺先生判断的尊重，并足够地重视阿尔诺先生对我的劝告。

在这里，还遗留下了最后的一个问题。阿尔诺先生认为我们的观点并不符合。他认为，面包的实体一旦从其圣体里被抛除，就只剩下偶然性，这是大家所遵循的一个信条。但是他认为，我对于实在的偶然性并不认同，只承认其样态，而且不能离开实体而单独存在，如果这些样态一旦离开了他们所赖以生存的实体，那就没有办法再被领会。

针对阿尔诺先生的这个反驳，我很容易就可以对其作出回答，因为不管是什么时候，我从来就没有否认过偶性是实在的[2]。在《折光学》还有《论气象》里，虽然都没有用它来解释过我当时正在探讨的问题，但是我特意在《论气象》的第164页[3]里说过，对于偶性是实在的[4]我从来就不愿意反驳。

没有错，我曾经假设在这些的沉思里，我没有能够完全透彻地去认识这些偶性，但是也并不能就因此说我否定了偶性的存在。因为，在那里我们所用到的写法是分析法，当我们还没有足够认真地检查完这些事物的时候，我们是可以做出一定的假设，就像是我在第一沉思里假设过的那些东西一样，在以后的一些沉思里，我对此又做出了否定。

在这里，我并没有准备对关于偶性的性质下什么定义，只是我认为这是首先要认识的事物。最后，我所表述的观点里，我认为如果样态离开了它们所赖以生存的实体，就没有办法被领会，但是并不代表我否认上帝的全能可以把它们分开，因为我始终坚信不疑，上帝能够做出无穷无尽的事情，而我们没有办法全部理解[5]。

---

1 “第五点”，法文第二版缺。

2 “偶性是实在的”，法文第二版是“存在一部分的实在偶性”。

3 “第164页”，法文第二版缺。

4 法文第二版为：“我不想否认偶性。”

5 法文第二版为：“而我们既没有办法领会，也无法理解。”

但是，我将不再隐藏我自己的看法，毫无保留地说：我认为我们的感官所接触的东西除了这个物体最表面被感官接触到的外表的体积或者是最表层的东西以外，不会再有其他的东西。因为接触的时候只是用感官接触最表面的东西吗，这对感官来说十分的必要；在我看来，在没有它的情况下，我们的任何一个感官都没有办法接触到，除了我以外，还有很多的人有同样的观点跟看法，其中就有亚里士多德以及在我之前的很多哲学家们。举个例子，就像是我跟众多哲学家所说的，如果面包跟酒这些东西的表面没有像我们所说的那样，间接的通过空气或者是别的途径，通过“有意外貌”[1]的方法被感官所接触到，那么它们就将没有办法被人们所感知。

在这里应当注意的是，这种表面的，唯一的外形的东西并不只是只有在手指或者是手上才可以被感觉到，也应当考虑到分子之间以及其他的一些物体中细小的空隙，例如做成面包的面粉细小的部分之间相互的混合，才做成了烧酒，淡水、酒糟、醋，以及其他的一些细小的空隙，当然，这些物体之间细小的空隙终止之处的所有的小表面，也就是每个物体表面构成的由来。

因为，所有的物体之上的所有细小的部分都有着不同的形状，大小以及不相同的运动，没有办法将它们安排得十分的合适，也不能让它们衔接得十分妥帖，所以这些细小的部分周围存在着很多的空隙，但是这些空隙里存在着很多的空气或者是其他的物质，并不是空着的。就像面包，里面的空隙非常的大，里面充满了空气，当然也可以充满其他的东西，例如酒、水或者是其他的液体。虽然被包含在空隙里的空气或者是液体不同，但是面包永远都是面包，但是面包的实体并不包含这些。所以它的表面是直接接触[2]到的它的每一个小部分的表面，而不是外表的那个被包围圈所包含的表面。

1 我们可以直接感知到的只是一个物体的表面，这种物体的表面外貌是由媒介传播出来的。这种学说叫作“有意外貌”(esp è cesintentionelles)。

2 法文第二版为：“直接接触并且围绕。”

同时也要注意到，在同一个表面，当把整块的面包从一个地方拿到另一个地方的时候，就产生了完全的运动，而且，在它细小的部分之间充满的空气或者是其他物质中的某一部分也被动摇了；如果是这样，那么有些物体的性质可以这样说：当一个物体的部分构成或者所有的部分都是在不断地运动的（我认为面包跟酒就是这样的道理），那么可以肯定的是，这个物体的表面也是在不停地运动的。

在这里要注意的是，这里所说的面包或者是酒的表面又或者是其他的任何物体，它们的表面并不是指这个物体的实体的某一个部分，当然也不是关于这个物体的量的某一个部分以及围绕在它周围的其他的物体的某一个部分而言的，而只是指的我们所领会的物体的各个分子或者是围绕着这些物体之间的某个东西的极限的观点，这个极限没有别的实体只有样态。

这样，如果没有发生接触就什么也感受不到，而这个极限的发生正是由于接触。那么很容易就可以看出来，单单是由于面包跟酒的实体被随意地改变成为其他物体的实体，那么其他实体的同一个极限内就刚好可以包含这个新的实体，或者在面包跟酒以前存在过的地方它也存在过（也可以说，当它们的极限在被不断地动摇的时候，他们存在的那个地方就会被呈现出来），由此可以得出来一个必然的结果，如果这个物体可以像面包或者是酒一样的方式来接触到我们所有的感官，那么就说明这个实体没有任何的变体[1]。

特兰托会议[2]的第十三次会议上，教会在法规的第二根第四条里说过，除了停留的面包的外貌，它的全部实体都将会变成吾主耶稣基督的身体。这里所说的面包的外貌，只是就面包的某个细小的部分以及包围在这些物体之间的表面来说的。

因为就像是之前说过的那样，所有的接触只有在表面才可以发生；而且亚里士多德也曾经说过，被称为触觉的，不单单只是感官这一种特权，

1 “变体”即基督教（天主教包括在内）的圣餐中酒跟面包会变成耶稣的血液跟肉体。

2 在1545年至1563年召开的天主教大公会议上，许多新的仪式跟教规都被拟定出来。

通过接触这个办法，其他的一切感官也可以感受得到。这句话出现在第三卷《灵魂篇》的第十三章。

然后在这里，外貌没有被人认为是要去接触感官的东西，面包也没有办法变成耶稣的肉体。基督的肉体恰好跟包含着面包的在同一个表面之下，如果面包也在这个地方的话，虽然它不在一个地方就像是正式的存在这个地方一样，而是按照圣事一般的存在方式存在于这个地方，我们虽然用言语很难表达出来这种存在的方式，但是当我们的精神被信仰之光照耀以后，我们就会认为这对上帝来说是可能发生的，并且确信无疑。对我来说，这些东西通过我的原则被解释得十分的合适，所以我不仅不怕我说的这些话冒犯到那些神学家们，而且由于我在物理学上提出的问题要比这些神学家们提出的多得多，相应地，我认为他们应该要感谢我。据我所知，实在地说，在圣体圣事的面包和酒的外貌以外还存在着一些实在的偶然性之类的话，并且这些的偶然性在没有实体以后，还可以奇迹般地独立存在，对于以上的这些教会从来没有说过。

但是，那些神学家们也许一开始用自然哲学的道理来解释这些问题，他们坚信触碰我们这些感官的这些偶性不同于实体的实在性。在他们没有思考好，并且没有任何充足的理由的时候，就假设面包的外貌是这个性质的实在偶性。当他们全力以赴地证明这些偶性没有实体还可以继续存在的过程中，遇到了很多的困难，致使他们脱落了正确探索的道路，就像艰难行走的人一样走进了死胡同。

对于那些坚信物体只有表面的接触才能触碰到感官的人来说，当假设一个物体内除了不同的表面外，还需要其他的一些东西来触动感官时，对他们来说是自相矛盾的；这是很多人自己都可以想明白的道理，一个物体只有表面才能被接触到。如果有人出来反驳不接触就感觉不到任何的话，那么对于感官的对象触碰感官的方式，他们就没有办法阐述出任何有道理的观点了。

除了这些，面包的偶性没有办法被人类精神所领会，其真实性可以离开实体而单独存在的，并没有按照实体的方式去领会其中的内涵。因此，像教会教义里认为的观点其实都是自相矛盾的，即当面包的实体发生改变的时候，存在于面包内的实在事物却是一成不变的。因为，抛除继续存在的事物，其他的一些实在的事物都是一成不变的；虽然把它们说成是偶性的，但还是要把它作为一个实体去体会。当面包的全部实体都发生改变的时候，没有改变的是一直被人们称为一部分实在偶然性的实体，这在观点上是完全相同的；如果以上的这些观点没有任何矛盾的话，那就会有很大的矛盾存在于概念里。

这个问题也是有些人之所以不愿意相信罗马教会的原因。但是，没有人能否认，当没有任何的理由（不管是哲学的观点还是神学的理由）强制我们听取或者不听取这些意见为前提的情况下，我们可以自由地选择一些不给其他人任何的机会和借口来脱离信仰的真理。我觉得对于承认实在的偶然性是不符合神学的观点的，在这里已经表述得很清楚了，并且与哲学的道理是完全不相同的。在不久以后，我打算出版的书里对于这个问题会做出这些原理的讨论，并且会详细地解释清楚关于触动我们感官的颜色、滋味、重量等一切性质，是怎样取决于物体的表面的。

再者说，当偶性是实在的不能被假定的时候，除非是因为变体的奇迹，而这些只有从成圣体的言辞中才可以得出来。人们没有必要增加这样一个新的，没有办法被大家理解的奇迹，并且这些实在的偶性当离开实体还可以继续存在的时候，就说明组成这些的并不是这些实体，也正是因为这个原因。这些言论跟神学家们的定理相反，并跟人类的理性也相互矛盾。言辞所意味着的东西才能被成圣体所产生，这就是神学家所说的定理。神学家们认为，那些能够被自然的道理所揭示清楚的，都不能称为奇迹。所以，我的这些东西解释清楚了所有的这些难题。因为，在我的解释里，当面包的实体被移除以后还保存着偶性，并不需要什么奇迹。相对来说，没有一个新的奇迹（即这个奇迹让体积发生了改变），偶性就可以被去除掉。也许圣父的手上，代替圣体的面包会变成一块肉或者是一个小孩子，历史告诉我们，这种事情可能会发生。因为人们认为这样的结果是因为又一个新的奇迹发生了，而不是奇迹的停止。

上帝作为一切事物的创造者，可以把一种实体变成另外的一种实体，前一种实体可以把后一种实体包含在同一表面里，这些都是很容易理解的，并没有什么困难的因素不能被理解。对于所有感觉的一般性来说，一个物体施加于另一个物体的所有行为，跟在它所覆盖的本质所发生的变化并没有什么大的关系，而在于与其相接触的过程中，从而显示在同一个表面的时候，以同样的一种方式应该是主动还是被动。对于这个问题的讨论，人们说不出来可以让所有的神学家们都赞同的东西，也说不出来其他更合乎道理的观点。

因此，假如在这里我说出了我并不想说的真心话，那么我敢希望，神学家们将遗弃承认事物的偶性这个意见。因为在这些神学家们看来，在信仰上这个意见是靠不住的，在理性上也是完全不被理解的、十分矛盾的。那么我的意见将会被当作可靠的、不可怀疑的，代替它的时刻很快将会来临。我认为在这里，这些东西不应该被掩盖，以方便去应付那些恶意中伤的人。为了显示比别人更知识渊博，当别人提出跟他们不同的意见，并被认为是真实的重要的时候，那些人为了废除他们用理性反对不了的意见，就会提出那些意见跟信仰的真理是彼此矛盾的，进行恶意的中伤。但是，我想请善良的、正直的神学家们对他们进行审判，我也心甘情愿地接受神学家们的审判。

著者关于第五组反驳的声明[1]

在出版《沉思录》第一版[2]之前，我曾考虑过拿给索尔朋纳[3]的圣师们还有那些愿意花心思来读的各位学者们去观看，希望可以得到他们的指点与不同的意见，跟我的答辩一起打印出来成为《沉思录》的继续。对于他们的反驳，为了让真理更加的张明，每一组我都会认真地按照次序排列。其中我收到的那些排列第五的反驳，篇幅过于长，对我来说也并不是那么的重要，但是为了保留写这些的作者的意见，我还是按照它们应有的位置打印了出来，并把样本拿给他看，尽量做到让他满意。但是这件事情过后，他写了一本巨作[4]，里面包含了他交给我反驳还有关于我的第五组反驳的一些新的答辩，并且埋怨我，不应该把他交给我的反驳公布出去。他说他把那些反驳交给我，只是为了让我个人观看，我把这些发表出来，就是违背了对他的本意，既然他如此认为，那么在这本书里将不会出现关于他的反驳，对于他的愿望，我很乐意满足。当我知道克莱尔色列先生耐心地翻译其他的反驳的时候，我请他放弃对第五组反驳的翻译，也正是这个原因。为了不让我的读者因为这部分反驳的缺失而感到失望，我在这里必须要奉告他们，近段时间，我把这部分的反驳又重新阅读了一遍，包括这本书里所有新的反对论点，就是为了从中挑选出我认为需要答辩的所有论点。我并没有发现，那些最终弄明白我在《沉思录》里要表达的意思的人，需要得到我的帮助，才可以回答得了关于反驳的论点。我并不奢求得到那些从书的薄厚跟名字来判断其好坏的人的赞美。

---

1 这个《声明》在拉丁文版里和法文第二版里都没有。

2 指 1641 年拉丁文版。

3 当时是“巴黎神学院”的别名。

4 书名 Disquisitio metaphysica（形而上学研究），拉丁文，1644 年阿姆斯特丹出版。

第五组反驳[1]
伽森狄先生作

伽森狄先生致笛卡尔先生

先生：

我非常感激尊贵的麦尔塞纳神父让我参与到你写的第一沉思里来，当我看到这些的时候，我感到非常的喜悦。我认为这些沉思的主题十分的崇高，并且言辞纯练，思想强劲、主题宏伟。在过去的几个世纪里，这些从未被人认知的事物被你成功地推进了，你是如此地有勇气并且意气风发，这让我感到如此的高兴。但是只有一点让我感觉到不符合我心意的地方，就是在拜读了你的《沉思录》以后，通过书信把不同的意见告知你。在我看来，当读完一部著作的时候，多少湖中所陈述的论证有不同的看点，只能说是每个人所持有的观点不同，或者更严重的说是班门弄斧，夸大其词，也许这只是我个人的无知。即便如此，我还是不能拒绝好友的请求。因为我考虑到，我之所以这样做，是出于朋友的请求，并非是我个人的想法，我相信你会赞同的。我认为你是如此的善解人意，应该能理解我是经过反复地考虑才向你提出的这些意见，除了这些以外，我并没有其他的想法。而且，如果你能耐心地看完这些，对我来说已经非常的满意了。我并不想让我的这些疑问来扰乱你的情绪，或者对自己的判断产生怀疑，又或者是拿自己原本计划好做其他事情的时间来对我的疑难进行解答。我不会这样

1　法文第一版缺，理由见前面的《声明》。本篇是根据法文第二版译的。

想，更加不会这样做。但我向你提出这些疑问的时候，我感觉非常的不好意思，因为我知道你会反复地考虑我所提出的这些疑问，对这些疑难非常地重视。虽然我大胆地把我的疑难提了出来，但是这些只是一些疑难，并没有其他的一些意图。我提出的这些提议只是对你论证时用到的方法所提出的意见，并不是反对你所论证的观念。事实上，我要在这里公开的承认，我相信上帝的存在，并且相信我们的灵魂是不会被消散的。我的所有疑问只是想更加清楚地知道你要证明的这些形而上的真理以及在你的著作里遇见其他问题时所使用的推理的效果是怎么样的。

对第一个沉思的反驳

论可以引起怀疑的事物

对于第一个沉思，我不想谈论太多，因为你把全部的成见都破除出去的办法我是赞同的。但是，有一点我有些不明白，为什么你宁愿把你所认识的全部事物都假定为错误的，从一个旧的成见里跳到另外一个全新的成见里，也不愿意用简短的几句话假定那些为不可靠的（方便以后你把你认为真实的东西挑选出来）。虽然你仅仅是把你的不信任归结为人类本性的弱点以及精神的不明智，但是为了得出这个结论，你还是需要假想出来一个上帝或者是一个使用全部心机来捉弄你的恶魔。对于这个问题，也许这样就行得通。另外，你还想象自己是在睡梦中，只是为了把这世上所发生的一切都归为虚幻的，以便于有理由对所有的事物都提出怀疑。

可是即便如此，也不能足够让你相信你并不清醒，以及眼前所发生的一切事情都是虚假的不真实的。不管你说什么，没有人会完全相信你所说的，都只是自己的感觉或者是在沉睡又或者是上帝跟恶魔在不断地捉弄你，没有一点的真实性。我认为，比那些反对你的、装腔作势弄虚作假追寻不真实的东西的那些人，对事实，老老实实，认认真真，实事求是地说清楚，这才是一个哲学家应该有的坦率精神，更加地适合去追寻真理。我提出了我的看法，如果你认为你的做法更加的好，我就不会再过多地反驳些什么。

对第二个沉思的反驳

论人的精神本性，以及比物体更容易认识的

一、从第二个沉思，我可以看出来你还没有完全从幻想与迷茫中走出来。不过，我还是可以发现，透过这些鬼影，你至少可以认定这些都是真的，即受到了迷惑的你，毕竟只是一个事物。这也是你下定论说：每当你心里有我或者是说出“有我，我存在”的时候，就说明这个命题一定是真实的。不过我有些不明白，既然你已经知道你是确切地存在的，而且可以通过你自己其他的行动来得出这样的结论，我们可以通过自然的光明，凡是起作用的东西都是存在的，为什么你还要如此麻烦地费这么大的事。

接下来的观点是，虽然如此，你尚未弄清楚自我究竟是什么。由此可以看出，这些观点是认真的，我十分同意并接受，因为问题的焦点就在这里。实际上，这就是可以用直接的方式，不需要做那么多假设去追求这些东西的原因。

在这以后，你可以把你一直认为的你是什么做出检查，把那些存在一些可疑的东西剔除出去，确保剩下的都是确定的，没有办法动摇的事物。这是每个人都赞同的，你也可以这么做。当你按照这个美好的计划一直计划下去的时候，你很快就会找到你是一个人这个道理，但是很快你就会提出以下的一个问题：一个人到底是什么？在考虑这个问题的时候，你就会在原本的问题上停留下来，故意抛弃那些普通的定义，比如，你称之为肉体的一张脸、两只手以及其他的一些肢体。还有被归为灵魂的吃饭、走路以及你的思维。我们只要保持住你在精神世界与真实物体之间的区别，你的这些观点我都可以同意。你说，那时候的你，还没有对灵魂进行下一步的细想，当你进行下一步的细想的时候，你就会去想象是什么更为精细的一些东西，就好比是你身体内较为粗浊的部分被风、火或者是空气之类的东西所渗透；没有任何疑问的，对于物体它就是这样的本性：占据一定的

位置，具有一定的形状，把其他的东西排除出去，充满一些空间，以很多种的方式存在，可以被视觉、听觉、触觉、嗅觉和味觉所感觉到，可以通过很多的方式进行移动。物体的属性就是如此，但并不适用于所有的物体。就像风，虽然是一个物体，但是视觉却没有办法感受到。因为风、火还有其他的一些事物都是自由移动的同时，还可以推动其他物体的性质，所以并不能把叫作灵魂的其他事物排除到物体的属性以外。

对于以下你要说到的这一点，你不赞同物体有自动性，我并没有看到你是如何辩驳的。你的观点认为，由于物体的本性关系，就一定是没有运动的；而物体的运动仅仅只能是从这个非物体的本原发生的。如果每个可以运动的物体都不借助一个理智或者是精神，那么动物就不能行走，水也不能流动了。

二、后来，你考察了，在假设你的幻想[1]是真实存在的情况下，那些你认为属于物体本性的动力里，你是否可以肯定里面包含了你所拥有的；在经过漫长的考察以后，你认为，你并没有像这样的东西。也就是从这个时候开始，你开始明白自己并不是一个完整的人，你把你自己的灵魂看作你自己最亲密、最隐蔽的一部分，跟之前你所认为的一样。不管你是灵魂还是什么，我希望你可以告诉我，当你把自己想象成风或者是类似物质的东西的时候，它渗透扩散到了你身体的每一个部位；我不知道你现在有没有改变想法，当然你并没有为此付出什么行动。你为什么不继续做阵风，或者是心脏里被什么原因所激起的热血，又或者是非常精细、稀疏，散布到你身体所有器官的精气，这就是你，给了你身体，让你的眼睛可以去观察、大脑可以思考，耳朵可以听，这样的一切都执行着的功能都是因为你？如果是这样的话，那就像是罐子里的空气拥有跟罐子一样的形状，你的身体跟你也拥有一样的形状吗？为什么我认为你没有充实着一个空间，或者是说你的身体跟它最精细的部分没有充实着一部分的空间，那是因为我认为，

1　意思是笛卡尔说：“……假设有一个十分强大，甚至可以说十分狡猾恶毒的人，他想尽办法跟心机去欺骗自我……”

身体之间存在着很多微小的空隙，而你就是在这些微小的空处存在着；也就是说，你存在的部分就没有你身体的部分存在。这就像是酒跟水掺杂在一起，虽然用眼睛没有办法辨别出来，但是有水的部分就一定没有酒。既然你所存在的全部小空间里，你的肉体不能与你同在，那你就应该在你所占据的地方把其他的物体挤出去。因为，你的肢体可以产生很多种不同的运动，是因为你，那么当你不动的时候，你的肢体也就无法运动。一方面，你自己不运动的时候，因为没有用力，所以就没有办法做到推动其他的物体；另一方面，身体的运动没有推动你，也是完全不可能的。如果以上所说的这些都是真实的话，那你就不能说你里边没有包含属于物体的东西。

三、在你以后继续考察的过程中，你自己也承认你里面没有包含一些被归为灵魂里的东西，例如吃饭和走路。但是，一个东西即使不吃饭也是一个物体。其次，假设你是一种像我们之前所说的像是动物精气那样的物体，那么，既然你的肉体需要一种物质来提供营养，但是你自己是精细的，却不需要一种精细的物质来维持营养。再说，你的肢体属于你身体的一部分，你跟着这个身体在一同成长。至于走路，假如你没有任何的行动，不让你的肢体行动，不让它们转移到其他的地方去，那你的肢体根本就不可能自己行动，自己转移到其他的地方去。假如你说：假设你没有身体，你就真的没有办法行动，那么你就是在耍我们或者是在耍你自己，那就不用这么的认真了。如果你想要认真地讨论，那就必须要证明你没有你所说的身体，也没有可以走路吃饭的事物的本性。

你又接着说你感觉不到任何的事物，但是对于那些颜色与声音，你确实也可以看到听到。我相信你所说的，没有身体是做不到这些的。但是，这些的前提条件是你拥有一个身体，眼睛里有你，如若没有你，眼睛就没有办法看到。另外，你是一种非常精细的物体可以被感觉器官来作用。你说，在你的睡梦里，你感受到了很多后来知道的但是没有感觉过的东西。那些用眼睛也感受不到的东西在你不用眼睛的时候也可以感受得到，在这一点上是错误的，但是你并没有一直错下去。还有，你之所以不用眼睛就可以感受得到，那是因为在你之前使用眼睛的时候，感受或者接受过这些影像。

最后，不能否认的是你注意到你在思考，但是仍然需要继续证明的是：思维的功能超过物体的本性如此之多，以致被我们称为动物的精气还是其他的一些物体，不管它们是多么的稀薄、精细跟纯粹或者是脆弱，都不能做出与思维一样的事情。同时，动物的灵魂不是物体性也需要去证明。或者说，动物除了一些外在的感官以外，不管它们是清醒还是睡着的时候，也内在地对一些事物有一定的认知。另外，必须要证明的是，虽然你跟你粗浊的肉体从来没有分离过，也没有在离开它的情况下单独思考过任何的事情，但是它对你的思维并没有任何的帮助，在你思考的时候你可以不依靠它，所以当给大脑带来厚重的烟雾或者是混乱的气体的时候，你也不会被影响。

四、在此之后你得出的结论是：按照确切的定义来说，自我只是一个思维的事物，也就是说，一个精神、一个灵魂、一个理智、一个理性。我原本以为人因为这些而活着，而感觉、运动、理解这个本原的交流，我本想跟一个人的灵魂进行交流，但是我发现我是错的，跟我进行交流的是一个纯粹的精神。在我看来，你摆脱了身体跟一部分的灵魂，你是以古人为榜样，才做到了这一点吗？那些古人认为灵魂散布在全身，但是主要部分是住在身体其中，例如是大脑或者是心脏的某个部分，他们认为精神跟灵魂结合在一起，在这个地点附加在灵魂之上，一起告知这一部分，而不是说他们相信这一部分里没有灵魂本身。我应该记住你在《谈方法》书中说过的关于这一点的想法：生长，感觉通常都被人们划分为灵魂的全部职能，都不依赖理性的灵魂，它们就像是在我们看来毫无理性的动物行驶的那样，在理性的灵魂进入肉体之前，那些职能都可以行使。可是我竟然忘记。对于那些我们像动物一样生长跟感觉的内在本原，你是否愿意称之为灵魂，或者你认为只有我们的精神才可以被称为灵魂，正如你所坚定相信的那样，精神只是我们用来思考的东西，即使本原的意义是让它更有生机。不管怎么样，我希望以后可以把你称之为精神，准确的说来只是一个思维的事物。

因为你是一个精神，所以我并不反对你接下来说的，思维同你是分不开的，在你的实体还有精神的实体之间，你不认为除了在经院里大家所说的那种理性的区别以外，还有其他的区别。我不知道你所说的几岁跟你分不开的意思是否是，只要你还存在，你就在一直不断的思维，所以我还在犹豫。这就像是那些古代哲学家们，他们说灵魂是一种不断运动着的状态，就是为了证明人灵魂的生生不息，古代哲学家们的思想跟这一点有着很多的相同之处。所以，按照我的看法，所以在你母亲肚子里思考的那些人，非常容易说服。再说，早在你在你母亲肚子里，或者是你从肚子里出来的时候，你是否就知道，你已经渗透到了你的肉体或者是你身体的一部分里去了。当你还在你母亲肚子里或者刚出生不久的时候，你思维的那些东西你是否还记得，对于这些我并不想过多地去追问。假如你已经忘记了，我也不想去问你为什么会忘记，我只想让你明白，你在那个时候几乎没有什么思维，即使有，也非常的混乱轻微。

你又接着说，那种由肢体组合起来的被人们称为人体的事物不是人类，我同意你的这个观点，因为你有别于外在的、粗浊的那部分，知道现在还被当作一个具有思维的东西，只是组成身体的其中的一个部分。你说，我跟那些渗透到肢体里的风、火、气体还有气息是不相同的，也不是我可以虚构跟想象的一切东西。我曾经假设这些东西不存在，即便这个假定不更改，我是个东西这一点仍然可以被确定。但是，请精神在这里停一下啊，把这所有的一劳永逸永远地消除掉，把所有的虚构都停下来。你说你不是类似于空气的一种事物，但整个灵魂都刚好相反的时候，你（人们可以说灵魂的最高部分就是你）为什么不能被当作灵魂最精细的花朵、最纯粹活跃的部分。

你说，当那些实在的东西都被假定为不存在的事物，同我所认识的那些都相同。我一点都不知道这件事，也不想去争辩什么。但是如果你一点都不知道也不去争辩，你就不应该说你绝对不是那些事物。你说，你知道你的存在；而你之所有有这样明确的认知，是没有办法取决你还没有弄清楚的事物。你还没有证明你不是空气或者是气体，这些类似的东西，这一点你最起码要记得。

五、接下来，你描写了被你叫作想象的是什么。因为你认为，想象只是去思考一个物体性的东西的影响或者是形状，并不是别的什么东西。但是这只是说明了在你去认识你的本性的时候用了截然不同的一种方式。你再给想象随意下定论的时候，我希望你可以回答我，假设你是物体性的（因为你没有证明你不是，所以有可能是这样的），你为什么不能再想自己的时候用一种物体性的形状或者是影像。当你在思考自己的时候，思维出来的不就是一种纯粹的实体吗，就像是令人感觉舒适的风，散布在全身或者是大脑以及身体的某个部分，在那个地方行使着你所认为的一切智能，让其有生机。你承认，凡是可以用思维想象到的事物，都不属于你自己的自我认识，但是你并没有说你的这种认识是如何做到的。不久前你还在疑惑你的本质里是否包含了这些东西，那么我想知道，这个结果你是如何推断出来的？

六、你接着说的，为了让它自身清楚地了解自身的本性，一定要小心地从这些事物上抽回自己的精神，对于这个意见我非常赞同。但是我想知道，当你小心地抽回自身的时候，你的本性，都清楚地得到了哪些认识。我们大家都知道，你只是说你是一个思维着的东西，并且只是一种活动，却并没有告诉我们这个运动着的实体以及这个实体的本性是什么，是如何跟身体结合在一起，用了那么多不同的办法来作用了这么多不同的东西；并且直到现在你也没有告诉我们类似很多的我们所不知道的事情。你说你要把思维跟其他的共同器官结合起来吗，用理智去领会想象所不能理解的东西。精神向我们指出，在我们里面不是只有一种功能，而是有好几种，我们并不是只有一种功能来认识所有的东西。当我闭上眼睛的时候，我的内心可以呈现出太阳，这是一种内在显明的认知。对于我为什么不是用理智或者是精神来感知太阳，而是用共同的理智跟想象，使得我可以随意地不断地用不同于理智的想象或者是不同于想象的理智，去领会太阳的呢？当大脑或者想象力发生了混乱跟挫伤，理智不能行使自己的职能的时候，才可以说想象跟理智不相同。可是我们没有办法看出来这些，所以对于二者之间，我们很难做出真正的区别。如你所说，当我们思考一个物体的影像的时候，只是一种想象，如果在思维物体的时候不能用其他的办法，那就只能用想象来认识。或者说，假设只能通过想象来认识物体，那另外一种认识功能就不能被辨认。

在这以后，你说你可以相信思维造成的影响不落于感官的物体性的事物，不知道是什么的你自己来说，落于感官的物体性的东西会认识得更加清晰。因此，在你以外的一些可疑的东西却被认识理解得更加清楚分明，就让人感觉到非常的奇怪。另外，你说你自己不明白是什么的做法很好，因为你不认识它的本性，并不知道它是什么，所以你没有办法确定它是否落于想象。另外，感官是全部知识的来源虽然对于哲学家们的意见你并不赞同（哲学家说：理智中的一切首先存在于感官），但是仍然要承认这是真的，特别是理智里的所有东西并不是同感官接触（就像是希腊人所说的[1]）才产生的，而都是首先提供给感官。即使诸如此类的类比、组合、增加、消减或者是划分方法的改进都是在以后的时间才完成的，但是并不用在这里过多的讨论。如果自我呈现的、自身撞击感官所呈现出来的事物，要比自身按照事物的样子，按照它曾经接触感官所表现出来的东西更加的强烈，也并没有什么可奇怪的。你认为物体性的东西是不确定的，但是，如果你参考真理，那么你对你所居住的身体以及存在于你周围的所有东西的确定程度跟你对自我的确定程度相比，并不差。还有，只有思维才有办法把你表明给你自己，跟那些有很多种办法来表明自己的东西没有办法相比。因为那些东西不同于你，除了可以用不同的办法来表明自己以外，还拥有例如大小、软硬、颜色、气味、形状等非常明显可见的偶性来证明自己。如果你问我，除了你以外怎么可能有比你自己对事物领会得更好呢？那我的回答是，这个道理就像是你的眼睛，它可以看到除了自己以外其他的所有东西。

七、你的观点认为：究竟什么是我呢？是一个在思维的事物。那么，思维的事物又是什么呢？也就是说，这个事物在怀疑、在理解、在肯定、在否定，也在想象、在感觉。在这里说了很多观点，不过我并不想逐个都

1　即“由于遇合”。

去深究，只想对你认为的自我是一个在感觉的事物进行讨论。在此之前你的观点却恰好相反，这让我感到十分的奇怪。除了精神以外，还有一个物体性的功能在你里面，这个功能接受到了可感知事物形象之后，便开始了感觉行为，可能住在你身体的一些感官里，它之所以有了感官的行为是因为接受了可以感知的东西的形象，接着完成了这些行为，难道你要说的不是这些吗？我很愿意相信，你之所以把感觉和想象放在思维里面去的正是因为这个原因；但是，你要知道兽类的感觉跟你是否相同，也许应该思维来称呼。这样一来，兽类跟你是否拥有一个同样的精神你就会知道了。也许你会反驳，你的位置是在大脑里，在那里，通过神经而流动的精气可以告诉你任何你想知道的东西，并且不用改变位置。我十分的同意，对于严格意义上来说，全身行走着的这种感觉就是在我的里面行使完成的。兽类的身上拥有跟人类一样的神经、精气还有大脑，并且有一个能知本原存在于大脑内，当精气传输给它东西的时候，它用同样的方式完成并结束行为感觉。你自己也曾经说过，你在大脑里不是人的幻想，而是一种别的东西，但是我觉得你拿不出来关于这一点的任何论证。我知道你可以做出比兽类高出很多的行为活动来；即使人是一种最高级的动物，但是不管怎么样，还是不能把人从动物中除掉，始终是动物中的一类，不能因为你用了特殊的名称，把你称之为精神，即是这个称呼比较的高级，但是它的性质还是相同的。为了证明你是完全不同于其他的性质，属于一种非物质的精神类的性质，就像是你之前所说的那样，那你就应该产生一种跟兽类产生行为时完全不同的方式，或者不依赖于大脑去产生什么行为，但是你却做不到。因为你随着大脑的变化而改变，加入大脑乱了，受到了压迫跟蒙蔽，你也是一样。如果大脑内的一些影像丢失，那你也会记不得。你认为：跟钟表或者是类似的一切机器里所做的行为一样，促使动物产生行为的都是一种动物或者其他器官的盲目冲动。但是，对于营养、脉搏这些类似的功能（跟人类拥有的一样的功能）确实是这样，可以肯定感官或者被称为灵魂激情的行为，产生的原因也是兽类的动物精气，但是在人类里面并不是这样的。

一块肉的影像通过狗的眼睛，传送到它的大脑里，用一些看不见的作用直接联系到灵魂，接着灵魂本身（灵魂似乎是用一种看不见的方式作用着全身）就被这块肉所吸引。同样的道理，人们用石头来吓唬狗，石头的影像通过狗的眼睛传送到大脑，促使它逃跑，这些东西，跟人里面是一样的。假如你知道除了这个意外的其他办法，请告诉我们，我们将会十分的感激你。也许你会说，你是自由的，你有能力告诫人们趋善避恶，兽类的本原也能让它做类似的事情。有时候，狗会不惧怕任何的威胁或者拍打，坚持扑向食物，人也会经常出现这样的事情。你也许会说，狗之所以会有这样的行为是因为冲动，跟人经过反复所考虑说出来的话并不一样，但是，人也经常不经过考虑说出一些话。因为激动他的运动是他选择的原因，运动的力量使他产生了选择。兽类冲动起来的动作非常的强烈，但这仍然是一种选择。我曾经看到过一只狗，按照喇叭调整它的声音，可以模仿喇叭的所用声调变化，无论多么的急剧跟突然，不管操作者是如何没有规律地拉高或者降低喇叭的声调，难道你说狗没有理性吗？不过，它们的确没有人的理性，但是它们有一种自己的理性方式，不跟人类相比较的话，就不能说它们是无理性的。言辞的理性跟它们用来认知的内器官一样，是一个非常普遍的功能，它们所有十分的合理。它们拥有自己的推理，也许不像人类的那么完善和广泛，虽然它推理的程度与人类的推理相差很多，但是它们还是能够推理的。你说，它们不能说话，但它们有着自己的说话方式，只是跟人类说话的方式不同（因为它们是动物），就像是我们有自己特有的声音一样，它们也拥有自己特有的声音，按照它们自己的方式说着话。也许你会说就算是傻子也可以简单地凑出来几个字来表达一个事物，但是即使兽类里最聪明的动物都做不到，但是对于你抛开兽类拥有特有的语言而去说人类的话，这并不合理。如果真的要辩论出这些东西，估计需要很长的时间。

八、你接着提出了关于蜡烛的例子。在这一点上，举出了好几件事，去表达人们叫作蜡烛的偶性的那些事物，并不是其本身或实体，能够对蜡烛的实体进行清醒的认知，绝对不是感官或者是想象，只能是精神跟理智本身。首先，我们可以从蜡烛的偶性的概念里抽象地理解出关于蜡烛的实体概念，这是我们大家都赞同的，但是也并不能因此就说我们清晰地领会了蜡烛的实体或者是本性。除了蜡烛的形状、颜色以及可溶性，通过我们对蜡烛偶性以及主体的变化，我们还可以观察到其他的一些东西。因为它是隐蔽的，所以即使我们可观察出来，但是我们还是不知道这个事物的主体或者是可能是什么，所以也仅仅是凭借想象来猜测蜡烛会发生的一切变化。所以对于你所说的，你可以在把蜡烛的一切形式去掉以后，你能更好地领会它这一点，并不赞同。我只赞同你领会到蜡烛（确切地说是蜡的实体）跟它的一切形式不相同。但是如果你不想欺骗我们活着自欺欺人的话，你就不能说你从中领会到了什么。这跟一个人有很大的不同，我们只看见了一个人的外表，当我们把他的衣服跟帽子脱掉以后，我们就可以看清他到底是什么。我想请你告诉我，既然你认为你用一种方式理解了这个事物，那你是怎么做到的，难道是把它领会成了一个可融合的有伸展性的事物？虽然它时大时小，但是我并不认为你把它领会成为一个点。这样的一种延展性是有一定的界限的，所以你不能把它理解成为是有形状的。既然你领会到你可以看到它，那你就可以给它一种颜色，即使这种颜色十分的模糊不清。你把它当作比纯粹的空虚更多的一种东西的，那么就说明你认为它是更可见的。所以，你的一切舆论都是想象，如果你认为它没有形状跟颜色，那请你对它进行一些说明。

你认为，即使我们看到的这些也只是他的衣服跟帽子的时候，我们还是可以用精神去领会他们。这句话有想象力存在其中而不是完全理智的。就像是一只狗（你不同意它跟你有一样的精神）并不是只凭借它的主人的衣服跟帽子就能辨别出来那是它的主人，不管它的主人用什么样的形象而存在，是站着、坐着还是躺着，就像是蜡烛一样。当它追逐一只野兔的时候，当它看到野兔死了，被剥了皮以后，它还是知道这是一只兔子。我同意你认为的对于形状、软硬还有颜色，是精神的一种观察，而不是去看去感触，但是你接下来说的，这种观察可以是片面的也可以是全面的，这要根据对组成蜡烛的东西的研究程度来看。这只能说明感官对于蜡烛一切变化的偶然性，对于蜡烛的变化进行的观察跟研究，而不能向详细的说明对于那些超乎蜡烛外在形象的东西，清楚的分明的认识，我们并不知道到底是什么。我们可以用蜡烛这个名称理解或者是向其他人解释清楚它所指的是什么东西。但是，对于我们来说，可以让人们赤裸裸地理解这个莫名其妙的东西是什么，完全是一个不可能的事情。

九、你接着说：关于精神，或者干脆说我自己（我只承认我是一个精神），我不知道我要说什么。对于这个清楚地领会了这个蜡烛的我。那我对自己的自我认知不是应该更加的真实清楚吗。因为我看见了蜡，断定了蜡是真实存在的，那我也是真实存在的这个事情就更加的真实，所以有可能我看见的并不是蜡。当我想看见（我不想对这一点去加以分别），对于我是不是个什么东西，这一点上是不可能的。如果是因为我触碰到了蜡，才认为它是存在的，这个道理同样适用于我自己以外的其他东西上。我把这些你说过的话拿过来就是为了引起你的注意，他的确可以证明因为你看到了蜡，确定了蜡的存在所以才证实了你自己的存在，但是这并不代表你清楚地认知了你或者你的本性是什么。因为人们不怀疑你的存在，所以这是最需要去证明的。在之前，我并没有提出有关这些的意见，在这里我也并不想过多的讨论，只是想提醒你：你不承认你里面除了精神以外的任何东西，甚至不愿意同意你身体上的，眼睛、手以及其他一些器官，可是你说除了你所看到的触碰到的关于蜡烛的跟它的偶性，但是如果真的没有手或者是眼睛，就没有办法看到或者是摸到。

你接下来说道：当我对蜡烛的观察比只是从视觉跟触觉，在通过其他方式的观察以后，对它有了更加清醒的认识，那我对我自己的认知是不是也会更加的清楚明了，如果是不是所有可以对蜡烛的认知进行更一步认知的事物，都可以更加明确地证明我心灵的本性。但是，你所推论出来的观点，除了可以证明人们知道精神的存在，却并不能证明它的本性，同样的道理，其他的一切也证明不出来。即使你试图从蜡烛的实体中更多的推论出来一些什么，也没有办法，以为你对于这个实体我们理解得十分模糊，只能把它理解为我们不知道的样子，同样，也只能用同样的方式来领会精神，直到你可以在这里对你之前说过的话进行重复：那个你自己你不知道是什么。

在最后，你说到：你在不经意间回到了最初你想要去的地方。因为这是你想弄明白精神以及物体本身是用理智才能得到认识的，不是感官或者是想象的功能，它们之所以被认识，不是因为被看到或者是被摸到，而是因为被思维所理解了。所以我清楚地认识到，我的精神才是最容易认识到的。这句话试用于你的观点，但是我并不这么认为，因为我看不出来，这些除了推论出你的精神的存在以外，还能认识出来其他的东西。我也看不出来这个标题（即《人的精神是比物体更容易认识的》）所要表达的意思已经实现了。你表述的这些是为了证明它的本性比物体的本性更加的深刻明显，而不是为了要证明人精神是存在的，也不是为了证明人的精神比物体的精神更加的清晰，因为这些都是事实，没有人会对此产生怀疑。但是我看不出来你为了论证这些做出了什么，当谈论到物体的本性的时候，你曾说过，关于物体，我们可以理解为广延的、有形状的、可以运动的、可以占据一定的地位的等。但是在说到你自己的时候，你的表述除了说不是空气不是风不是物体性的一部分以外，并没有其他的，我们既然已经认同了你所表述的观点（虽然你反驳了其中的某几条），这也并不是我们所期望的，我们从始至终想要知道的都是你可以告诉我们，你是什么，而不是你不是什么。

因此，你终于承认你是一个有思维，也就是可以怀疑、肯定、否定……的事物。但是，首先说你是一个东西，却并没有告知已知的是什么。因为“东西”是一个广阔的、一般的充满不确定的词语，它对你来说并不是对世界上所有的东西都是最合适的，比纯粹的“什么都不是”更合适。当说你是一个东西的时候，意思也就是说你并不是“什么都不是”，换一种表达方式，就是你是一个什么东西。就像是一块石头，苍蝇也是一样，这个世界上所有的东西都是如此。说你是一个有思维的东西，这是一个已知的东西，这在之前也是已知的，没有人会对此产生怀疑。那些未知的，我们想要去了解的，是认识并深入到以思维为职责的实体的内部。所以，我们想要知道的，也是你应该去了解的不是已知的你是一个有思维的东西，而是以思维为属性的这个东西到底是什么。假如让你对于酒，给我们一个比平常更准确的认识，并不是只是说它是由葡萄做成的，有时候是红的，有时候是白的，喝起来是甜的，可以让人醉酒就可以了，而是应该尽量表明它实体的内部，是由酒精、蒸馏液以及其他的物体，在适当的温度下混合在一起构成的。既然大家都期待，而且你自己也承诺了会给大家一个比平常更精确的认识，但是你却只是告诉我们，你是一个拥有思维的，在怀疑、理解的东西是远远不够的。你应该像化学分析那样，对你自己进行一些揭露分析，可以让我们认识到你实体的内在，当你这样做了以后，我们再对此进行分析，跟物体（它的本性已经通过不同的技艺以及很多不同的试验向我们证明得非常的清楚）对比起来，是否被认识得更加的清楚。

对第三个沉思的反驳

论上帝，以及上帝存在

一、首先，你认为，对于这个命题清楚、分明的认识——即自我是一个在思维的事物，这是你非常确定的，你认为所有可以被你领会的清楚分明的事物都是绝对真实的。的确，我们没有办法找到关于确定性更准确的原则，但是既然有很多伟大的人物已经非常明确的认识了很多的事物，但是却认为真理是高深莫测、没有办法用语言去表述的，我们就有理由去怀疑这个准则是错误的。在怀疑论所表述的话以后（要了解他们所提出的论据），我们清楚地得知当我们得知一件事物就像是这件事物表现给每一个人的那样，除此之外，没有办法保证其他的真理。举个例子，就像是瓜，瓜的味道很好吃，瓜所表现给我的就是这样，但是我并不相信，因此就说明瓜的味道就真的是这样。因为在我年轻身体好的时候，我可以明确地感受到它不是这个样子的，甚至现在还有很多人认为它不好吃。有不少身体强壮，嗅觉灵敏的动物，但是它们的却跟我有不一样的感受。难道一件事物，虽然它被清楚地认识了，但是它的本身却不是真实的，只是被清楚地认为是真的吗？这个道理同样适用于精神的东西。我曾经发誓说过，从一个小量变成一个大量，必须要经过一个相等的阶段，我也曾经用我的生命发过誓，两个不断延伸的、不断接近的线，最后一定会相交，我认为这些事情都是非常的清楚明了的，所以我把它们当成是真实的不可怀疑的真理。但是后来我发现我把那些相反的东西领会得更加的清楚，有些理由让我对此产生了怀疑。直到现在，当我学到数学假定性质的时候，我还是忍不住地对此产生不信任感。你可以说你是真的按照你所领会的量、线、面的性质认识的不同的命题，但是却不能肯定地说，它们本身就是你所领会的那个样子，虽然这些是数学问题，但是跟现在我们所谈论的失误有异曲同工之妙。所以我想问你：为什么每个人都有自己不同的见解？他们都认为自己的见解非常的清楚分明。你不要反驳地说，他们大多数只是在装腔作势，或者是对自己的观点并不坚持，你甚至到最后的时刻，他们也不愿意把自己内心最深处的真话说出来。你说，当你接受了一些非常确定的一些事情以后，又发现了这些事情的可疑点，你自己也遭遇过这样的事情，但是你却并没有去证实，只是去怀疑，你只是为了用这个机会去表达你受到了欺骗，那些观念只是被你表现为你以外的东西，也许根本就不存在。在后面，你讲到了一个骗子上帝，对于“二加三等于五”“一个正方形只有四个边”这些不可怀疑的命题上受到了骗子上帝的蛊惑，因此为了向我们指出，只有当你证实出来骗子上帝真实存在的时候才能证实你的准则。其实，你根本就没有去费尽心力地去证实那个让我们被误导的准则，因为那很容易被我们当作是不真实的。而你应该做的，是当我们清楚明白地领会一件事的时候，你可以告诉我们一个办法，让我们知道我们有没有弄错。

二、在这之后，你把观念（在它们作为影响这一点上，你把它们当作思维）分为跟我们与生俱来的、来自外界的，我们想象捏造的这三种。其中被你称为东西、真理或者是思维所具备的理智是第一类观念，第二类包括了你听到的、看到的感觉到的，第三类包括了你所想象出来的一些怪物，你又接着说，你所有的观念都是外来的，或者是与生俱来由你创造的，因为你还没有弄清楚它们的来源。因此为了避免错误的发生（有些错误，也许直到观念的来源被认清以后还是会发生），请你记好：所有的观念都是外来的，它们是由理智以外的事物在我们的某个感官上发生的。因为，精神（也可以说是它们本身）不仅有通过感官清楚地领会精神本身的能力，而且还有把这些观念以不同的方式加以整合对比的能力。这样看来，把观念划分成为的第三类第二类观念之间没有任何的区别。因为一个狮头羊身龙尾的怪物跟一个狮头、一个羊身[1]、一个龙尾的观念是一样的，是精神把它们整合在一起，成了一个整体的概念，把它们单一的来看，它们都是外来的。同样的道理，一个巨人的观念，人们也可以领会为一座山，如果你愿意的话，把世界当作一个人的观念，把一个普通人外来观念的精神世界任意地加以放大，我们领会得也就越来越不清楚。同样，我们从来没有见过一个城市或者是一个金字塔以及其他任何事物的观念，即使人们之前见过这些外来的，经过改变的模糊不清的观念，精神也会把这些观念通过某种方式加以增添、划分跟类比。

我认为，被你称为与生俱来的天然的这一类的观念，没有任何的东西是属于这一类，我甚至觉得人们用这一类称呼的事物都是外来的，你认为因为天性使然的原因，你可以理解称之为东西的是什么。你说的这些并不是对于理解功能本身说的，因为理解这个功能，在这里并不是问题所在，只是对于一个事物的观念来论述的，但并不是一个个别的事物，就像是太阳、一块石头以及一些个别的东西，都不是天然的而是外来的那一类事物。你指的是被作为存在的同义词和广延有相同的观念的东西。在精神力，如果没有那么多个别的东西，精神把这些东西抽象出来做成适用于一切事物的一种概念，而不是单独地适用于某个东西的概念，那么这个一般的概念就不会在精神里。假设一个事物的观念是天然的，那么一株植物、一块石头以及一切普通观众的观念也就是天然的，如果把这些事物的不同点都去

1　原文是羊肚子。

掉，得到的是对所有事物的共同性的东西，那么我们也就不用再那么费力地去把所有事物的个别性去加以辨认。你说的你的本性让你明白什么是真理，也就是真理天生就印刻在你的灵魂里。但是如果真理只是对两个事物之间一致性的判断，而没有其他别的东西，那它就只是一种关系，因此它没有办法在事物的本身跟他的观念的比较中区分开，也就是说无法同事物的观念区分，因为事物的观念不仅可以表现出自己的性质也如实地表现事物的性质。所以，既然观念事实上表现事物的本质，同事物是一样的，那么真理的观念跟事物的观念其实是一回事。所以，假如事物的观念不是与生俱来的，是外来的，那么真理的观念也是如此。这一点既能被特殊的真理所适用，也能被一般的真理所考虑，这种真理（像刚才谈论到的一般事物的观念的时候所说的），是从每一个特殊的真理或者概念里选取出来的。你接着说理解是一种思维，你认为是天性使然，是跟你与生俱来的。但是，精神既然可以从一个城市的观念转化成为另一个城市的观念，那么它也可以由一个行动的观念转化为另一个（例如被当作思维本身的观念）。一直有着某种关系跟类比存在于认识的各个功能之间，使得从一个去认识另一个而变得非常的简单。这么说来，很容易地就可以知道思维的观念属于哪一类。我们应该留着我们的精力去思考精神本身或者灵魂的观念。如果我们赞成这个观念跟我们是与生俱来的，那么就得承认思维的观念也跟我们是与生俱来的，所以我们应该先证明谨慎的观念是天然的存在于我们之间。

三、之后，你一直怀疑是否有一些东西存在于我们之外，甚至怀疑在我们之外根本就不存在任何的东西。你好像在这里推论说，被人们称为外在的东西的观念存在于你的心里，但是并不代表这些东西就真的存在于这个世界上，因为你所具备的这些观念有可能来自你自己，并不一定非得来自这些事物，也有可能是在你不知道的情况下从心里认知的。我想这就是你不说你知道了天、地、星辰，而只是感知到了这些事物的观念，大概是受了这些观念的欺骗。如果你不相信有天、地、星辰的存在，那你就无法在地上行走、看不到天上的太阳、靠近火炉来取暖、吃饭来解饿、转动舌头来说话，你可以用巧妙的语言编造出来这些事实，但是很容易就会被人们揭穿。既然你没有办法真的怀疑这些事物存在的真实性，清楚地知道这些事物存在于你之外，我们就应该认真地对待这些事物，事物是什么样的，我们就应该把它说成是什么样的。假如，你一旦承认了外在事物的存在，那你就不仅要回答自己所提出的反驳，还要回答人们对你提出的一切反批的意见。

你说是大自然告诉我们的，就是为了指出这些事物的观念是外来的，我们感受到的这些观念多是不以我们的意志为转移的。我们在讲一些道理和解决办法的时候，也应该想想怎么解决下面的这些问题，即为什么一个天生的盲人心里没有颜色，一个天生失聪人的心里没有任何的声音，这是因为这些外在的事物本身没有把自己的影响传送到这些先天就有认知功能障碍的人的心里，一开始就没能打通它们的这些道路。

在这之后，你又举了太阳的例子，我们对太阳有两种不同的观念：一种是我们通过感官直接接受过来，在这观念里，太阳很小；另一个是从天文学的角度来看，太阳非常的大。在这两个观念里，哪个是从我们与生俱来的观念里抽出来的，没有来自感官，也可以说是用其他的不同的方式制造出来的和太阳的观念最符合的真实的。也许人们会回答，这两个观念都真实，都符合太阳，只是在符合的程度上有多少的区分罢了，就像是对同一个人的两个不同的概念，一个从十步以外给我们送过来，另一个人从一百步或者是一千步以外送来。两个都是真实的相符的，都是那个人，只是较近的那个比较远的那个观念较少一些，程度上不同罢了。假如你可以同意我的观点的话，我会很容易地用很少的几句话来向你解释这个问题。虽然我们只是用精神来感知太阳巨大的观念，而不是用其他的办法，但是并不代表这个观念是天然的存在于我们的心里，也有可能是我们的感官让我们接受了这个观念（按照理性的经验：同样的一个东西距离远的时候会显得小），它距离我们很远，但是面积确是地球半径[1]的很多倍，我们的精神把它加大了很多倍。你想要知道大自然是怎么让我们去理解这个观念的，

1 原文就是这样。

这个答案只有在盲人的心里可以找得到。在盲人的心里，它首先没有颜色也没有光，其次如果没有人告诉过他，他并不会认为太阳是一个圆的，如果没有权威或者理性影响他所理会的观念，他也不会认为太阳是巨大的。在这里，我们再多说一点，我们这些人观察了太阳这么久，不断地对太阳进行推论跟研究，但是对于太阳的观念跟影响还是和一般人是相同的，理性告诉我们太阳的直径比地球大一百多倍，但是我们并没有因此对这个巨大的物体有一个具体的观念，我们的精神努力地将它扩大，到后来却越来越模糊，到最后就必须要通过感官的媒介来接受。如果我们相信太阳比我们看到的大得多，当我们距离它更近的时候，我们就会得出一个更加宽广巨大的观念。我们的感官给它提供的这个观念，我们的精神必须要满足，这个观念是什么样的，我们的精神必须保持一致。

四、接下来，你承认了是有不平等跟分歧存在于观念与观念之间，你说：那些给我表现形态或者是偶然的那些观念要比给我表现实体的观念，少了一些客观实在性。再最后我领会到，一个至高无上，拥有无限能力的上帝的观念比表现给我们的实体的观念本身要多了一部分的客观实在性。在这里，必须要暂停一下让你快速奔跑的你的精神。首先，我并不想让你告诉我客观实在性的意思是什么，因为我们只要了解下面这一点就可以了：实在是在他们之中而外在的东西都是形式的，客观的东西或者是表象的存在于这些理智之中，对于这个观点，你只是说观念应该由它之所以成为的那个观念的东西，所以实际上在那个东西里面都属于它所表现的对象，那些属于表象的东西的实在性越多，它所表现的实在性也就越多。紧接着，你又对客观的实在性还有形式的实在性做了区分。形式的观念性就是观念的本身，它没有表现为任何的东西，本身就是一个实体，是一个单独的存在。不管怎么样，可以肯定的一点是，观念跟它的客观实在性都应该按照精神所有的认识而不是按照事情本身所有全部的实在性去衡量。也许，人们会说，你对于一个经常看到十分熟悉的人，你对他各方面都比较了解的人，你对他的认识和观念是十分完美的；反之，一个你并不熟悉，仅仅是见过一次面，没有完整地见到过他的人，人们一定认为你对他没有观念，即使有，也是模糊不清，非常不完整的。

对此，我可以推论出，对于那些被蒙蔽的实体，我们最多只是一个模糊虚幻的实体，但是对于那些偶性，我们却可以有一个真实清楚的观念。因此，当你说实体比偶性的观念里有更多的客观实在性的时候，首先我们应该否定对于实体他们有一个真实的观念，所以从这个观念里，没有任何的客观实在性。其次，即使这一点是真实的，也不能由此就得出在实体的观念里比偶性的观念里的客观实在性更大，因为它所有的实在性都属于偶性的观念，在前面我们就说过，实体就是从偶性或者是按照偶性的方式领会出来的，只能被当作广延的、有形状或者是有颜色等具体形态的事物来领会。

接下来是关于上帝的观念，我希望你回答我，你既然没有办法确切地说他是否真的存在，那你是怎么知道他通过他的观念向我们表象了一个全能、无限、伟大的东西？我认为你自己的这个观念就是来自你对他的认知，因为别人不止一次地向你这样介绍过他。也就是说，假如没有人这样向你说过，那你就没有办法把他描述成这个样子。你如果说只是把他当作一个例子，并没有给他下任何的定义，但是你要注意的是，以后不要把它当作任何的一个臆断的观点。

你认为，一个无限的上帝要比一个有限的事物的观念里所具有的客观真实性多很多。因为人类精神无法领会无限，那他就不能具有，也没有办法得到一个表现无限的事物。如果谁说出了一个无限的事物，就是给这个事物加上了一个自己都没有办法理解的称呼。既然这个事物的范围已经扩大到了超出了我们认知的范围，那么对于那些智慧被约束在条条框框里的人是没有办法理解归之于那种扩大的无限或者是那个否定词[1]。我们习惯于用来称赞上帝的一些词语，似乎都是从称赞自身的一些词语中抽取出来的，把这些词语尽可能无限大的延伸跟扩展，例如时间的延伸变成了上帝是永恒的，能力变成了全能。知识变成了无所不知，等等。

---

1 否定了（有限）一词。

这样看来的，这些东西被上帝的观念所表象，但是，既然前面说到上帝的观念是从很多种有限的事物的观念里组合而来并加以扩大才形成的，那么它的客观实在性就要小于这些各种有限事物加起来的总和。对于永恒这个观点，谁都不能在思维里领会永恒的时间的全部过程。对于全能，也没有人可以对那些复杂的结果全部理解。对于其他的属性也都是一样。没有人可以如实地表象出上帝完整的观念。如果上帝跟我们所领会到的是一样的，只是跟我们看到我们心里的那样有一点的完美型（尽管上帝要比我们所领会到的完美性多很多），那么上帝就会变得很平凡。上帝跟人之间的比率，跟大象还有小蛆之间的比率相比，要小无限倍[1]。如果说有谁把在小蛆里所看到的完整性的观念当作如实的表现了大象的观念，如果说这个人是错误的，假如谁要是按照一个人的完美性去做成一个观念，并说这个观念就是上帝本身，完美地表现出了上帝，那么这个人不可笑吗？还有，我想问你的是：为什么你可以肯定地说在我们身上所找到的这一点的完美性在上帝的身上也同样具备呢？在得到这个答案以后，我还想问你：在这里，我们可以给上帝的本质的定义是什么？当然上帝超出我们理解的无限倍，当我们把精神应用到观察上帝上去的时候，不仅没有办法理解他，同时也会感觉到自己的渺小，看不清道理还会自己把自己弄糊涂。所以我们不能说我们对上帝有了真正的观念，并且这个观念向我们如实地表象了上帝。我们根据我们里面的完美性形成了一个观念，这个观念对渺小的我们恰好适合，在我们的理解范围之内，那些从前在别的东西里不认识的，或者是没有知觉到的任何东西都不被包含在内。

五、接下来你说：依靠自然的光明，可以得出在动力的总的原因里，实在性一定至少跟在结果里是一样多的。根据这个道理你推论出，观念跟观念的原因里的所包含的客观实在性是一样多的。我认为在这里你最好停一下，因为迈的步子实在是太大了。首先结果里的东西一定是在其原因里，这几乎指的不是动力因，而是质料因。动力因的性质一般跟它的结果的性

1 例如1：10就比1：100大10倍。

质不相同，而且是一个外在的东西。即使在动力因里得出一个结果的实在性，也不能说结果所包含的所有就是动力因所包含的，也有可能这个结果的实在性是动力因从其他的地方搬过来的。这个问题可以通过艺术的结果来表述。就像是建筑师虽然给了房子全部的实在性，但是他给房子的实在性是从其他的地方搬过来的，而不是他自己的。就像是太阳，它改变地上的物质的时候用了不同的方式，而动物的产生也正是因为这些改变。这个道理同样适用于父亲跟母亲，孩子虽然从他们的身上得到了一些质料，作为一个质料本原得到它，而不是动力本原。你对此反驳道：存在于结果中的一定卓越的存在于他的原因里，你想要表达的不就是：结果跟它的原因形式有时候相同有时不同，不如它的形式圆满，所以它的结果的形式不如形式的原因高尚。可是这并不代表，结果的原因把它自己的存在的一些部分给它的结果也被包含在卓越里，也可以说，它自己的形式被形式的结果的原因分给了它的结果。在种子的生化中，用种子的办法生化的生物，但是当一个父亲生他的儿子的时候，你不能说他把自己有理性的灵魂切下来一部分给了他的儿子。总的来说，当动力因的结果是由某一种质料形成，并且把它最后的完美性给予这个质料的时候，它的结果才被包含在内。

下面，我把我自己的影像的例子拿出来向你说明，关于你所推论的客观实在性。我可以在镜子里也可以在画家的画像上面看到我自己的影像。我把我自己的影像投到了镜子上所以镜子里有我的影像，而画像上的影像是画家画上去的，同样的道理，人们就会问，当自我的观念或者是影响在别人或者是你的精神里的时候，产生的原因是不是因为自我将自我的形象投到眼睛里，以眼睛为媒介到达理智本身。或者说它就像是一个技术娴熟的画家一样，把它描绘出来刻画在理智上，但是，这并用不着我从我之外找其他的什么原因。虽然理智可以把我自己的影像随意的放大、缩小，但是不管怎么样。它的主要原因跟全部实在性都是我。在这里说到的关于我的所有观点，都同样适用于其他一切外来的对象上。现在，你把所以属于这个观念上的实在性分为两点：客观的实在想跟形式的实在性。只有是精细的，稀疏的实体才有资格被称为形式的实在性，这种实体不断地从我发出，但是当被归为理智的时候就会变成一个观念。如果对于来自对象的这种实体，你不愿意承认它是一种实体的流动的话，那无论你怎么说，都免不了要减少这种物体的实在性，那么对于客观的实在性，除了这个观念所具有的我自己的表象，或者最多是观念的其他部分配合着将我表现出来，不可能是别的。不管你怎么去表述它，都仅仅是跟我有关系的一部分之间存在的一种关系，我实在看不出来它有一点的实在性，或者也可以说它的形式被以这样或者是那样的形式处理。但是如果你非得把它叫作客观实在性，我也同意。我觉得对于这个问题，你应该把它的客观实在性同我的身体各部分之间相互的配合以及观念的实在性同我的身体的实在性相互比较，最后，不管你在解释前面的定理的时候用了什么样的办法，很明显地可以看出在我里面的所有形式跟我的观念里的所有客观比起来实在性都是一样的多，而且这个观念跟我的形式或者是说我的全部实体比起来，所存在的实在性根本就不值得一提。所有对于你说的，在一个观念的原因里，所有形式的实在性同这个观念里的所有的客观实在性比起来，至少都是一样多的，这是因为，在一个观念里，它的原因要比它所包含的一切东西多很多。

六、你接下来说，假如有一个观念存在你的心中，大到不管是你形式或者卓越的都无法包含它的客观实在性，所以当你不是它的原因的时候，这个世界上一定有一个其他的东西的存在，使得在没有它的情况下就没有办法让你肯定所有事物的存在。但是，我曾经说过，观念实在性的原因并不是你，而是被观众所表象的事物的本身，这些事物把自己的影像送到你的心里就像是把自己的影像送到镜子里一样，你想象出怪物的时候也是如此，不过，不管原因是不是你，你也不能因此就怀疑除了你，这个世界上没有其他事物的存在，请你不要再继续向我们故弄玄虚了。地狱观念是什么，这是一件显而易见又如此可靠的事情，根本用不着我去再过多的证明些什么。

除此以外，你还陈列出了你心中的一些观念，除去自身的一些观念以外，你还列举了天使、动物、上帝、人以及物体性但是没有生命的事物的观念。之所以列举这些观念，是为了（当提及你自己的观念的时候不会有任何的物体）推论出由你具有的上帝、你自己以及物体性的观念组成了人、动物还有物体性的东西的观念，包括物体性的东西的观念也是由你组成的。可是我觉得在这里值得去思考的是，你是怎么就确定你具有自己的观念，而且这个观念是如此的丰富可以延伸出来其他的观念，而且对它不会有任何的问题。就像是我在前面的沉思[1]里所提到的那样，即使可以确切地说，你根本就没有自己的观念，即使有也是模糊不清的。对于这一点你坚持说，只有你自己才可以最好地认识你自己。但是我想说的是，既然你不可能有自己的观念，那么你怎么能说你对你自己比对其他事物的人都更加的清楚跟明显呢？无论什么都不能作用到它自己身上，就像是眼睛没有办法看到自己，理智没有办法理会到它自己，事实上就像是手指不能达到它自己、脚也没有办法踢到它自己。所以说，要想认知一个事物，必须是这件事物自身将自己的形象告知认知功能，将自己的形象装到他上面或者是送到认知功能里面，但是它自己以外没有功能本身，就没有办法将自己的想象传送给它自己，因而无法形成自己的概念。你可以想一下，眼睛为什么只能在镜子里面看到它自己而没有办法在自己里面看到自己呢？这是因为镜子跟眼睛之间有一个距离，眼睛将自己的想象传送到镜子里，然后镜子将眼睛自己的形象作用给了眼睛。我可以向你保证，当给我一面镜子的时候，你用同样的放大作用于镜子，镜子也会用同样的方式返还给你，在镜子里你可以清楚地认识到你自己，虽然这种认识只是一种反射的认识，而不是直接的。除此之外，我想象不到其他的办法让你对你自己有其他的概念或者是观念。

在这里，我原本还可以坚持问你，如果不是你之前听说过，你怎么可能有天使的观念，如果不是我之前描述过上帝的观念，你怎么可能有上帝的观念，我不相信你对天使有其他的思维。当动物跟其他的一切事物没有

1　即《对第二个沉思的反驳》。

落到你感官上的时候，你就没有办法对它们产生观念。对于这些事物，我相信你永远不可能有任何的概念。如果你没有听到或者是看到那些东西，你永远也不会对这些事物产生概念。对此，我不想坚持什么，那些存在于精神里的各种东西，可以被人们拿出来安排、组合，然后可以产生其他别的事物的形式，我对此十分的赞同，无论你说出来多少种事物的形式，都没有办法说清所有的形式，也没有办法表述清楚任何一种东西的观念。

关于针对物体性事物这一观点的争论可以暂告一个段落。对于这些观念，知道怎么可以（你坚持认为自己不是物体性的，并把自己看作是那样的）单独从你的观念里得出关于物体性的观念，这是一件非常困难的事情，如果你只是认识了非物体性的或是精神性的实体，那你就没有办法领会物体性的实体，这两者之间并没有什么信任关系，你认为它们之间是公共存在的。但是，对于你说的共同性的东西的性质如果不首先领会的话，那就不可理解的。你推断出了一个共同的概念，但是这个概念只能是在个别的事情上下可以推断出。假如物体的实体的观念可以由理智对非物体的实体的认识得出，那么一个天生眼睛就看不到的人或者是一个一出生就被关在没有光亮的地方的人，可以做出来光和颜色的概念就不值得怀疑了。对于你说的人们也可以有广延的、形状、运动等一些其他的一些可以共同感觉的东西，但是对此你并没有什么可靠依据，也只是空口说一说，这太简单了。对此我感到十分的好奇：为什么你不能用同样的办法得出光、颜色以及其他的感官的各自对象的一些其他的事物的观念。但是对于这些事情就不再过多地说些什么了。

七、最后你说道：在只剩下的上帝的观念里边，我们要考虑我自己可以产生什么东西。那些无限的、永恒的、不变的，全能全知的可以创造和产生自我以及所有的事物（假设真的有事物的存在），被称为上帝。对于以上这些，每当我越认真地去思考，就觉得它们所具有的观念不能够仅仅是由我产生的。所以，在论述这些之前必须要先得出上帝存在的结论。这样看来，你就达到了你想到达到的目的。对于自我，从你刚才得到的结论来看，并看不出来有什么地方可以得出这样的结果。这些事物从上帝的身上领会出来，但是却没有办法从自我的身上领会出来，所以推断出它们一定是从上帝的身上推断出来的。从自我自身上绝对不可能得到它们，而且如果仅仅是靠我自己，也没有办法认识它们，这是最真实的道理。因为，除了那些把它们自己的观念传送给我们的对象本身，我们还可以通过父母、老师、圣贤以及一起讨论过的人的话里来学习。对此，也许你会回答：自我只不过是一种精神，自我以外还有其他事物的存在吗？自我听到什么事物的耳朵是不是跟我谈话的是一个人？对以上这些问题，你可以回答：假设自我没有耳朵可以听到我们说话，没有人教自我说话，那自我就没有办法说出上面的那些话。对此，自我说话要保持严肃，不能说出与事实不符的话。关于那些跟上帝有关的话，都是在跟其他人的接触中得到的。当你记住他们说的话的时候，相当于记住了他们说的那些话里他们自己理解的概念跟所指出的观念。即使人们同意它们可以由你单独产生，但是也只能说来自自我以外的东西，而不是来自上帝。对于以前所看到的和絮叨的事物里，自我所没有办法想成和组成的观念里都有哪些？因此自我就想领会超乎人类以外的其他事物吗？加入自我真正的领会了上帝，那就可以说是真的得到了上帝的指导跟教诲。但是加入自我加给上帝身上的只是一大堆在一些人身上或者是其他的一些事物上所看到的某些完美性，那么自我就可以像是以前所看到的那样，对于这些完美性，高兴怎么样就怎么样的去理解、组合跟扩大。

你说，因为你自己是一个实体。所以可以由自己得出有关实体的观念，但是因为你自己不是无限的，却不能得出一个无限实体的概念。对于你认为你有无限实体的观念，那你这种想法是错误的。在你的心里，无线实体的观念只是一个空名，只是按照人们所理解的无限那样了解的，并没有完全的理解无限的概念。因此，就像是之前所说的，像这样的一个观念并不一定是从一个无限的实体产生的，也可以是由人们在能力范围内所理解的完美性加以组合跟扩大形成的。得出的是像那些古代的哲学家一样，把他们对这个有限的空间、世界以及由很少的本原组成的这个世界的观念，扩大了好多倍，由此形成了一个无限广阔的世界、本原以及世界的观念。你认为这些观念并不是他们的思维做成的，而是由一个真正的广阔无垠的世界、无限多的本原以及世界送到他们的心里。

对于你说的，你领会了无限，由一个真正的观念。如果这个观念是真的，那你就可以如实地理解表象无限了，对于它里面最本质的东西你也就理解了，即无限性的本身。但是那些有限的东西总是会局限你的思维，对于无限，你仅仅只是有这个名称的本身，并没有其他的，因为你只能领会在你理解范围之内的东西，所以人们有资格说，你只是用了有限的否定词来理会无限的意思。如果只是说在一个无限的实体里要比在一个有限的实体里领会得更多的真实性是远远不够的。因为当要领会一个无限的实体时，必须是自我去领会，没有自我是做不到的。即使扩大有限的实体，你依然无法领会到更多的实体性，除非你也认为这些哲学家在想象一个世界的时候体会到的实在性没有他们想象多个世界体会到的实在性要多。对于这一点，我要说的是：当我们的精神之所以在被增加或者是扩大的时候变得模糊，是因为当它扰乱了这个自然情况的时候，它就会变得稀薄，最终会消失，同样的道理，当精神将它之前所领会的观念过分地缩小的时候，同样也会变得模糊不清。

你说，对于无限以及无限中的很多东西，你都没有办法理解，这些都无所谓，只要你可以理解其中很少的一部分东西，以便于可以对这些东西有一个真实清楚的概念，这才是最重要的。对于你的这个说法，我觉得并非如此，假设你只理解有限而不能理会无限的话，那么你就只是理解了有限，而没有一个关于无限的真实概念，并不能因此说你有了无限本身，你只是认识了无限的一部分。同样的道理，一个人只是认识一个洞穴的窟窿可以说他认识了世界的一部分，但绝不可能说他有了整个世界观。对于他认为整个世界的真实自然的观念就是如此小的一部分观念，那是相当的可笑。你认为，有限的你没有办法理解无限，这是它的特点，对此，我是相信的。但是无限的真实观念的特点绝对不是像那些只把无限表现成一个非常小的一部分甚至是一点表象都没有表现出来，因为一部分跟全部是没有办法类比的。你认为，只要把这个一部分的东西领会得足够清楚就可以了，就好比你看看一个人的头发，就可以对他有一个真正完整的观念。就像是一个画家在一张画布上，仅仅是画上我的一个头发，就可以将我如实的表象出来，不也能够成功吗？我们对无限的认识同无限的本身之间的差距同我的一根头发同我的全身之间的差距相对比，要大很多倍甚至是无限倍。总的来说，你的证明既不能证明上帝也不能证明无限多的世界。那些古代的哲学家们对这个世界做出清楚的认识跟领会出世界的观念，通过他们对这个世界的认识，也不至特别的困难，但是对于你来说，从你对你的实体（你并不知道它的本性）中去领会出来一个上帝或者是一个无限的存在体，确实非常困难的。

除此以外，你又做出了另外的一个推理：假设在我的心里存在一个更完美的自我，如果不是同这个更加完美的自我相对比，我怎么可以看出来我的缺陷，并且开始怀疑我是否缺少了什么东西，我并不是完美无缺的。既然你知道你不具备一切，不在一切的东西里，如果说你怀疑或者希望什么东西，知道自己缺少什么不完满性，这没有什么不得了。我相信你说的你不是完美的，你可以肆无忌惮地说着就不会出任何错误的话。你最后认为，正是因为如此，才存在一个比你更完美的事物。尽管你所想要的并不一定都是比你更完美的。就想是当你希望得到一些面包的时候，无论如何这些面包都不会比你的身体更完美，只是会让你不再饿肚子而已。所以，你就没有办法得出有比你更完美的事物存在的这个结论。这是因为，假设你可以看到全部的东西，包括你，面包跟你在一起的一切事物。因为宇宙的每个部分都是相辅相成，彼此成就，且都存在一定的完美性，那么很简单就可以得出，整体比部分的完美性更多，因为你只是全部中很小的一部分，一定有比你更完美的存在，但意思并不是说其他的部分比你完美。当只有跟它相对比的时候，你才能发现自己的不足，因为那是一个各方面都比你优秀、十分完美的存在。对于他的观念，你并不难领会，并且当你同这个观念进行对比以后，你就会发现你的很多的不足之处，总结来说一句话，就是不像他具有的完美性那么多。

你给自己提出了一个意见，在后面一些的时候：也许我是比我所想的东西要多一些，也许那些被我归之于上帝的完美性的东西其实是存在我之中的，只是还没有产生或者是用行动表现出来，当我的认知慢慢地无限量地增长的时候，就有可能被表现出来。但是你自己也说：即使我的认识每天都在增长慢慢地向完美靠近，很多东西都不是现实地在我身上，而是潜在地存在我的身上，但是却都不属于上帝。上帝的观念里全部都是真实存在的东西，没有任何是潜在的，特别是说我的认识每天都在增长，一步步地靠近完美，正是论证说明了我的认识的不完美性。也许，对于这个问题还可以这样回答：你说得对，在一个观念所领会大的事物，那它在这个事物里就是真实存在的，但是并不能因此就说这个事物所表现的事物本身里面也是现实存在的。这就好像是建筑师对一个房子想象的观念，按照建筑师计划的那样，这个观念的确是由现实的墙、地板、窗户跟其他的部分所组成的，但是房子的其他部分还都是潜在的，并不是现实所有的。就像是无限世界也被包含在古代的科学家们对于无限世界所持有的观念里，但是这并不代表无限世界就真的存在于现实世界。所以，不管在你的心里有没有潜在的东西，你只要知道你的认识跟观念在一步步地增长就可以了，但是不能因此就说现实中也存在着它所表现和认识的东西。对于你之后说的，你的认识在现实生活中不会永远是无限的，我非常同意，对于上帝，你应该知道，你永远不可能有一个真实自然的观念，相对于那个你只是看了头发的人，上帝有无限多的东西等着你去认识。当你只是见过这个人的一部分，但是你却见过别的人，进行比较以后，你就可以猜测出来他的观念，但是同样的办法嘛，却并不适用于上帝，对于跟上帝的本质和广大无垠的东西，我们不能说我们见过。

你说你可以领会到上帝在现实中无限的程度，但对于他的完美性却没有办法增加。可以在你并不了解他的情况下做出了这样的判断，你所做出的这个判断就像是古代哲学家们认为有无限的世界跟本原，以及一个大到无法增加任何东西的宇宙相同，只是你的一种猜测。你还说观念的客观存在体只能来自一个形式或者现实的存在体，不能取决于只是潜在存在的事物。如果以上对于建筑师以及古代哲学家的描述是正确的，假设你注意到的这类观念所存在的现实存在性告知了你的理智的那些观念所组成的，那么你所说的这些话就会是如此的正确。

九、在此以后你问道，假设上帝是不存在的，如果有一个更完美的存在体的你存在，是否你依然可以存在？你的回答是：那我存在是从我自己还是我的父母那里得知的呢？或者是从没有上帝完美的别的原因？接下来你就证明了你的存在不是因为你自己；这些都是多余的话，除非你想推论出你不光拥有你存在的动力跟产生的原因，而且还拥有可以随时保存自己的原因。你认为之所以这样是因为，当把你的所有生存时间分为很多部分的时候，每个部分之间是可以独立生存的，因此在每个部分上你都是可以被重新创造的。但是我想请问你怎么理解这些话，的确，一些结果的确是为了坚持才存在，为了不被在每一刻被消灭掉，就需要不断地对用给它们第一次存在的原因在当前作用着，其中这个性质里就包含太阳光。实在地说，这类结果的事实上跟无形中连接它们的其他的结果是不相同的，所看到的就像是河流中的水那样。但是我们还看见了其他的，不管是产生它们的原因不再作用还是那个原因彻底腐朽跟消失了，它们都依然存在。这一类包括了我们所看见的原因不继续存在的一切东西。在这里，我们只说一下关于你的例子，不管你存在的原因是什么，你都是其中的一个。但是你认为，你生存的各个部分的时间可以单独的存在。对此，我们可以辩解说，不管是什么东西，它的各个部分之间比时间的各个部分之间更加的不可分割，比时间的联系更加的没有办法分解，比它以后的各个部分更加的难以分开，比以前的部分联系得更加的紧密，对此，没有必要产生不必要的分歧。我想请你回答我：时间的各个部分（它们是外在、连续、起不了丝毫作用的）的存在跟独立性对你的存在是起不了丝毫的作用的，还不如不断涨落的潮水对一块岩石的冲击所产生和保存的作用要多。我很相信你说的，你以前存在但是并不代表你现在依然存在，但并不代表一直有一个原因去不停地重新创造你，而是你最后因为你里面所拥有的能力跟力量太少，以至自己最后消灭。

你认为，由于自然的光明，保存和创造从事实上看都是一样的，只有从我们的思想方法来看才是不一样的，这是非常明显的，但是我却不这么认为，除非像我之前说过的，在结果里，就像是跟光类似的东西那样，它们需要它们的原因连续不断地在当前作用着。

你又说，在你里面，你没有能够使你保存下来的能力，因为你只是一个在思维的事物，假设在你里面存在着这样的一种能力，你会对它有一定的认识，但是在你里面，的确存在着一种可以确信自己存在的能力，但却不是必然，不可怀疑的，但是这种能力，不管是内在的还是外在的，都没有办法做到为你铲除一切让你消灭的原因。你之所以可以继续存在下去，是因为你有足够的能力，是为了有一天在有什么毁灭的原因突然到来的情况下，你可以继续存在下去，而不只是为了重新产生你。

从你的全部推论可以得出的结论是：你一来一个跟你完全不一样的东西，是因为你以前被它产生过，而不是被重新产生。

你又说，你所依赖的这个存在体不能是你的父母以及除了你父母以外的东西，但是很明显的你跟你的身体显而易见都是由你的父母产生，为什么不能说是你的父母呢？别说在你产生的时候太阳以及其他的事物也做出了帮助。你认为，你是一个有思维的事物，在你的心里存在着上帝的观念的事物。

然而你的父母，或者是他们的精神，跟你相同，都是在思维的东西，难道不是也具有上帝的观念吗？我不明白你为什么要在这里一再强调，你之前所做出的那个定理，认为这是一件非常显而易见的事情：在原因里跟它的结果至少有相同的实在性？如果我说上帝以外的东西才是我所依存的，那么人们会问：他是自在的，还是他在[1]的？如果他是上帝，那他就是自在的，如果他是在的，人们将会立刻问同样的问题，直到成立一个自在的理由，最后的结果是，上帝就是这个自在的结果。如果没有止境地往上追求结果是不现实的。如果曾经你存在的结果是你的父母，那么这个原因的存在也是他在的，而不是自在。而这个别的原因所存在又是因为别的原因，这样永远都没有止境。假设你没有办法证明这个世界是有开头的，以至第一个父亲上面没有其他的父亲，那你无止境地往上追究就是合理的。这些原因之间彼此联系紧密，有着很好的从属关系，最终导致必须有高级的东西的推动才可以使低级的东西运动，这就是无穷地往上追究不合理的地方。这就好像是，手摇动棍子，棍子推动了石头，手才碰撞到了什么东西，又或者是像一个链子最末尾的一个环上吊着一个重量，最末尾的环是被它上面的一个环牵引着，而上面的一个环又是被再上面的一个环牵引着。就是这样，一步一步地找到让一切动起来的首动者。但是对于这些原因（它们是被安排好的，当第一个原因被消灭以后，所有依存它存在的原因都不会再起作用），似乎假设可以追究到无穷上去也是合理的。所以，当你非常明显地说，追究到无穷上去是不可能的时候，亚里士多德认为：世界是没有开始的，并没有第一个父亲的存在。

你对你的推理进行进一步的论证，对于人们假设很多原因共同使你存在是不被允许的，你接受了这些中的一个原因，即你归于上帝其中一个完美性的观念，从别的原因里认同了其他的观念，因为这些完美性要想存在，就只能在唯一真实的上帝之中以统一的、单纯的为主要完满性。不过，不管你存在的原因是一个还是多个，但是你的心里都不一定存在这些原因的完美性。不过，我想请你回答我，即使你存在的原因不能有很多个，很多的东西都不能存在于这个世界，对于这些东西，当你分别考察了它们身上所存在的不同的完美性以后，认为如果所有的完美性都共同存在于一个事

1　存在是因为其他的原因。

物上，会是多么的幸福。你明白诗人向我们描述的潘多拉[1]是什么样的，你也是一样，你把对于不同人的赞美，例如卓越的知识、充沛的健康、长寿、至高无上的能力、动人的美貌以及永远的幸福这些全部总结起来，并认为拥有，所有这些的人，是多么的令人羡慕，值得大家赞美。你把这些完美性扩大，使得人们更愿意去赞美这个人，不管在他的各个方面还有完美性都十全十美，没有办法再增加一分，他就成为至高无上，无所不能的，把完美性演绎到了最高的程度。你看，当你知道人类的本性不可能同时拥有这么多美好的品质的时候，你立刻就会想到如果一个人可以把这些全部集于一身，该是多么的幸福。同时，你也相信，像这样的一种东西，到底有没有在这个世界上存在，也需要你去探索。一些论据的存在，也让你相信，这样的一个东西，不存在比存在更加的合理。当假设它存在的时候，对于它具有的物体性、有限性和概念里包含的不完美性的其他性质你认为都是不存在的。虽然用了不同的方法，但是很多人都按照这样坚定地进行着他们的推论，一部人加快了对思维的推进，有些人赋予神人的形象，一些人认为一个神不够，于是创造了很多个神，一部分人将神放在物体里，还有一部分人像无知的偶像教那样，在神的物体上按照自己的想法做出很多的设想。在你谈到的统一性的完美性这个问题上，对于你把你归之于上帝的一切完美性领会成不可分割密切结合的，这倒无所谓，虽然你对上帝的观念是从其他对象那里听到的，而不是它自己将自己放在你的心里，就像是我们之前所谈论到的。他们就是这样，在描述潘多拉的时候，每个神都把自己身上一个最大的优点赋予她，成为一个包含了所有完美性的女神，而且他们也是按照同样的方法造就了一个完美的理想国以及一个没有一丝缺点的演说家的观念等。最后，在你的心里存在着一个十全十美的存在体以及你存在上，得出的结论是上帝是真实存在的，虽然这个结论非常正确，但是我觉得你之前所提到的一些前提并没有必然地证明了这一点。

---

1 潘多拉（Pandora）是宙斯下令造的第一个女人，希腊神话中最高的神。智慧女神将一切的聪明和才华都给了她。

十、你说，我没有通过感官把他接受过来，也不是我的精神产生或虚构的，因为我还做不到在上面再增加缩减任何的东西，它总是不管我的想法强硬地灌输给我，只能说从未出生起，它就像是我的观念一样是与生俱来的，所以我想知道我到底是用了什么样的办法才得出的这个观念。它的一部分是你自己想象的，一部分是你从感官接受到的，这些我已经指出过很多次了。你要记得你刚开始认为他的观念存在很多的不完满，但是却说不能在上面加减任何东西。你想一下，你可以从有些人、天使，或者比你更有知识的这些人身上学到很多你原本就不知道的上帝的本质。请你想一下，上帝可以（不管是今生还是来生）指导你，提高你的认识，让你发现你所关于他的认识都不算是什么。最后，我们如何把对万物完满性的思考上升到对上帝各种完满性的认识，对于上帝的一个完满性的观念不可能一下子被认识，而是日复一日地不断产生新的认识，随着我们知识的增加这个观念才会不断地完满起来。你接着说道：对此不应该感到奇怪，上帝在创造我的时候，就像是工匠在自己的作品上刻上自己的标记一样，在我里面放进了这个观念。这个标记可以跟作品不同，但是非常值得相信的是，上帝在创造我的时候，是按照自己的想象，对这个包含了上帝观念的形象，我领会的时候用了领会我自己的功能，也就是说，我反省我自己的时候认识到我自己是一个不完美的、不完全依靠于他人的一个事物，我不如这个事物美好伟大，而且我也意识到我所依存的那个具有我所希望拥有的一切伟大的事物的别人正是上帝，它具有的这些东西是真实存在的，且无限拥有这些事物，并不是潜在的、不确定的。这些东西从外表上看的确是非常的完美、漂亮，我并没有说它们是错误的。但是我还是想知道，你是在什么前提条件下得出的这个结论，我之前的反驳，你可以先不予理会，但是我想知道，如果真的就像是工匠在他的作品上雕刻印记那样，上帝把观念放在了我们心里，那是用了什么样的方式？该怎么样去证明呢？你是怎么看出来的？你难道不只是一种思维方式吗？你既是雕刻的主体又是刻印的标记？你认为上帝按照他们自己的形象创造出来你是非常可信的，我认为这句话只有放在宗教的信仰里才可以被认同，除非上帝拥有人的形象，要不然这话没有办法用自然的理性去领会。这之间的相似性是什么呢？你只不过是灰和尘土，怎么能跟这个至高无上、十全十美、永恒的、非物体的，特别是对我们这些渺小的、十分弱小的精神来说，没有办法去直观的理解，不可见的事物，去相提并论呢？难道曾经你见过他跟他直面地进行过比较，才发现你们相像吗？你说他创造了你，这是非常值得相信的，但是正是这个原因，我才认为他是不可信的，因为除非作者按照自己的本性生出来，要不然作品根本没有办法跟作者相似。但是，上帝不是你的父亲，你也没有他的本相，你只是按照他所想到的主意被创造出来的，所以，不能说你跟上帝相似，就好像一座房子跟一个泥瓦匠是完全不同的，所以上帝没有办法用同样的办法把你生出来。即使是这样，你依然没有证明，假设你是上帝创造的。你说你领会到你跟上帝是相似的，同时又领会到你是一个不完美的，依存于别人生存的事物，这个事物在不断地需求一个更伟大、更美好的事物，可是相反的，上帝却是一个十全十美的，完全不依靠于任何事物存在的，非常大跟美好的，为什么还要说你跟上帝相似呢？你没有必要说值得奇怪的是，其余的精神，也可以说是其余的人，跟你所领会的不相同，上帝没有把自己的观念印刻在他们的心里就像是对你印刻的那样，也就是说，假如上帝真的印刻了观念，那么所有人的精神里都会有同样的标记，所有的人用同样的方式都可以领会到上帝，对上帝拥有一样的感觉，可是事实并非如此。不过，我们对这个问题，已经谈论得太多了。

对第四个沉思的反驳

论真理和错误

一、在这个沉思一开始，你就把那些一开始你认为充分论证的事物进行了重点的叙述，你以为这个办法既可以让我们的认识更进一步，为了不耽误这个美好的计划，对于那些你应该论述得更加清楚的事物，我并不打算坚持说出来，你只要记住哪些是你同意的，哪些不是，就可以了，就害怕以后你把这些当作你自己的定论。

接着你继续推理说：上帝不可能骗你，所以当你从那里得到了那个错误的功能的时候，为了原谅你把错误归到无。你说你的思维总是出现无的观念，而你也在分享这无用自己的观念。我觉得你认为自己是存在于上帝跟无之间的这个推理是十分漂亮的。我先不说这对无的观念的解释是不可能的，或者我该如何去领会这个概念，而且这并不能说明我们应该在什么上去分享无以及其他的一些东西。我只是提一下，做这样的一个分别，并不能证明上帝可以给人一种避免失误的判断功能。虽然这种功能不是无所不能的，但是他可以让我们避免错误。所以，对于我们认识的，我们会认识得非常清楚明白；对于不认识的，我们也不会添加任何做出模棱两可的判断。

你反驳了自己的观念：假如你不能理解上帝的所作所为，这也并没有什么值得奇怪的。这个观点很好；但是，值得奇怪的是，有一个真实的观念在你的心里，给你表象了一个无所不知、全能、善良的上帝，但是对于上帝的有些作品却并没有完全都是如此。既然这样，他完全可以做得更完美却并没有这么做，这好像是表达了，他要么是缺乏知识，要么是缺少能力，要么就是他不想这样做；这证明他至少在一点上是缺少的，明明可以完美却宁愿不完美，如果他有能力这样做，那就是他不愿意如此。

对于你说的：人们总是从目的中找出关于这一类的原因，都无法用于物体的事物，这句话也许是在别的地方会有一定的道理，但是用到上帝身上，恐怕会违背了这个论点的主要论据。上帝的智慧、全能、神见[1]都被这个论据指出来了，甚至用自然的理性都可以对他的存在加以证明。先不去说可以从宇宙、天以及宇宙的其他部分的观察上得出来这个有说服力的证明，我只想请你回答我，对上帝最有力的证明，难道不是你对每一类的造物(不管是动物、植物，人还是带有一部分上帝的特性的你或者是你的身体)

---

1 “神见”(providence)，就是上帝事先故意做的一种安排，同我国古代的成语“天意如此”的“天意”。

中的每个美好的部分以及节约[1]得出来的吗？事实上，有很多的伟人，通过观察对人体的解剖、对上帝的认识得到了提高，对上帝也更加由衷的赞美，因为上帝给予人体的每一部分都是如此的完美，安排得都是如此的合理，这体现出上帝的智慧是如此的美妙，神见是如此的卓绝。

你也许会说，这种形式跟情况的物理性原因才是我们的研究对象，那些不注意动力或者质料只注意目的的人才是最可笑的。但是，直到现在还没有明白（更别说去解释），长官两个心房上四个孔道开闭的是一块小皮[2]的由来是什么；是谁给它们做了具体的安排；做成它们的原料是从哪里来的，性质是什么；它们的动能都使用了哪些的器官跟动作产生了动作，它们是如何使用的，就像是我们所看到的那样，一定有什么东西将它们联系在一起，用它们具有的戒指里，将它们做成现在我们所看到的这样，富有弹性、彼此一致、相互牵绊以及大小、位置、形状都十分的契合。直到如今，没有任何一个生物学家可以弄懂并去解释这些事情，而我们，对于这种无与伦比的功能，难道不应该对这种刚好可以安放在心房入口处的无法用言语表达的神见表示赞美跟感叹吗？对于那些因而要承认一个第一因并且把这些事物，还有宇宙间所有不可思议的东西我们可以看到的，都可以安排得十分合理的那些人，难道我们不应该去赞美吗？

你认为对于上帝那些深不可测的目的，你不应该如此大胆地去探索。如果是那些上帝故意隐蔽起来不允许让我们发现的目的，你说的是对的；但是对于那些显而易见的，让人由衷地去感叹跟赞美的那些原因，就另当别论了。

也许你会说，我们每个人心中所存在的上帝的观念已经足够让我们对上帝的神见有一个真实、全面的认识，不用再浪费时间去考虑其他的事情，去探究上帝为什么要创造万物。但是并不是所有的人都像你一样幸运，对上帝的观念与生俱来的就那么完美、那么明白，以至可以很明显地看明白

1 “节约”说的是天工的巧妙，详见下段。

2 即瓣膜。

他。这也就是上帝没有赋予那么大的冠名，仅仅是依靠作品对作者那些人去认识跟赞美，而且内心不能有一点的嫌弃。人们使用这种观念的时候并不受到妨碍，而且这种观念是因为对世界上事物的观察才使得其完成起来。如果实话实说的话，你对上帝的全部认识，至少是一大部分，都是从观察中得来的。我想请问你，如果当你进入你身体的时候，你就闭上眼跟耳朵，不使用任何的感官，对你以外的所有事物都毫无所知地度过一生，在你里面只沉思你自己，反复地去思考自己的思维，如果是这样，你的认识会达到什么样的程度。请你回答我的问题，并且对上帝和你自己的观念是什么样的做出朴实的描述。

二、后来你想出来了一个这样的办法去解决：当你把表现得不完满的造物当作宇宙的一部分，而不是被隔离开的整体的时候，它就是完满的。的确应该赞美这种对待法，但是在这里，问题并不是部分（真正的一部分或者是对全体来说的一部分）的不完满，而主要原因是作为整体的本身起着不完满的主要作用；即使把它放在整体上看，问题仍在于明白：假设宇宙的各个部分都是完满的，那整个宇宙是否也会比现在（很多部分都不是完满的）更加的完满。同样的道理，假如一个国家的全体国民都是完满的，那就比它原来有一部不完满的国民时更加的完善。

因此，当你在稍后的部分说，宇宙的某几个部分有错误要比所有的部分都存在错误，在某种意义上，会比之前的完满性更大，这就相当于说：当一个国家只有几个公民是坏的，比起所有的公民都是坏的，在某种意义上，拥有更大的完美性。由此可以得出，就好像是一个好的君主希望他所有的公民都是好的，宇宙的创造者也希望宇宙的所有部分都是完满的。也许你会说，好像没有错误的那部分比有错误的那部分更完满，但这只是偶然事件。同样的道理，好人的德行也只有在偶然的情况下跟坏人对比，才会以某种方式显现出来那么多。在一个国家并不希望通过坏人来衬托好人更好一些，同样，在一个宇宙里，也不希望有错误的一部分来衬托没有错误的一部分的光彩。

你认为，当上帝把你带到这个世界上的时候，即使没有把你放在最完美的那一类，你也没有任何抱怨的权利。但是这并不能解决这个问题，他没有把你放在最容易受欺骗跟犯错误的行列，而是把你放到最不好的造物之间去，这已经足够了。这就像是一个君主，虽然没有把所有的公民都放在最高的职位上，而是在比较低级的职位上放上了某些人，在更低级的地位上放上了另外的一些人，这样的君主是不应该被责骂的；但是假如君主不仅把这些人放在最低级的职位上，而且让他们做下贱的事情，如果是这样，那他就是有罪的，应该受到人们的责骂。

你说：对于上帝本来可以给你一个比现有的认知功能更完满的认知功能这一点，事实上没有任何的证据可以证明这一点。不管你认为他是多么娴熟的工匠，也都不能因此就认为它应该把放到几个作用中的完满性同时放到一个里面。但是这样对我的问题一点都没有做出回答，而且值得讨论的是，上帝为什么给了你一个容易出错的认知功能，而不是为什么没有给你一个更完满的认知功能；就像是问题不在于工匠为什么不愿意把所有的完美都放到一个艺术作品里，而是在于，为什么要把一些缺陷加入他的一些作品里。

你认为：那些存在于你思考中的所有事物清楚分明的、知觉的这样一种方法，仍然没有办法可以让你避免错误，但是你有另外的办法，即下定决心，在弄清事情之前无论如何不下判断，可以让你免于错误。可是当你在不管什么情况下都小心翼翼地遵守这个原则的时候，对于我们本该下判断的事情却一直犹豫不决，存在了发生错误的风险，这终究是不完满的。

你说：你产生了运用，运用导致了错误的发生，这不在于上帝给予你的和功能上，也不是因为上帝带来的运用上，而是一种缺陷。那些直接来自上帝的功能里是没有错误的，但是，当我们对这些功能进一步地观察的时候，会发现它的错误跟完美型可以同时被创造的，这就说明它还是会发生错误的。所以你说得没错；你没有任何理由责怪上帝，他从来没有亏欠你任何的东西；相反地，我们应该感谢上帝分配给了我们所有的财富。但是，总会有让人感到惊奇的东西，即：如果可以，为什么不把更好、更完满的东西分配给你。如果他不会因此妒忌你的话。

你继续说：对于上帝助长你做出这些意志的行为时不应该受到埋怨的，因为即使这些判断是错误的，但是因为是来自上帝，那也是绝对真实善良的。在你的本性上，你可以做出这种行为比你不能做出这种行为，在某种意义上，更具有完满性。至于缺陷（缺陷是导致错误跟犯罪的形式的原因），它不是一个事物也不是一个存在体，所以不需要上帝的任何帮助。按照学院对不同的词语的定义也不相同，假如把它跟上帝联系在一起的时候，把它的原因当作上帝，那它就应该被叫作否定，而不是缺陷。虽然这个定义非常的细致，但是却并不能令人满意。因为上帝虽然对行为里的缺陷（被人们称为错误或者是虚假的东西）进行助长，但是却助长了其行为；如果他没有这样做，就不会有缺陷。那些错误或发生错误的原因正是因为他，即他拥有一种没有能力的能力。对于行为中所存在的缺陷，不应该往能力上去过多的拉扯，而应该牵扯到作者的身上，因为能力本身是弱小的，但是作者可以给予它能力，也可以在它需要的时候把它的能力加大，但是作者却宁愿把他做成现在的这个样子。当一个锁匠做了一把大钥匙去开一个小匣子的时候，人们并不会去责怪他，但是当他做了一把小钥匙却没有办法打开这个小匣子的时候，人们才会责怪他做的小钥匙不合适以致打不开小匣子。同样的道理，上帝给了像懦弱的人这种造物一种判断能力，但是这种能力没有办法做到足够理解一切的事物，或者大部分的事物，这并不是上帝的过错。而问题其实在于，令人感到奇怪的是，在他交给人们去判断的那些事情里面，几乎所有的事情都会让他们感到解决起来非常的困难，难以抉择。

三、在此以后，你又探究你的错误究竟存在的地方是哪里，发生错误的原因是什么，先不跟你争论你把理智叫作认识观念的唯一功能的原因是什么，意思就是说即使没有可否的前提下，单纯地拥有领会事物的能力，为什么你将意志或自由意志[1]称为“判断的功能”，即由他决定是或否，赞成或反对。你只需要回答我，为什么你对意志或随便裁决的自由不给任何的限制，却把理智在一定的范围内进行限制。事实上，这两者的范围好像是相同，至少意志跟理智拥有的范围同样大；因为只有理智预先知道一件事的时候，意志才会趋向这件事物。

我之所以说至少理智的范围同样大是因为，在某种意义上，它的范围比意志还要大。因为，不管是一件什么事物，我们要想对这件事物做出判断，前提就是要对它有所领会，如果我们的理智没有对它的观念进行领会，那我们的意志就没有办法对其进行任何的裁决以及选择，那么对这些东西我们就不会有爱、恨。同时，我们在领会某些事情的时候，非常的模糊不清，不仅没有做出任何的判断，也没有产生任何喜欢或者憎恶的感情，甚至在判断的时候也是犹豫不决，以致两方面的判断理由都相同，或者都没有理由，导致没有做出判断。即使理智对这些事物进行了领会和体验，但是却依然不能确切地给出答案。

你还说：存在于你心里的所有事物里，你找不到任何一个是如此完满、广大的，即使它还可以更大、更完满，举个例子，对于知的功能，其实你可以把这个观念做得无限大。这明确地表示了意志的领域并不比理智大，因为它有能力被扩大到一个无限的对象上。对于你所赞同的：你的意志同上帝的意志在形式上相等，而不是领域上，我想请你回答我，为什么你不能给理智的形式下一个定义就像是给意志的形式概念下定义一样呢？

但是，为了使我们的争辩在一句话内结束，请你回答我，有哪些是理智达不到而意志可以达到的。如果没有，也许真的就像是你说的那样，意志比理智的领域大，意志要判断的事物理智领会不到不是产生错误的原因，而是两者的领域是相同的，当意志在一些事物上做出了坏的判断，那一定是理智没有把这些事物领会好。之所以我看不出来为什么你一定要把意志扩展到理

1 Libre arbitre 这个词在我国一般都按英文 free will 翻译为“自由意志”。根据上下文，此处好像也可以按照法文这个词的原来的意思翻译为“自由裁决”。

智之外，那是因为对于理智没有领会到的东西意志并不需要做出判断，而且当理智对一件事物领会得不好的时候，意志就会做出错误的判断。

你列举出了一个例子，来证明了你对你所推论事物存在的意见。说实话，这个例子谈论到了关于你判断存在的这个方面是非常好的，但是对于其他事物的探讨，似乎就很不好。因为，不管你说了什么，或者说你捏造出了什么，可以肯定的是：你从不怀疑甚至可以断定的是跟你不同的除了你以外的某种东西存在，就像你非常明白地领会到不止有你一个人存在于这个世界上。假设没有任何理由可以让你在相信这一个的同时却不相信另一个。没错，你这样假设是被允许的，但是也应该把这并不代表就可以因此而做出什么判断加到这个假定上去，假设当意志是在“无所谓”的状态下的时候，才会做不出判断，直到理智找到这一方面的真实性多于另一方面为止。

你继续说：这种无所谓的状态一直等到理智没有办法去把一件事物领会得很清楚、明显上去，这导致当你对某件事物的猜测的可能性不管有多少，那些不过就是猜测都会是你唯一的认识，你都会有机会做出相反的判断，我认为这句话是错误的。你的认识都只不过是猜测，这让你的精神很可能被猜测影响，使得所做出的判断跟结论也是不确定的，但它绝对不可能会让你对事物做出刚好相反的判断，除非你的精神后来有了更有力、更明显的猜测。你继续说，这几天你把之前都非常确定的事情假设为假的，所以有了一些的经验，但是你的这句话，得到了大家的反对；因为实在地说，你并不能够说服你自己真的相信你没有见过太阳、地、人，也从来没有听见过声音、吃过东西、写过字、说过话，更没有用身体产生过类似的其他的行动。

由此可以得出，错误的形式是因为自由的意志没有运用得当，判断跟被判断的事物之间的关系不够多的原因，而并不见得是你所认为的那样，这是因为理智所领会的事物偏离了事物的本身。这也就是导致错误是因为理智领会得不好，而不是意志没有判断对。因此可以说自由意志依存于理智而存在，也就是说如果理智可以把一件事物领会得非常的清楚，那么自由意志就会做出非常确定的判断，不管这个判断是真的正确还是被当作正确的。但是，假设理智把一件事物领会得非常模糊，那自由的意志在做决定的时候就会非常犹豫不决，就会产生它有可能是对的这样的信念，即使这个判断符合事实，也有可能变得不符合。因此可以得出，问题在于我们是否可以阻止我们坚持的错误，而不是我们犯错误时候能否被自己阻止。为了对我们的判断进行检查和更正，就需要我们在认识上将我们的精神运用得更加清楚，却并不怎么需要强行使用我们的自由意志，要想判断更加的准确可靠，就一定要有清楚的认识。

四、你的结论，对你从沉思里得出的成果进行了夸大，并且提前规定了你用什么方法可以得出这些结论，你认为假设你足够地注意你可以领会的非常完美的一切事物，可以从那些模糊不清的事物中把它们分离出来，那么你就一定可以领会到真理，而事实就是如此，即前一个沉思（在没有它的情况下也可以理解）好像整篇都是多余没有作用的。但是值得你注意的是，为了不发生错误，关键在于懂得用什么办法才可以认出我们的智慧是如此的清楚、分明，确信它是真的，不会发生错误，而不在于懂得如何把事物领会得清楚明白。你可以看到，我们一开始就对你认为的当我们对一个事物认识得很清楚明白的时候，我们就不会想到我们还可以认识得更加的清楚、明白，我们也会经常出现失误这个观念进行反驳。对此，你自己也进行过反驳，但是我认为你还应该在这个方法上做出一些努力，我很期待。

对第五个沉思的反驳

论物质性的事物本质；再论上帝及其存在

一、首先，你说你对量有了非常清楚的想象即是对长、宽、高、厚的延伸，以及延续了树木、形状、运动、位置和时间。在你心里这些所有的东西里面，观念提出了形状；直角三角形就存在于这些个形状里面。你是这样说这个直角三角形的：在这个世界上我的思维以外的地方，即使从来都没有存在过这样的一种形状，但是可以确定这个形状的性质是确切存在的，它不是凭空捏造的，也绝不取决于自我精神，它的存在是永恒不变的。对于三角形的各种特性，自我都可以在论证中得到，例如三角形最长的边对应最大的角，三个角加起来等于两个直角之和等这类的特性。虽然在我第一次认识一个三角形的时候，对于这些特性我从来都不知道，但是自我认识的确非常的清楚明显，不管我们是否赞同，这些都不是凭空想象的，而是三角形以内的。这就是关于物质事物的本质你的所有观念；即使后来在以上的基础上又增加了一些事物，但终归还是一样的，所以对此我不想再过多地问些什么。

我的观点只是认为，除了全能伟大的上帝以外，我们很难再创造出永恒不变的本性了，你也许会回答说，你所说的这些跟经院里每天讲述的一样，即：因为事物的本质或本性是不变的，所以得出了人们对事物的本质或本性所作出的命题也是永恒不变的真理。但是这个观念有些不让人信服，似乎有些牵强。但是，在没有人的情况下去谈论人的本性，甚至说玫瑰都不存在的时候却说它是一种花，这没有办法去解释。

我知道他们的观点要表达的是，当谈到事物的本质跟存在的时候是完全不同的两码事，他们共同表示事物的存在并不是完全永恒的，但是却想要事物的本质达到永恒。然而，如果这是事实的话，可以肯定的一件事就是事物里面主要的东西就是本质，那么当上帝创造存在时，并没有做什么伟大的事情，没错，它所做的并不比一个裁缝裁剪一件衣服所做得多。但是对于人的本质（例如柏拉图的本质）是永恒的，并不取决于上帝他们是如何证明的呢？也许他们会从把它作为共相这方面入手证明；但是柏拉图里只存在个别的事物；事实上，理智习惯于从柏拉图和苏格拉底以及其他所有人的身上总结出来一个共同的概念，大家都是一样地存在于这个概念上，因为人们称呼这个概念为人的本性或本质，因为人们认为一般情况下大家都符合这个概念。但是如果说，在柏拉图跟其他的所有人在没有存在的时候，这种共相的抽象已经被理智产生了，对于这个观点，实在是没有办法去解释。

你会说，有错吗，在没有人存在的时候，人是动物这件事不也是事实吗，难道不是永恒的吗？但是我想要直截了当地对你说，在没有人存在的时候，我没有办法领会这句话是真的。除非在某种意义上说，只要一有人存在，他就是属于动物，事实上人是动物跟人的存在是两个不同的命题，第一个更注重本质，第二个更注重存在，但是，第一个命题没有排除存在，第二个命题没有排除本质，这是可以肯定的；当我们谈论到人是否存在的时候，我们说的是动物的人，当我们谈论到人是动物的时候，就肯定有人的存在。人是动物并不比柏拉图是人更有必然性，因而柏拉图是人这个命题应该是永恒的，这一点并不依赖于上帝，而且柏拉图的本质并没有比不上人共相的本质。其他的事情都是相同的，就不分别说明了。但是我要补充的是：当我们认为，人的本性让他必须是动物的时候，就假设有一个事物真实地存在于理智之外，如果这个事物是人，我们就把会把它跟另外一些之间的相似性叫作事物的相似。我认为它是个别本性的相似，理智在这种相似上面，做成了一个共同本性的观念，只要是成为人的事物就必须有它。

对此解释以后，关于三角形和它的本性，我也可以这样说，的确，三角形在你的心里已经形成了一种规则，当某种东西是否可以被叫作三角形的时候，你就用这个规则来检测，这并不代表它就是一个真实存在的东西或真实的存在于理智之外，因为这都是感官知觉到一些物质的三角形的外在，精神根据感官的体会做成的，按照我前面对人的本性的那种解释的方式，精神把这些观念整合起来，做成了这个共同的观念。

没错，精神啊！你说在你的心里有关于三角形的概念，即使你从来没有见过任何三角形的物体，三角形的观念依然会存在你的心里；同样的道理，很多其他形状的物体即使从来都没有被你的感官所感知，但是你的心里依然有它们的概念。但是我之前曾经说过，如果你的一切感官都没有任何的作用，你不曾看到过任何的东西，感受到过任何事物的表现，那你就没有办法在心里产生三角形以及其他形状的物体的观念。我赞同这一点，这对你理解起来也并不困难，可以按照我之前所说明过的那种方法，你可以凭借你的感官接触过形状的模样，延伸出其他的形状。

除了这些，我们也应该对存在于三角形上的那种虚构的、不真实的本性进行一些讨论，根据这些本性，人们假设没有宽度的线组成了一个三角形，一个没有厚度的面积被包含在内，在没有部分的三个尖端上被终止，但是这似乎跑题太多了。

二、之后，你对上帝的存在又再一次进行了证明，下面几句话就是它的主要论点：你觉得，加入对此认真的分析，很容易可以看出来，上帝的存在跟他的本质是不可以分开的，这就相当于一座山不能跟一个谷的观念分开，一个直角三角形的本质不能与它的三角形之和等于两直角之和分开。所以，当领会上帝这样一个至高无上的存在体的时候，但是却缺少存在性，即某种完美性，这是十分不合适的，就像是对一座山进行领会的时候却没有领会谷同样的道理。在这里，你的你叫似乎不够合适也不够妥当，所以需要注意；之后，你应该用存在比较存在，特性比较特性，但是你并没有这样做，而是拿存在跟特性比较。所以，似乎应该说，要不然，（比方说）三角形的本质不能跟三角形的三个角之和跟两直角之和相等分开相同，上帝的本质也不能跟它的全能分开；要么就说，三角形的本质跟三角形的存在不能分开，上帝的本质跟上帝的存在也不能分开。这样对两个进行比较就会比较合适，可以同时同意你前后两个比较。但是，这并不能有力地证明上帝是必然存在的，同样也不能有说服力地证明这个世界上有三角形的存在，虽然实际上，不管我们的精神对它的本质跟存在是怎么划分的，但它们都是不能分离的，虽然分开去领会它们，就好像可以分开领会上帝的存在跟本质一样。

下面值得注意的是，对于上帝你把存在算作它的完满性之一，却没有把这一完满性放在一个三角形或一座山里，虽然应该视情况而论，这对不同的事物都一样是完满性，不管是在上帝里面还是在其他的事物上观察，这都仅仅是一种形式或现实，并不是一种完满性。要想完满性存在就一定要有它。其实，不存在的事物，完满性跟不完满性都不存在；而那些存在的事物，刨除存在性以后还存在很多的完满性，特殊的完满性并不包括存在，就只是一种形式或者是现实，完满性是否存在跟事物本身是否存在相关，事物本质存在，完满性就存在，否则就不存在。因此，存在性在一个事物里面并不是完满性，假如事物没有存在性，也不能因此就说它不完满或缺少完满性，只能说它什么都不是或没有完满性。这也就是不能把存在性包括在三角形的完满性之中的原因，因此也没有办法得出三角形存在的结论。同样的道理，在谈论上帝的完满性的时候，假设那些有争议的事物没有被你想要当作已经证实的事物，并且前提是这些问题，存在性并不应该被包括进去，为此而得出上帝存在的结论。

你认为，除了上帝以外的其他所有事物，本质跟存在都是有一定区别的。但是请你回答我，如果不用思维，柏拉图的本质跟存在要怎么才能分开？假设柏拉图不存在，他的本质又该如何？一样的情况，分开上帝的存在跟本质的难道不是思维吗？

你给你自己做了接下来这样的一个反驳：应该是这样的：当我领会一个带谷的山或者一个有翅膀的马时，就因此说带翅膀的马还有带谷的山就是真实地存在于这个世界上，同样也不能因为我领会了上帝，上帝就一定是存在的；对于这个问题，你认为反驳的外表下隐藏的是没有道理的辩解，但是你解决你自己装扮的这种诡辩的时候不知道费多大的力，主要运用了存在的上帝并不存在这样一种揭露的如此明显的矛盾的方法，但是对于那些不存在的事物，即带有翅膀的马跟山，却没有用同样的办法。但是，在你的比较里加入把马带有翅膀、山包含谷，以及上帝的知、能还有其他的属性结合在一起去观察，那就可以看出问题所在了，我想问你，在不知道带翅膀的马和有斜坡的山的存在下，怎么去领会它们，因此在领会上帝的全知跟全能的时候就一定会想到他的存在。

你说：对于马有没有翅膀我们可以自由地去想象，但是对于一个没有存在性的上帝，我们却不能自由地去领会，意思就是，这个至上完满的存在性的上帝不能被我们自由地去想象，这并没有什么可值得争辩的。不过，在不用考虑存在性的情况下，我们可以自由地去考虑马有没有翅膀，但是按照你说的，假设它有了存在性，那在它里面就有一定的完满性了；同样的道理，当我们不去考虑存在性，自由地去领会上帝里的知、能以及其他的完满性，假设他有了存在性的时候就说明他的完满性才可以完成。因此，既然马是否有翅膀这个存在性（按照你的说法，完满性中最主要的就是存在性）并不能由它的完满性中推论出来，同样的道理，通过已知的还有其他一切完满性来领会上帝也不能得出他存在的结论，而是说他的存在性还要继续进行论证。

曾经你说过，在一个至高无上的存在体的观念里都包含了存在性和其他一切完满性，但是你是在没有证据的情况下，把问题做了肯定的回答，把结果当成了前提条件。另外，我还可以这样说：在一个完满的佩伽兹[1]的观念里，同时包含了存在性这一完满性还有带有翅膀的完满性。因为，当上帝被领会为所有种类上的完满的时候，一个佩伽兹在它那一类上也被领会为是完满的；而且如果可以一直保存着住这个对比的话，那它在两者之间就可以共同应用了。

你说：在领会一个三角形的时候，也许不会想到它的三角之和等于两直角之和，这是真实存在的，不管是谁只要仔细地观察，都会发现它就是这样的；相同的是，人们可不去考虑上帝的存在性就可以领会到关于上帝的其他一切完满性，但是人们知道完满性包括存在性，但并不能因此就说他否认他的存在性是真的；不过，你因此可以回答人们可以做出什么样的回答，即人们对三角形包含这一特点进行了很好的论证证明，人们对这一点也表示认同，相同的道理，必须要用最坚实，很好的道理来证明上帝里面一定包含存在性；否则人们就可以把所有的东西都说成是其他东西的本质。

你说：你并没有像假设一切的四边形都可以内切于圆的方法那样，把一切种类的完满性都归为上帝。当你知道菱形不能内切于圆形的时候，就

1　佩伽兹（Pégase），希腊神话中飞马的名字。它是宙斯的儿子培尔塞的坐骑，在生气的情况下踢出了一个“灵感之泉”，后来诗人都从这个泉里汲取灵感。

发现自己在这方面弄错了，但是事实上对于存在性对上帝是适用的这一点，并没有弄错。似乎这的确同样也是你弄错了，如果非要说你没有弄错，你就要用证明菱形能够内切于圆的方法一样，指出上帝的本性与存在性是不相矛盾的。

对于其他的许多东西，我就不过多地说了，那些东西都是需要更有说服力的证明或是进一步地进行解释，否则就是跟之前所论证的结论不相符。例如，我们不能领会到除了上帝以外还有其他的东西的本质必然包含存在；接着，一个或多个上帝不可能被领会到；既然现在只存在一个上帝，那么他将永恒地存在于以前跟将来；并且从上帝身上你领会到的这些东西，你没有任何的办法减少或改变一点；最后，为了认识这些东西，并知道他们的真实性，必须近距离的观察，认真的检查。

三、最后你说对上帝的真实认识是对全部科学的可靠性与真实性的绝对关键性因素，如果没有这种认识，在各种科学里面的真理跟确定性就不会有可能。你对此进行了举例说明：当我对三角形的性质进行思考的时候，对于三角形的三角之和等于两直角我是知道的（对几何学有所了解），而且在我论证它的时候，我的思维对此是十分确信的；但是只要我的思维稍微没有集中在论证上面，我即使对于三角形之和等于两直角理解得十分清楚，加入我不知道上帝存在，对它的真实性我还是会产生怀疑，因为我可以说服我自己：即使是在那些非常确定的事情上，自然还是会让我很容易地产生错误，其主要原因是我习惯于把很多事都认为是真实的，在这之后，又有很多的因素让我判断这些事物是错误的。当我认识到有上帝的存在，并且他不是骗子，一切事物都取决于他的时候，因此我确定那些被我领会得非常清楚的事物都必须是正确的，即使我已经记不得我确定它们是真实的时候用了什么样的理由，只要我已经清楚分明地了解了这个事物，其他人就不能对我的认识进行反驳让我对此产生怀疑，如此我便对这个事物有了真实可靠的认识，这个认知可以让我记得以前证明过的所有东西。例如推广到几何学上的类似的东西。看先生对此讨论得如此诚恳，我也相信你说的都是事实，我也没其他的话要说了；但是有一点，并没有真的相信你是因为认识了上帝才相信了集合论证的真理，而之前对此并不相信。因为，这些证明是非常确定明显，不需要我们再去进一步证明的，我们不用过多地去思考就可以认同它们。当它们被理解的时候，就不允许我们对此产生任何的怀疑。相同的是，对那个想要捉摸你的那个狡猾的恶魔在这一点上既然可以因为这个理由不去害怕，那么即使你对上帝是否存在还不确定，依然可以用同样的理由坚定地认为你不可能弄错在我的思维所以我存在这个前提跟结论。同时，即使世界上真的存在着一个上帝这个如此真实的事实，他是万物的造世主，但是，似乎几何学的论证更加的明显（一个论证就足够证明这一点，虽然与很多人对上帝的存在、世界的创造以及关于上帝所谈到的东西表示怀疑，但是对几何学的论证却没有人怀疑），没有人相信从上帝的证明中可以得出几何学论证的真实性跟确定性。也没有人相信那些无神论者们，例如迪亚果腊、太奥多腊等其他类似的无法确信这些种类所论证的真理。最后，当你问一个人为什么确信所有的直角三角形的两边正方形之和等于它的底边的正方形的时候，他回答说是因为有一个上帝的存在，并且上帝不是骗子是一切事物的创造者所以他才确信这条道理，这样的人你到什么地方才可以找到。相反的，你在什么地方可以找到一个对这条真理确信但是并不是因为他确实明白这一点，他的论证没有丝毫的错误？特别是，确定像毕达哥拉斯、阿基米德等这样的数学家也会做出同样的回答，但是我觉得他们都不会说出用上帝来确认这些真理的话，但是因为这是一件非常值得赞扬的事情，所以就不用再过多的讨论了。

对第六个沉思的反驳

论物质事物的存在，以及人的灵魂和肉体之间的真实区别

一、对于物质的东西当被当作纯粹的数学的对象来看的时候，是可以存在的这一点，我不想过多地在这里谈论。虽然构成数学的对象是物质，但是例如点、面、线这类属于纯粹数学的对象所构成的事物，是没有任何

实际的存在性的。对于你再一次把想象力区别于纯粹智力的构思跟活动相互区分来讨论；之前我说过，这两种活动好像是同一种功能所产生的，如果它们之间存在区别的话，那只能说前者比后者读一点或少一点的问题。实在地说，请你看我是如何用你说过的话证明它的。

在前面你说过，想象是对一个物体性的东西的形状或者是影响的思考，但是在这里，你却把思考一个三角形、四角形、五角形等诸如此类的一切物体性的形状就是领会或是理解。现在你对想象跟智力活动做了下面的区分，你认为想象需要能足够可以对事物的某种用心，而治理活动却刚好相反，并不需要这种用心或精神专注。所以，智力活动就是你可以很轻松地把三角形领会为一个有三个角的形状；想象就是非常努力专注地去观察这个三角形，把它领会得非常的清楚。所以，既然你可以很轻松地就可以领会到一个千边形的一千个角，但是不管你用了多少精力都没有办法把所有的角都清楚地进行区分跟表现，对于这方面在你精神模糊的状态下要比你观察一个很多遍的其他的形状还要多一些，因此，对于千边形或万边形，你的思维不是想象而是智力活动。

即便如此，就像是你对三角形的方式一样，我并不知道有什么可以阻碍你把你的智力活动跟想象力延伸到千边形上去。当你去想象这种多到数不清的角做成的形状的时候，你的确用了某种很努力的方法，但是你还是没有办法去领会清楚那么多的数目。的确，你用千边形这个词去领会的这个形状有一千个角，但这只是这个词的意义或力量的结果，这个形状有一千个角并不是因为你领会而不是想象得到的。

在这里，必须要注意的是，减少到清楚的程度跟增长的模糊程度是怎么样一点点变化的。可以确定的是，一个正方形将表现、想象或者是领会相比较于一个三角形要模糊，但是却比五角形清楚，但是五角形虽然比正方向模糊却比六边形清楚，由此类推，一直到什么东西都没有办法清楚地提出任何东西为止；等到了那个时候，不管你的构思是什么，都没有办法再清楚明白，在精神上，你也就不想去再做任何的努力。

所以，当你把一种领会方式叫作智力活动或者是想象力的时候，你领会一件事物的时候就会非常专注跟清楚；但是你领会一个形状的时候用了很少的精神专注或者不怎么用心，这就是你说的智力活动，当然你的做法是正确的。但是你并不能就因此建立一种内在认识就像是前面所说的那样，因为当你领会一件事物的时候，有时候会领会得强烈有时会微弱，有时会清楚有时会模糊，对于内在认识这只不过是偶然事件。事实上，如果从七边形八边形开始，我们愿意把其他的一切形状都达到千边形或者是万边形，并在最清楚跟最模糊之间的一个等级进行细心的观察，我们也没有办法因此就说在某个形状上只剩下智力活动而想象都停止了。我们看到的是一个连续不断的统一的认识的过程，清楚与专注的程度随着认识的模糊与疏忽程度的增加而减少。希望你可以观察一下，你是怎么样把想象抬高到这样的程度并将智力活动贬低的；当你把想象说成是清楚、明确、勤奋的时候，把智力活动说成是忽略跟模糊的时候，就是在贬低智力活动，抬高想象。

后来你说：对于你心里的想象力区别于领会的能力的方面来讨论，你的本质也就是你的精神本质，绝对不是必要的。但是，如果两者的能力与功能是统一的，其区别只是一个比另一个多一些，这是不可能的。你继续说，精神在领会的时候多都注重自己或者自己内心的想法，而在想象的时候会更注重物体。但是，如果精神没有办法同时转向物体性的事物或者物体性的观念都表象的事物，就不能对自身观察任何观念。其实，不管是什么形状的观念，要想思维它们，精神就必须把它们领会为物体性的，或者用物体性事物的方法来领会。对于那些我们认为是非物体性的，例上帝、天使、人的灵魂等这些事物的观念，这些都是物体性的或者基本上都是物体性的，因为就像是我们曾经说过的那样，它们都是从一些简单、轻微的、微不足道的物体（例如风、火或者是空气）中由来的。至于你猜测存在着什么物体，这是不确定的事情，并不是真实存在的，所以用不着过多的讨论。

二、之后你谈到了感觉，首先把你通过感官认识的和确定真实的接受的所有事情全部列举了出来，好像大自然就是这么告诉你的。接着你说到了某些经验，这些经验推翻了你所有对感官的信仰，以致让你怀疑一切事物，就像是第一个沉思我们所看到的情况。

但是在这里，对我们感官的真实性我并不想做过多的争辩。影响被感官接受，按照影响对它所表现出来的那样，因此感官里没有错误和虚假，根据当时对象和环境的情况，感官都必须要把它们提供出来。判断精神里才存在虚假和错误；精神或判断在对待的时候并没有做到周密与细致这些应有的，对于那些距离远的事物比距离近的显得小而模糊只是因为距离或者其他的原因；其他的情况下也是如此。但是不管是什么地方产生的错误，都要勇于承认；问题在于所有事物的真实性是否真的可以被我们的感官所知觉。

不过，这个平常很多例子都可以解决明白的问题需要我们浪费这么大的力气去解决；对于那些你所反驳的，我的回答是：当我们从远处观察一座塔的时候，我们以为它是圆的，或者说怀疑它的形状究竟是什么，但是当我们近距离差不多可以用手摸到它的时候观察，对于它是方的就不会再有所怀疑。

同样的道理，当手或脚被截去的时候，还是会感觉到疼痛，这是因为动物性精气欺骗了把手或脚截去的人，这些肢体里面之所以会有感觉是因为以前这些肢体里面惯于带有这些精气。但是，我们不应该对四肢健全的人手或脚受到创伤的时候感觉到的疼痛是真实的这些产生怀疑。

同样的道理，我们除了清醒就是睡觉，但是有时候会在睡梦里看到一些事物，但其实并没有看到，这是自我受到了欺骗；但我们并不是一直在做梦；我们对清醒状态时非常的自信，对于我们是清醒还是睡梦状态绝对没有丝毫的怀疑。

同样的道理，当我们在那些我们认为是真实的事物上弄错的时候，我们会认为是因为天性的原因，但是在我们认识真理的时候，真性也起到了关键性的作用；虽然我们有时候也会弄错，例如当我们被诡辩迷惑住或者看到棍子一般插在水里；但有时候真理也会被我们领会，例如几何学的论证或者看到棍子在水外面的时候。因为这些真理是确切存在，我们无法对此产生任何怀疑的；即使对于其他的知识我们没有办法做到百分之百的信任，但是对此我们不应该产生丝毫的怀疑，即所有的事物表现给我们的都是真实存在的。并且当我们看到这些的时候自然告诉理想让我们不要去相信这些事物，但是并不能因此就说这件事是虚假的，没有办法抛出现象的真实性，即使那些东西都不给我们看成我们所看见的那样。但是，并不是去分析感官的刺激与理性之间的矛盾，还有当左手不能自持的时候右手是否可以拖住它，或者像是其他的样子。

三、随后你就参与到了问题中去，但好像仅仅是稍微地去尝试了一下；因为你继续说：既然现在我已经对我自己有了更好的认识，而且对我的创造者也有了更加清楚的了解，那么对于感官所告诉我的一切我都不能再不清不楚的接受，但是也并不能因此去怀疑一切。你这句话说得很对，不需要怀疑，你的思想一直是以这个为基础的。

你接着说：那些被我领会清楚分明的东西都是上帝生产的就像是我所领会的那样，在不牵涉其他事物的情况下我可以清楚地领会一件东西，这就足够可以证明这个事物跟另外的一个事物之间是可以被区分的，可以分开讨论它们，起码是因为上帝的全能将它们分开的。至于是因为什么分开的它们，把它们定义为不同的事物，这都无所谓，我并没有什么话想说。但是有一点：证明一个清楚的事物的时候却用一个模糊的事物，不要说有模糊不清的事物被包含在结论中。对此，我并不想去反驳你：对于上帝的存在跟他的能力可以做到的程度必须提前论证，然后再去说出他可以让你领会清楚的所有事物。我只是想要你回答我，对于三角形的三个角之和等于两直角之和这一特性跟另一个特性，即最大的角对应最长的边，你在领会的时候是否可以清楚地分开。

你得出的结论如下：虽然也许（或者可以说的确，像我马上要说的一样）我拥有一个肉体，我们之间结合在一起非常的紧密；一方面我非常清楚地知道我是一个思维的事物没有任何的延伸；另一方面，我的肉体不能思维但是却是一个可以广延的事物，所以确定的是：这个我，指的是我的精神跟灵魂，跟我的肉体是有实际的区别的，即使在没有肉体的情况下，灵魂也可以单独存在，你想要达到的目的正是如此。既然这里存在全部的问题，那就有必要停在这里，看你如何去解决这些问题。首先，人的精神跟物体之间的区别就是主要问题，但是你说的物体指的又是什么呢？如果我理解得对的话，那些由肢体组成的粗拙的肉体就是；因为你说过：我跟我的肉体是紧密地结合在一起的；不久以后又说，我的精神是分别于我的肉体的。但是请你注意，精神啊！那些粗拙的肉体并不是错误的原因。我想要对你提出反驳，就像是希腊人称之为——种类、现实、形式以及就像是用普通话说肉体形态的完满性的这类某位哲学家的方法——你的肉体比形状跟它的形式更容易分得开这个观点，有这种想法的人并不认同。不管你是不是人类的全部灵魂，或者你就像希腊人称之为—— 一种外加的能力可能就像是一种被动的理智，但是我想要把你看作能动理智，更自由地去对待你，就像是希腊人说的 ；或者把你当作可区分的，被希腊人叫作的；虽然这个分开跟它们所想象的有所不同。因为，这个能动理智被哲学家认为所有的世界上所有的人跟动物都有，就像是光作用于眼睛，可以让眼睛看见东西那样作用于可能的理智，让理智可以去感知（因为它们经常将能动理智比作太阳的光，并认为他们是外在的事物）；所以我宁愿把你当作（我看出你很乐意如此）个精神，或是一种特殊的理智，存在于肉体之中并统治着它。我再一次强调，你能否跟这个粗拙的肉体分开真的不是问题的关键，我曾在不久前说过，对于那些你可以分开理解的事物没有必要借助上帝的能力去分开，而应该考虑你是不是不属于其他的事物，因为当你进入到肉体中去的时候可以更精细，或仅仅在他的某一个部位存在。直到现在，你并没有给我们明确地指出你是一个纯精神没有丝毫物体的事物；我曾在你的第二个沉思里提醒过你，你说你不是风、火、气体这些话，没有一点的根据。

你说过，对于这些东西你不想再去争辩；但是后来对于这件事你并没有再谈论过，对于你不是这类物体也没有再拿出任何理由来证明。对于你的解释我一直很期待；假如你对什么东西进行过证明的话，只能说你不属于粗拙的物体，对于这一点，我是认同的。

四、你认为：因为，我十分清楚地知道我的观念就是一个在思维没有广延的事物；另一方面没有思维的有广延的则是关于肉体的概念。首先，我想用不着使用多大的力气就可以了解到关于肉体的观念。如果是根据一般物体来探讨的话，我就不得不对你说，思维跟物体的本质是要区分开的这句我已经说过的用来反驳你的言论，这样一来，我们就陷入了关于第一个问题的困难里，因为思维跟物体的本性是要区分开来的，所以问题主要是要了解你是否是一种惊喜的物体。但是你说的这些仅仅指的是那些粗拙的肉体，你认为你跟那些粗拙的肉体是可以区别开的，所以对于你有肉体的观念我是赞同的。但是如果真的像你所表述的那样，你是一个没有广延的事物，那我坚决不赞同你的观念。因为，我想请你回答我，你是没有广延的，那一个有广延的东西里是如何允许你的存在的？除非它是物体产生的或者它就一定是物体，就必然有区别于它的方面，因此它就一定是广延的，或者它来自其他地方，并由其他方法所感知。但是，因为物体是广延的，而它有表象物体，因此它就必须有一个部分是广延的。否则，当它没有各部分的时候，各部分就不能被表象，如果它没有广延，就不能表象广延的事物。如果它不存在形状，形状也就没有办法被感知。如果它没有位置，那么一个东西的哪儿高、哪儿低、哪儿部分在哪里也就不能被领会。如果它不是多样性的，那些五颜六色的东西也就无法被表象……因此物体的观念一定存在这一部分广延性；但是假如你没有广延，而物体有，那你如何接受它？你跟它将如何配合？它如何被你掌握住？它从慢慢暗淡直到消失的过程你是如何感觉到的？

在我对你第二个的沉思里就已经发表了对于你对你自己的观念的言论，再多的我就不想说了。因为，在那里面，你对你自己的观念并不是很清楚，这些大家都可以看得出。因为虽然你确信你是思维着的，但是思维着的你是什么东西，你却并不知道，虽然你非常明白这是一个活动，但是你并不了解这个实体是什么，在实体的很多活动中这个思维只是其中之一。在这里，我想列举一个盲人的例子，盲人感觉到热，别人告诉他是因为太阳的原因，因此他就认为自己对太阳有了一个清楚的概念，当有人问他太阳是什么的时候，他就会说太阳是一个发热的事物。也许你要说，在这里你除了说你可以思维，还说你没有广延性的事物。但是这对我们来说还是存在的问题，因为你并没有证明过这件事。我想问你，难道因此你对你就有了清楚的观念吗？你认为你不是一个有广延的事物；由此我知道了你不是什么，但是却不知道你是什么。为了对一个事物产生清楚的认识，也就是了解它真实的观念，就应该正面地去认识它是一个什么样的东西，也就是说肯定的认识它。只是知道它不是什么是不够的，就像是知道布塞法勒[1]不是苍蝇，但是对他的观念还不是清楚分明的。

然而，为了不对此进行过多的纠缠，我只想问你：你认为你是一个没有广延的事物，但是你又是怎么存在于肉体里的？对此你该做何回答我不知道；即使一开始我认为你就只是在大脑里面存在，这并不真的确定这是你的建议，只是一种猜测。你不久前说过的那句话是我猜测的依据：灵魂只接受大脑或者大脑里很小那部分的其中一个部分的感染，并不接受肉体的所有部分的感染。至于你是在大脑里还是在大脑的一部分里自我并不能因此肯定；因为即使你散布在全身也感觉到的也只是一部分；就像是全身都散布着灵魂，但是要想去看就只能通过眼睛。

下面这些话也让我产生怀疑。你说：好像所有的灵魂都是跟肉体相结合的……在那里，对于你的肉体跟你结合你并没有明确的说明，但是你也没有否认。但是，无论如何，我们先假定，你愿意散布在全身的话，不管你跟灵魂是不是统一的事物，我想请你回答我，你跟你的肉体从头到脚一般大，那你就需要根据肉体有多少部分就配合多少部分，难道你没有广延吗？你说没有，在整个身体里你是整个的，难道在每一个部分你还是整个的吗？如果你是这样认为的，那请你告诉我你是怎么理解的？在很多地方

1　布塞法勒（Bucéphale）是马其顿王国亚历山大大帝的坐骑的名字。

同一个东西都可以是完整的吗？的确，在宗教信仰里圣体[1]的神秘性就是这样的；但是在这里我指的是你，能够被自然的光明[2]所认知的角度去考察所有的事物，只有你是自然的事物。如果是这样，可以领会没有很多事物不能在很多地方上吗？一个地方比一百个地方少吗？如果一个地方有一整个事物的存在，那它还可以在其他的地方吗？如果不是在它以外，就像是第一个地方在其他的地方之外一样？对此，我不想知道你怎么回答；但是对于你是整体存在于某个部分里还是你的每个部分存在于肉体的每个部分是不清楚明白的；非常明显的是不管是什么事物都不能同时存在很多的地方，那么你就是整体的存在于整体之中，而不是整体存在于各个部分里面，因为你的全身散布着每个部分，所以很明显你是有广延的。

现在我们假设，你只是存在于你的大脑或者你大脑中很小的一部分里，但这仍然是不合适的。因为这个部分即使再小，它都是有广延的，因为你跟它一样，所以你也就有广延，而且为了跟它的很多的小部分相结合，你必须也要有很多的小部分。我不相信对于你说的，把你跟大脑连接的部分看作一个点，但是，就算是有一个点，按照物理学的观念，同样的问题依然存在。因为这个点绝对不存在部分，而是有广延的，假如这个点是数学上的，首先你要知道这个点是不存在的，是我们想象出来的，或者可以说，在大脑里假设有这些点的存在，当你假设你自己就住在其中的一个点上的时候，那这个假象就是没有任何作用的。因为，不管我们的假象是什么，你都需要正好存在于神经交汇的地方，感官所知觉的一切东西的观念都可以通过灵魂所通知的所有部分传递给大脑。但是首先，大脑一直延伸到脊髓里，在背上散布着很多的神经，因此所有的神经都没有办法达到一个点上；这些不是数学的线，而是物体因此不能汇集结合到一个点上。即使汇

1 “圣体”是天主教的“圣事”之一，是一种直径大小有3厘米，薄得跟纸一样的面饼，代表了面饼跟酒。天主教迷信的说法是，耶稣的血肉跟灵魂真实地包含在内，吃了它，教徒就可以跟耶稣的灵魂完全结合起来。

2 不是从信仰而是从理性上。

聚到一个点上的时候，也不能从这个点上同时出来，也不能再流动进去，因为这些不像是数学的问题，而是真实存在的物体，它必须在一个地位上，而且没有办法越过任何一个不占地位的事物。即使它可以做到这些，但是像这样存在于一个没有地方跟部位，也没有上下左右的点里，你该如何辨别东西来的方向跟向你报告的事物。至于那些感觉跟运动的精气必须要通过传送到全身来传达，我认为也是如此，先不说那些运动是怎么被印到精气上的，假设你不是物体而是一个点，或者假如没有任何的物体可以让你整个地接触跟推动它们。因为，假如说你只是指导那些自动的物体如何运动，可能你忘记了曾经在某个地方你说物体是不可以自动的，因此，我们可以推断出它们运动的原因是你。下面请你告诉我，在没有某种专注跟来自你的某种运动的时候，这些指导是如何运行的？一个东西在没有能动跟被动的作用，在另外一个东西上该怎么样进行专注跟努力，并让它动起来？至于物体才可以触动跟被触动，这是自然的光明对我们说的，但是没有物体就不会有触动。

但是，你是一个没有物体没有广延的东西这些需要通过你来告诉我们，那在这里我也就不过多地说些什么了。我认为你并不想用大家习惯说的：肉体跟灵魂的结合成了人这句话来证明，假设把物体这个称呼给了这一部分，其他部分就不能再被称为物体。如果是这样的话，那么我就可以这样做区分：人是由粗拙跟精细这两种物体组合成的；既然前者被称为物体，那后者就会被称为精神或是灵魂；其他的动物也是如此，我确信你是不会同意它们的精神跟你相同的，先不说这些，对它们来说，只要你允许它们拥有自己的灵魂就足够了。所以，很同意你的结论里所说的你跟你的肉体是有区别的，但并不能因此就说你不是物体，有别于另一种粗拙的物体，不精细也不稀疏。

你继续说：你可以没有它而存在。就像是苹果的香气可以从苹果里散发出来那样，你可以脱离粗拙的肉体可以单独存在被人们同意的时候，似乎对你也并没有什么好处。当然我之前曾谈论过的哲学家们还没有我说得多，他们认为当你死后就什么都消失不存在了。他们认为你只是一种物体的形态，但是除了这些，你还是一种轻微精细的物体性的实体，所以当你死了以后，只是残存在你的彼此分散孤立的各个部分中，而不是完全消失了，你又陷入了无它就是你最初的状态里去；因为你的各部分被严重地拆散、分离，你就无法再进行思维，那你就不能再被说成是一个思维着的事物或精神。我对于你所提出来的论据进行反驳是因为我不相信你所提出的这个问题，而不是对你打算提出来的这些结论产生了怀疑。

五、之后，关于这一些的其他的东西你又推论出了一些，我并不打算坚持这些所有的东西。我只说一件事。你说：疼、饿、渴等感觉都是自然，为了告诉你，就像是舵手掌控他的船一样，你存在于你的肉体里，你和它就像是一个整体一样紧密地融合在一起。因为你说，如果并非如此，那当你受伤的时候，这个伤就只能用理智去知觉，你的肉体就没有办法感觉到疼痛，就如同一个舵手想知道他的船有哪些地方坏了用视觉去知觉的时候。当我的肉体需要饮食的时候，不用饥渴模糊的感觉向我传达，我可以直观地接受到这件事，实际上，这些饥、渴和疼是思维的某些模糊的方法，它们的由来是精神跟肉体的统一。这话说得没有任何的问题，但是并没有被解释：假设你是非物质的、不可分的、不可广延的，就像是你之前说的那样，那你是怎么称呼这种混合跟混杂的？假如，你没有一个点大的时候，你该如何跟那么大的一个全身结合在一起呢？至少，你该如何跟大脑护着大脑中很小的一部分结合在一起呢？就像是我曾经说过的那样，那一部分不管再小，也得有个大小或者广延。如果说你没有各个部分，那你是如何跟那个物质最精细的部分结合在一起的（你承认跟它们是相互联合的），既然不存在相互联合的部分，那联合就不是事实？假设你跟这个物质全都不相同，那你如何跟它成为一个整体？既然只有各个部分才能有组合跟结合，那么相称性不应该存在于这些部分之间吗？但是一个是物体一个是非物体的两个完全不相同的东西，相称性该如何领会呢？对于在一块轻石里，石头跟空气是可以相互掺杂混合在一起的而成为一种真正的结合物，对此你可以理解吗？因为石头跟空气都是物质的，而精神却是非物质的，所以石头跟空气的结合要比物体跟精神之间的结合大很多。再者说，所有的物体之间的结合都是两个东西非常紧密亲切的接触才形成的，但是我之前说过，没有物体就没有办法去接触。一个非物体的东西是没有办法被一个物体性的东西拿过去结合在自己上面的。或者说在一个非物体性的东西上没有任何的可以用来连接它的东西，那它是怎样依附于物体性的东西并跟它相互结合的？既然你是非物体性的、没有广延的，又可以感觉到疼痛，那么像你这样的情况，你是如何体会到这种感觉的呢？如果我没有理解错误的话，疼痛是拆分自各个部分之间的，这种情况的发生是各个部分里进入了什么东西断绝了以前存在的连续性。的确，疼是一种对天性的违反；但是，当一种事物的天性总是单纯一致的，不能接受改变的，就没有办法把它们放在违反天性的情况里。既然疼是一种变坏或者是不能变化就没有办法发生的东西，比一个点还更加的不可区分，没有办法改变成为其他的东西或者它的东西不能完全消灭，那它根本没有办法变坏。再者说，当脚、胳膊等其他不同的地方发生疼痛的时候，你就需要有不同部分来接受这些不同部分的疼痛，避免这些疼痛都是不清不楚的，让你觉得好像都来自同一个地方。总的来说，最主要的问题依然存在，怎么感觉物体性的东西，跟废物提醒的东西是如何进行结合的，两者之间的相称性是如何建立的。

六、胡来，为了指出这个世界上除了你跟上帝以外还有其他的事物存在，你非常丰富、漂亮地对其他的事物进行了论证，对此我就不每个都举例说明了。首先你得出结论，你与一个肉体以及肉体的一些功能，还有一些其他的事物存在于你的肉体周围，你的感官接受到这些物体的形象，这些形象就是这样被传送到你这里，那些快乐或痛苦的感觉就是这样引起的，对这些物体就是要躲避跟迁就，这就是感觉要告诉你的。

最后，通过这些所有的事物，你得出了以下的结论：在物体的安全与危险上，你所有的感觉向你报告的大部分都是真实存在的，因此对于感官告诉你的事物，你就不用再去担心是不真实的了。你认为你睡觉时做的梦也是这样。就像是你睡醒时所经历的事情那样，梦不能跟你现实中的任何东西相联合；也就是说，只有在你醒着的时候，你思想里的东西才是最真实的，我不是睡梦中的。上帝不是骗子，因此在这上面你并没有受到欺骗，所以在你醒着的时候所表象明显的事物就有可能是真实的。我十分佩服你的虔诚，同样也承认，你的著作里你最后说的几句话是很有道理的：很可能我们的人生会做错很多的事情，对于存在于我们本性里的弱点和缺点，我们必须要坦诚接受。

先生，对于你的《沉思录》以上就是我想要表达出的一切观点；但是我要重复我在开头说过的那些话：你并不需要去重视我的这些判断，因为当我认为一块肉很美味的时候，别人却不这样认为，我并不觉得这是因为我的品味高于别人；同样的道理，当我喜欢的意见被你并不认同的时候，我不会觉得我的意见是最正确的。我认为“各有所喜”这句话说得非常好；跟让所有的人都有一样的口味跟让大家拥有同样的感觉，这都是非常不公平的。我这样认为只是为了希望你明白，我同意你随便处理我的这些意见，你可以认为它们是没有任何价值的，只要你相信我对你的品德是十分尊敬的，愿意为你效劳，这对我来说已经知足了。因为在争论的时候情绪比较激动，所以如果我说了什么不礼貌的话，这也是时常会发生的事情。如果真是如此，那绝对不是我的本意，我赞同你把这些修改掉。我最开始还有唯一的想法就是享受你的友情的荣誉，并把我们之间的友谊十全十美地延续下去，我可以保证，再见。

著者对第五组反驳的答辩[1]

笛卡尔先生致伽森狄先生

先生：

你用了一篇如此漂亮讲究的话对我的《沉思录》进行了反驳，并且我认为你所发表的言论对我的《沉思录》的进一步阐明非常有用，因而对你如此有耐心地做这些事情我表示十分的感谢，同时对邀请你做这件事的麦尔塞纳神父也表示非常的感谢。对于追求真理，特别是可以增加上帝荣誉的真理，麦尔塞纳神父一向是非常的热心。他认为对我的论证真假的判断，最合适的方式就是让那些参与其中的人去检查我的论证，看我是否可以对他们提出的问题是否都可以做出合理的回答。我认为他的做法是正确的。如此，他邀请了很多人，其中有几个人做出了回应，你可以收到他的邀请，我对此也感到非常的高兴，虽然在对我的意见进行反驳的时候，你用的是演说家的口才而不是哲学家的知识，只是为了回避那些道理，但是我还是感觉到非常的愉快；而更值得我高兴的是，在你之前所看到的那些反驳[2]之外的道理向我提出其他的道理，这是十分困难的。因为你不会放过那些新的道理。我想你的想法只是为了提前告诉我，为了回避我的那些人都会采取的办法都有哪些，好让我提前做出预防。那些人除了想象以外，也没有什么办法体会，他们的精神深深地陷入感官之中，因此并不适合做形而上学上的思考。所以，请不要觉得我所做出的答辩对你是在向一个十全十美

1 本篇是根据法文第二版翻译的。法文第一版缺。

2 指前面的四组“反驳”而言。

的哲学家（我认为你就是这样的一个哲学家），因为你借用了他们的外表，所以就把你归为行尸走肉的那些行列；我做的这些答辩就是做给他们的。

对反驳第一个沉思的答辩

对于那些我把精神从旧的成见里脱离出来的方法，你表示了赞同，但是事实上，所有的人都应该对此赞同。但是你让我用很少的几句话直截了当地表示出来，换句话说就是非常草率的，用不着如此小心翼翼地去表示就可以了，就好像是我们从小积累下的错误，我们可以非常简单容易地把那些我们认为可以做正确的事情做对一样。的确，我可以看出来你是想要提醒我，那些嘴上说着要避免成见小心行事的人，并没有这样做，因为对于这些成见他们并不想避免，对于那些他们接受过来当作真实的东西不应该被看作成见。当然，你把他们想要说的反驳我的话都说了出来，并且惟妙惟肖地扮演着他们的角色，但是你说的那些话丝毫没有哲学家的感觉。因为你认为，用不着去想象自己在沉睡中，也用不着去想象出来一个骗人的上帝。对于那些怀疑的理由真正的哲学家会认为必须要说出来；当他无法说出这些话的时候，就说明他不存在任何的理由（事实上也并没有什么理由）。在这里对于那些我们不信任的理由，他更不会让我们归之到我们本质的弱点以及人类精神的不明智，或者是我们残缺不全的本性。因为这就像是说我们之所以犯错误就是因为我们本来就容易犯错误一样。但是因为害怕那些我们容易犯错误的东西都太过于容易相信，就像是我说过的，对于这些东西我们都要小心的提防，可以肯定的是这并没有什么坏处。一个哲学家更不会假设所有的东西都是错误的，这就是我宁愿摆脱那些旧的成见，而去寻找一个新的成见的原因。他也不会尝试指出，这样一个假设会让我们的结论变得错误。刚好相反，不久以后你便说，对于那些被我假定是错误的东西的真实性跟可靠性，我不会勉强我自己对此产生怀疑；意思就是，对于那些你让提防的成见我不会采取；对于这种假设，就像是哲学家看到有人把一根弯了的棍子弄直以后又把它朝相反的方向弄弯一样，并没有什么值得奇怪的，因为他们了解，为了对真理进一步的验证，那些假的东西经常被人当作真的。这就好像几何学家在图形上加上几条线或者是天文学家想象天上有一个赤道跟其他的一些圆圈。哲学家们也经常如此。而认为这些是装腔作势、弄虚作假追求稀奇古怪的东西，认为跟哲学家的坦率精神还有追求真理的态度是不相符的那种人，只不过是摆弄辞藻，花言巧语，也不想讲什么道理，充分表明了对于哲学家坦率的精神他并不想使用。

对反驳第二个沉思的答辩

一、在这里，你并没有给我讲道理，而是用花言巧语进一步地跟我开玩笑；因为当我认真严肃地讨论的时候，你却认为我是在开玩笑，但是你却把那些我按照一般人提出的看法或者是疑问的形式说的东西，当作我确信认真的说法。因为，对于那些感官接受过来的全部印证，我认为都是假的不可靠的说法，是真心的；在理解我的沉思的时候这是非常重要的，所以不愿意承认这件事的人是不能说出相反的值得答辩的话的。即便如此，追求真理跟生活上的行动二者之间的区别生活里也要十分的注意。我反反复复地说过很多次追求真理；当不联系到感官的时候，生活上的行动就会变得十分的荒唐。因此对于那些怀疑论者们对于世界上的一切事物都十分的忽视的做法，经常受到人们的嘲笑，为了防止他们坠入深渊，必须让他们身边的人时刻地看着他们。就是因为这个原因，我在其他的地方说过：一个有良知的人是不会怀疑这些事物的。但是，当问题在于对真理的追求以及可以依靠人类精神去认识什么东西的时候，对于这些假的不可靠的东西并不愿意抛弃掉，是为了指出这样的都抛除不掉的东西，更容易被我们认识，很显然这是违反理性的。

我说的对于一个在思维着的东西我认识的还不够充分，你说我是认真地说的，其实并不是，在其他的地方我已经对此做出了解释；对于物体的本性在于什么我从来没有产生过怀疑，也没有给它加上自身的主观性，我并没有认真地说；为了指出其他类似的错误的东西，在这个地方我只是按照一般人的见解把自己的灵魂比作风、火焰，并不是认真说的。但是对于走路、吃饭、感觉这些，你认为我偶读把这些当作灵魂，就是为了接着说下面这些话：这些我都赞同，对于物体跟精神之间的区别我们只要保持住就可以了，你说的是事实吗？因为在这里，我说得很清楚，吃饭是归于肉体的，至于感觉跟走路的大部分，也是被包含在肉体里；仅仅就只有思维被包含在肉体里。

二、对于我的存在，你凭什么说不用费那么大的心思来证明？的确，我还没有让你充分地明白我的想法，但是从你的话里，我认为我有十足的理由猜想到我做出的努力还不够多；因为，当你认为我可以从我的所有行动中得出一个一样的想法的时候，你这个想法是错误的。对于这些行动，我没有一个是完全了解的，这些形而上的可靠性才是我想要说的，除了思维，这些行而上的可靠性才是问题所在。举个例子，我散步，所以我是存在的，这个结论是错误的，除非我拥有的，作为内部存在的是一个思维，这个结论要想是可靠的，就必须是有关思维。就像是在睡梦中我们好像是在散步，但是我的精神（是它存在这种思想）跟我的身体（是它在散步）并不能从我想我是在散步这件事上推论出来。其他的所有也是一样。

之后你用一种十分风趣幽默的口吻有声有色地（被人们称为活灵活现）开始问我，把我当作一个跟肉体分开的灵魂而不是一个人；你似乎是想要告诉我，这些反驳是来自一个依靠感觉跟肉体的人，而不是一个哲学家聪明的头脑。肉啊！不管你愿意人们称呼你为什么，或者你是什么，请你回答我，你跟精神真的没有丝毫的联系，以致看不出来一般人的想象已经被我改变了？人们把思维的东西看作跟风这一类的东西是相同的，这是一般人的看法。但是当我说出，假设这个世界上是不存在风跟火等其他所有的东西，但是不管怎么样，这个假设不用改变，那些所有可以被我用来验证我是一种思维的东西在这里都是不会发生改变的，对于一般人的想法我已经做出了改变。所以，你对我提出的，为什么我不能是一阵风？为什么不能充满一个空间？为什么我不能被推动起来用很多的方法？等这些类似的一些问题，都是没有任何意义的，因此不需要作出回答。

三、你接下来说的那些话，例如，假设我是一个精细的，稀薄的物体，为什么我不能被营养呢？这些话并没有什么说服力。对于我是物体我是坚决不同意的。因为你对我的反驳基本上都是一回事，你对我攻击并不是我的原因，你把我的理由说成是不完满的，甚至把他们歪曲得没有丝毫的价值，你对我的反驳，都是从其中找到的借口，因为你的反驳，使得那些哲学的外行人对我的结论或者是类似的东西经常反驳，甚至是那些东西跟我的结论毫不相干也会受到反驳，这些事物跟主题没有任何的关系，我已经解决反驳过一些，所以，为了一次性地解决这些所有的问题，对于你的提问我就不分别做出答辩了，要不然我就要重复很多遍我上面说过的话。对于那些懂点内行的人感觉到困惑的我想在这里再多说几句，但是对于那些只说废话并不说什么道理的人的意见，我是不在乎的，为了得到他们的同意而去浪费时间去做证明，我是不愿意的。

首先我想说的是，对于你说的精神跟肉体一起生长的问题我是不赞同的，而且你没有任何的证据来证明这一点。一个成年人的精神比一个孩子身体里的行动更加的完满。酒跟其他物体性的东西经常会阻碍精神的行动，这说明了精神跟它是在一起结合的，身体只是它的一个使用工具，它一般所从事的工作让他去做，但并不是说精神没有比它自存时完美或更完美。你从下面这件事所得出的结论也许比你从那里得出来的结论更好，即当工匠用了一个不好的工具的时候就没有办法做好工作，因此你就得出结论，他的技巧跟他的技术是从工具的是不是好用中体现出来的。

也需要说明，肉啊！似乎对于使用理性你一点都不清楚，为了对我的各个感官之间的联系还有不应该怀疑对各个感官的信任进行证明，你说，那些必须用眼睛才可以看见的东西有时候不用眼睛也可以感受到，但是同样的问题，我并没有一直做错，就好像是一件东西我们可以看到它的错误但是却没有任何理由去怀疑的时候，或者就好像我们每次做错事情都可以发现错误；因为相对来说，错误并不只是它所表现的那样。最后，当你向我要理由的时候，其实你自己一点理由都没有，但是其实你自己应该有理由的，因此我必须要告诉你，为了更好地思考哲学，对于那些真实性不确定因此接受的时候没有当作真实的东西，我们没有必要把这些论证为是不真实的，而那些不能论证为真实的东西被我们接受的时候当作真实的而接受下来的东西才是我们应该注意的。如此，当我认为我是一个具有思维的实体并作出了一个清楚明白的概念的时候，属于物体性实体的概念丝毫没有被包含在内的事物时，在我对我自己的认识里，我十分地确认我就是一个在思维着的事物，我确信的所有东西全部都在第二个沉思里面，第二个沉思就是现在我们所谈论的。对于沉思里的实体，我不应该承认它是精细、纯粹、稀薄的物体，因为我没有任何的论证让我去相信在第二个沉思里。如果你知道理由，那么是你应该告诉我，而不是要求我去证明什么东西不是真的，因为我之所以不承认它就是因为我不知道它；如果我现在在荷兰，你说我必须要先证明我不在中国，同时证明也不在世界上的一切地方，要不然我说我在荷兰就不值得被其他人相信，因为由于上帝的全能，可能同一个物体可以在好几个地方同时存在。你继续说，动物的灵魂不是物体性的，身体对思维没有任何的帮助也需要我去证明的时候，可以看出你并不了解究竟是谁有责任去证明一个东西，且每个人应该证明什么也不知道，对我而言，不管是动物的灵魂不属于物体还是身体对思维没有任何的作用我都不相信；我只是说这个地方并不适合检查这些事物。

四、在这里，对灵魂一词有着不同的理解才是你感到暧昧不清的原因；但是我已经解释过很多遍这个词了，所以不想在这里再重复一次。我要说的就是，名字一般都是无知的人想的，也就使得跟它所想要表达的意思不是那么的相符。即便如此，当它们被接受以后，对它们我们就不能再随意地更改，当没有办法更好地了解它们的意义的时候我们才有权利对它们的意义进行更改。在我们的心里，那些起名字的人也许并没有把那些不用思维就可以做的吃饭、生长以及类似的动物所做的一样的一切活动的本原区别于我们由之而思维的本原，它们二者被我们称为灵魂，以后当他们看到吃饭跟思维是不一样的时候，那些在我们心中具有思维功能的东西就被我们称为灵魂，并认为灵魂的只要组成部分就是它。而我发现，我们用来思维的本原跟用来吃饭的本原是完全不一样的，所以我说灵魂，当它表达的意思有两种不同的方式的时候，会发生一定的分歧，为了确切地把这个本原当作人的主要形式或者是第一行动，它应该指的是这个我们只是用来思维的本原，为了避免发生分歧跟暧昧，绝大时间我都称呼它为精神。我并没有把精神看成是在思维着的整个的灵魂。

但是你说，灵魂是不是在思维这个很难知道。但是，既然思维的实体就是灵魂，那它为什么不能一直思考呢？当我们在母亲的肚子里或者沉睡的时候，我们不记得我们都思考了什么东西，这都是无所谓的，因为曾经就连我们清醒的时候所思考的东西我们都有可能不记得了；因为，当在大脑里印上一些思维过的痕迹，把它的思维按照精神转动的这些痕迹并跟思维相结合的时候，那些精神同它的身体结合的情况下思考过的东西才会被想起来。但是假如一个沉睡的人或是一个孩子的大脑并不适合接收这样的一些印象，这并没有什么值得好奇的。

最后，当我说对于那些我不认识的事物（即我的肉体）跟已经认识了的我（即我的精神）有可能都是相同的，我不去争辩因为我并不知道，你反驳我说：假如你一点都不了解，也不去争辩，你为什么那么肯定那些东西不是你？在这里你说我认同了我不了解的事情的说法是错误的；因为，刚好相反，在那个时候我还不确定身体跟精神是不是一回事，我想到的只有精神，并没有承认任何。一直到最后的第六个沉思里，不仅我对此承认了，而且对于精神跟身体的区别我也证明得非常的清楚。可是在这上面你自己却犯了很大的错误，对于精神跟身体的区别，你没拿出来任何的理由，在没有任何证明的情况下就肯定了这个说法。

五、假如你仔细注意我说的关于想象的话，是非常清晰的，但是对于那些做事不经过大脑，不去考虑任何的人，感觉到不清楚，并没有什么值得惊讶的。但是，我想请他们注意，对于那些我确定不属于我认识的东西，跟我之前谈论过的，那些我不知道的是不是属于我本质的东西之间并没有什么矛盾，因为属于我的本质跟属于我对我自己的认识完全是两个不同的事情。

六、如此好的肉啊！在这里你所说的一切我认为只是一些唠叨，算不上是反驳，因此不需要我进行反击。

七、你那些无味的唠叨在这里继续，因为这个地方不适合去考虑这些问题，我也不想对此再进行任何的反驳，精神到底是什么在它进行自我深思的时候，很容易就可以知道他是在思考，但是兽类有没有思维却体检不出来，对于它们有没有思维，只有在考虑它的活动的时候从结果上追溯其原因才有可能发现，在那些你用我的口吻说出的那些粗野的话我也并不想去反驳，因为只需要知道：当你引用别人的话的时候读者认为你不忠实。对于那些可以认识身体跟精神不一样的标志，经常被我指出来，就是：思维是精神的全部本性，身体的广延性就是身体的本性，而思维跟广延没有丝毫一样的地方。我也曾非常明确地说过，精神可以脱离大脑独立行动，因为只有在想象或者是感觉什么事物的时候，大脑才有作用，但是当只是一种纯智力运动时，大脑就起不到任何的作用了。例如当大脑受到了刺激，想象跟精神被强烈地振动起来的时候，虽然那个时候大脑领会东西十分的困难，但是我们却可以感受到，在想象不那么强烈的时候，我们依然可以领会到跟我们想象完全不同的事物，就像是我们在做梦的时候，感受到我们是在相同的做梦。的确，我们想象的结果是我们在梦着，但是只有单独的理智才可以让我们察觉到我们的梦。

八、跟经常在其他地方一样，你在这里只不过是想要说明你并不理解那些你想要去指责的东西；把蜡的观念从蜡的偶性的观念里抽出来，我并没有那样做，对于偶性是如何将蜡的实体表现出来的我仅仅是想指出这一点，对于它的知觉，在它清楚分明的时候，对它进行深思以后得出来的跟它是模糊不清守护的知觉的区别非常的大。肉啊！对于你十分肯定地认为狗跟我们分析判断的方式是一样的根据的论据是什么，除非你觉得它也是由肉组成的，所以你就相信在我们身上出现的东西在它的身上也一样可以出现。我觉得狗的身上没有任何的精神存在，在它的身上跟精神相同的东西一点都没有。

九、对于你认为的，通过对蜡烛的观察得到的所有的东西，对于我的存在都可以足够地去证明，但是对于我的本性或者我是什么却并不能证明，因为一个缺少另一个的时候就无法再去证明的观念，我感到十分的奇怪。对于这一点，人类精神除了什么气味、味道以及有什么元素组成的这些其他人对你说的以外，我看不出来你还希望有其他的事物；就像是进行一场化学实验那样，当去检测都有什么被包含在酒的本质里的时候，为了知道这些就用蒸馏器来蒸。肉啊！这对于像你这样把什么东西都领会得不清不楚，对一件东西不知道该研究什么的人来说是非常实用的。但是，对于我，我从来没有想过，当弄明白一个实体的时候，是需要其他的东西的，并不需要发现它的各种属性的不同。当我们对某个实体的属性认识得越透彻的时候，那么对于实体的本性认识得也就越完满。这样，在蜡烛里，我们就可以分辨出几种不一样的属性：它一个是白的，一个是硬的，一个是可以从硬的变成液体，等等。同样，也有很多的属性存在于精神里：它认识的关于蜡烛的属性，一个是白色的，一个是软硬的性能，一个是从软硬的变化，等等。因为就像是天生的一个盲人，他虽然没有办法认识白色却可以认识软硬，其他的也是如此。因为人们可以清楚地认识到，我们的精神除外，没有任何东西的属性可以被我们全部认识到，因为人们可以认识属性在其他的东西里，那在精神里关于它们的属性就可以认识多少，因此它的本性比其他所有的东西都好认识。

最后，你在这里顺便对我进行指责，你认为我既然承认了在我里面的精神，可是却对看得见摸得着的蜡进行讨论，这是没有眼睛跟手是做不到的。对于我特别警告过的，看跟摸在这里并不是主要的原因，对此你应该多加注意的，当物体性的器官作为媒介存在的时候看跟摸才可以做到，但是这里说的仅仅是看跟摸的思维，因此就像是我们在梦里所体验的那样，并不需要那些器官。对于那些理解一件事物不下任何的功夫还鸡蛋里挑骨头的人，你不过是想让大家都看看他们还能做出来多少荒唐可笑没有道理的事情。

对反驳第三个沉思的答辩

一、太好了！直到现在，在这里我才看到你对我反驳拿出了一点的道理，这是之前没有的。为了论证这不是一个不存在任何疑问的准则，还有那些我们领会得非常清楚分明的东西，并不一定都是真实存在的，对于那些存在的伟大的人物，对于那些事物虽然它们已经领会得非常的清楚了，但依然认为上帝的心里或者无底的深渊里才是真理的所在之处。我承认对于这一点的论证是用别人的威信做的，非常的高明。但是，肉啊！你应该清楚，你现在是在跟一个精神对话，这个精神可以完全摆脱精神而单独存在，导致他甚至不知道他之前有没有人，因此对那些人的威信没有丝毫的感觉。对于那些怀疑论者们你说的话看起来也十分的有道理，但是却证明不了任何的东西；对于那些拼死维护自己错误的观点的那些人一样也不能证明任何的东西，对于他们所坚持认为的东西，人们可以清楚的领会，对此没有办法可以证明。最后，你继续说，这个准则的真实性用不着费那么大的力气去处理，而重要的是对于那些我们以为自己认识清楚分明地事物，应该用一种有效的方式来看到底有没有弄错，这个观点是十分正确的。但是我一定要说的是，在恰当的地方我也是如此做的，首先去除成见，接着对所有的主要观念进行解释，最后将模糊的观念区分开于清楚分明的观念。

二、对于我们的观念，你认为一切都是外在的，都不是由我们做成的，你认为，精神不仅对于外来的观念拥有领会的能力，而且有能力可以用很多的方法加以集合、分割、放大以及缩小。由此你得出结论，那些怪物的观念是精神通过分割、组合的方式做出来的，它是外在的，并不是精神组成的，我很赞赏你的这种推论。同样的道理，你也可以证明普腊克西特[1]没有雕刻过任何的雕像，因为从他的自身看，那些用来雕刻的大理石他并不具有；换种方式说，你这些反驳的话是由其他的话组合而来的，并不是发明的，因此可以说你对此并没有进行过反驳。但是当然，一只羊或是一个狮子的组成部分并不被包含在一个怪物里面，你所使用的那些话里只包含了这些动物的结合跟安排，并不包含你的反驳。对于你说的，假设一个动物、一块石头、一个植物等这些普通事物的观念都没有被包含在精神里，那么被人们称为东西的观念精神里也就不会存在。这仿佛就是在说，当我需要认识我是一个在思维的事物的前提是对动物跟植物的认识，那些被人们称为东西的事物我都要去认识，或者说去认识东西到底是什么。关于真理你所说的一切都不对。最后，我认为你的攻击都是无所谓的，因为你攻击的对象是我还没有确定下来的事物。

三、为了对人们可以怀疑的物质的东西的存在性所依靠的那些原因进行反驳，你问我可以在地上走的原因等。显然你是又陷入了第一个困难中；对于那些有争议的、需要证明的东西，你当作了根据，例如我可以在地上行走，是千真万确的。

当我对我自己进行反驳且已经想出了解决的方法以后，你又添加了这样的一个反驳，即为什么颜色的观念不能存在于天生就失明人的心里？声音的观念为什么不能出现在天生失聪人的心里？这刚好可以体现出你是在白费力气也达不到任何的效果；因为我们可以想到，有时候即使我们的眼睛闭着，但是我们的心里依然有颜色跟光的感觉，那么你怎么知道颜色的观念在盲人的眼里是不存在的呢？而且，对于你说的话即使同意了，那些认为物质的东西不存在的人说的天生的盲人之所以没有颜色观念是因为形成颜色的观念能力在他的精神里是缺失的，这跟你认为的因为他缺少视觉所以他不存在颜色的观念，是相同的道理。

---

1 Praxitèle，约生于公元前390年，古希腊著名雕刻家，爱神维纳斯的雕像就是他曾经雕刻的。

对于太阳的两个观念，你接下来要说的话证明不了什么；但是因为他们谈论到的都是同一个太阳的观念，因此你可以把这两个观念当作同一个，就像是你说的真与假，当他们谈论的是同一个事物的时候，是没有任何区别的；那个我们从天文学推论出来的观念你认为不应该被人们称为观念，那些随意构画出来的影响被人们称为观念，这个跟我特别总结出来的意义完全不同。

四、同样的状况，你认为对于实体的真正观念，你没有办法拥有，你认为实体只能由理智单独地看出来而不是仅凭想象。但是，肉啊！我不想跟那些不用理智仅凭想象的人打交道了，我已经说过很多次了。

你认为实体的观念里的实在性都是从偶性的观念里拿过来的，领会实体的时候都是按照偶性的方式或者是从偶性中，实体被领会的时候是不能按照偶性的方式的，在这里你对实体的观念一点都不清楚被表现得非常的明显。刚好相反，哲学家们经常把偶性领会为实体的，当他们把实体领会为实在的东西的时候；因为偶性中存在的任何实在性多余形式的本质事物，必须从实体的观念里得出来。

最后，你认为上帝的观念之所以存在于我们的心里，都是从其他人那里听来的，当别人把完满性归之于上帝的时候，我们也模仿其他人将完满性归之于他。在这里我想请你着重说明：最初那些听到这些事情的人，他们心里上帝的观念是怎么出现的？如果他们是自己产生的这个观念，那么我们为什么就不可以？如果他们心中上帝的观念是得到了上帝的启示，那就说明上帝是存在的。

你继续说，当谁对一个无限的事物进行讨论的时候，就是在给一个他所不理解的事物加上了一个他自己都不懂的名称，你是把跟我们精神可以做到的相符的智力活动（例如每个人都可以对自己心里的一些无限进行认识）跟对于事物的构思非常的完满（意思是说，那些事物本身可以被理解的东西都可以被懂得，以至于所有的人都可以构思无限以及世界上其他任何不那么细小的事物）两者之间没有做出一切的区分。而且，对于你说我们的无限是从对有限的否定中去领会的观点是错误的；因为恰好相反，无限的否定被包含在一切本身的限制里面。

说给我们表象的被我们称为对于上帝的那个一切完满性的观念所包含的客观实在性比有限的东西所包含的客观实在性并不比它多，这句话是错误的。难道你觉得那些扩大过的东西还没有没扩大的事物大吗？这种能力可以扩大被创造的完满性，意思也就是，这种能力可以把不是很大很完满的东西领会得更加的完满更加的大。假如不是只能上帝的观念比从我们心里存在的东西的观念更大，那么它是从哪里来的？最后，说我们所领会的上帝的观念并不比实际的小，那么它就不是那么伟大了，这句话是错误的；因为上帝在我们的心里是无限大的，不存在比无限更大的东西。但是你弄混了想象跟智力活动，你非要说就好像大象被那些没有真的见上帝人想象成是一个非常粗大的小蛆一样，上帝被我们想象成了一个高大的巨人，我非常赞同你认为这是粗鲁的观点。

五、为了对我强行进行反驳，在这里你谈论了很多的事物，但是并没有一件反驳到了我，因为你最终的结论跟我一样，即便如此，你还是说出了很多我无法赞同的事物，例如，一个结果里的全部事物都是首先在它的定理里一定有其原因，你认为这个原因不应该指动力因，而是质料因，因为质料因实现存在于形式的完满性里，这是不能去理解的。它应该只在动力因里存在。我并不赞同，诸如此类的实体被称为一个观念的形式的实在性。

六、对于物质性的东西的存在性如果你有什么理由可以去证明的话，在这里你肯定已经提到过了。但是既然你只是问除了我以外这个世界是否还有其他的东西存在整体点我是不是真的不清楚，并且说对于一件这么明显的事情的理由用不着去探索，如此你便只能被你旧的成见所支配，即使你什么都不说，还是可以更加看出来对于你所肯定的事物你没有任何的理由去论证。对于你对观念的看法，你把它局限在就只是随意勾画出来的影响，这用不着回答；但是对于我们用思维所领会的一切我都可以把观念扩展上去。

顺便我想问你：你说任何都不能作用于本身你是用什么论据来证明的？你的习惯并不是在证明自己的话的时候使用论据，你证明的时候用到了眼睛跟手指，你说手指没有办法打到它自己，除非是通过镜子，否则没有办法看到它自己。对于这些，回答起来很简单：只有精神可以看到自己，不是眼睛也不是镜子，因为镜子只能被镜子认识，还可以认识眼睛跟它自己。对于那些作用于自身的例子可以很容易地在物体性的东西里找到，例如一个陀螺的运动，就是作用于自己本身的。

最后，一定要注意的是，你非得说精神是产生性东西观念的地方这句话我说过，但是我并没有说过；因为在之后，对于物体产生观念这一点我特意提出过，这个原因经常被人们拿来证明物体性东西的存在。存在于结果里的东西都是形式的存在于他的原因里这个定理正是我在这里有这么多实在性的原因，由此人们得出的结论是观念不能只从精神里来；因此，你这样做是没有任何的根据的。

七、在这里你说过的都是被我反驳过的。我只是用无限的观念在这里警告你：当我不了解无限的时候，这个观念就是假的。而我对无限的认识只是一个非常小的一部分，就像是在一个画像里一根头发没有办法代表一个人一样，我就没有办法表示无限。我想告诉你：这是没有任何道理的，你问我懂什么事物，而我懂的东西就是无限：既然无限的形式理由被包含在不可理解本身，那么为了拥有一个无限的观念，就没有必要非去懂得它。即便如此，可以看出来的是：按照无限应该被一个人的观念所表象的那样，对于无限我们具有的观念不仅是表象无限的一个部分，而且是它的全部。虽然上帝或者是其他具有灵性的观念要比一个人的观念完满正确得多，这是不用值得怀疑的，就像是我们说过的，在几何学里，一个几何学家比一个不是内行的人对三角形的特性明白得更清楚更完满，可以看到关于三角形的很多东西，但是这个不内行的人，把三角形当作一个形状由三条线构成，也可以拥有三角形的观念。因为，为了对三角形的概念有所领会只需要知道三条线所构成的形状就是三角形就可以了，一样的道理，当我们领会出一个无限的事物的时候，就可以对无限得出来一个真实完整的观念。

八、在你认为我们没有办法对上帝有一个真实的观念的时候，在这里你犯了同样的错误；因为，即使我们对上帝的全部东西并不完全了解，可是在上帝那儿，我们所了解的一切东西都是真实的，至于你说的面包的完满性并没有需要面包的人多，这个东西在现实里所表象的事物是真实存在的这个说法是错误的，这样就是对那些我们所不了解的以及诸如此类的事物下了定论。对此，我想说的是，你对所有这些并不是真的了解，只不过是模模糊糊地做出了反驳；因为，面包比那个需要面包的人更完美这一点是没有办法通过有人需要面包来推论出来的，这些只能推论出，这个人不需要面包的比他需要面包的时候更完满。当一个观念包含一些事物的时候，这个事物就是真实存在的并没有得出这样的结论，除非，这个观念不代表其他的原因，所表象的也就只是现实存在的事物。我所论证的只是关于上帝，不可以说很多世界跟其他的事物。我所下判断的事物，我都列举出来了判断的理由，而不是那些我所怀疑或者不了解的事物做出的判断。直到现在，对于这些原因你也没有做出反驳。

九、对于我们在第一原因的帮助跟影响下得到了保存你的观念是否对的，对于所有形而上学家们都觉得很明显的事情都被你否定了，但是对于这些事，没有知识的人是没有办法思考到的，因为他们想到的原因也就只是在学院里被人们称为 Secundumfieri，即那些原因是结果赖以产生的，而人们没有想到的称之为 Secundumesse（根据存在）的那些原因，即在存在里结果赖以继续的原因。相同的是，只说生产的话，房子的原因是工程师，儿子的原因是父亲；这个就是当工作完成以后，这个原因就不用再继续生存下去的原因。但是光的原因是太阳，太阳产生了光，一切造物的原因都是上帝，它们的产生跟存在都依赖如此。为了方便保存他所给予的最初的存在，这也就是永远用相同的方式去作用他的结果的原因。对于这一点，时间各个部分之间的独立性我已经假设过了，所以非常的明白，对于这一点，你回避的时候是通过提出抽象的时间中的各个部分之间连续的重要性的方式。问题的根本所在并不是这种必要性，就只是事物本身跟时间的延续，对于这一点，紧跟它们的时刻跟一切的时刻都不能分开这句话你是反对的，换句话说，在事物本身延续的每个时刻上它们都需要一直存在。

在你说当有毁灭的原因突然来到的时候，我们里面一定有足够的能力得以继续生存，你没有发现，说可以不依赖别人而独立存在的造物，造物主的完满性被你给了造物的同时，还把造物的不满性给了造物主。因为，根据你的意思，他必须要用一个“无”字才可以结束一个正面的话题，当他万一想让我们存在停止的时候。

在这以后你又反对了像关于往上追求无穷要说的没有什么不合理的话；在这样的一些原因里你自己也承认不可能无穷地往上追究；这些原因之间连结得非常的紧密，导致了要想运动就必须由高级的推动低级的。但是，在这里涉及的证实把存在给予跟保护它们的结果的原因，而不是赖以产生的那些结果的原因，例如父母；从而我的权威跟亚里士多德的并不矛盾。

对于潘多拉的说法也是不正确的，我可以把人认识到的一些完满性增大这也是你承认的，所以对我来说我可以很简单地就认出他们，即人跟他们之间的本性是不相符合的，这足够让我证明上帝的存在；因为，把人的完满性不断扩大，以致他们的完满性超出了人类的正常范围，我们没有这种能力，如果不是因为上帝创造了我们的话。但是实话说，我并不奇怪你认为我没有论证得足够清楚；因为直到现在我的所有理由，你都没有办法很好地理解。

十、你提到，我说过对于上帝的观念人们不能在上面加减任何的东西，你应该好好地看一下哲学家们曾一致说过的：事物的本质是没有办法分割的；物质的本身被观念所表象，在它的上面不管加减任何的东西，它都会变成另一个事物的观念，潘多拉的观念就是这样形成的；对上帝的观念没有真正理解的那些人就是这样创造出了上帝各种各样虚假的观念。但是，当人们真正理解上帝真实的观念以后，他的身上会增加很多我们没有发现的新的完满性，但是它的观念还是保持不变的，只不过是更清楚明白了。因为，既然这个观念被设定为真实的，那人们的观念里早就应该包含这些完满性了。相同的是，三角形的观念并不能因为可以从中看出来以前所不知道的观念而增加。因为，并不是由造物的不断增加的完满性做成了我们现在的观念；它被我们的精神一次性地领会为无限，不可能再增加任何的存在体。

你问我，就像是工匠在他的作品上标记印记一样，我们心中上帝的观念是怎么存在的，用的什么方法刻印的？标记的形式是什么？就好像说：一幅画十分的精细巧妙，我断定这绝对是阿派拉[1]画的不可能是其他人，然而我认为这种无法模仿的精练的技巧就是阿派拉在他的画上印刻的标记区别于其他的作品，但是你却问我是用的什么标记，印刻标记的方法是什么。似乎不应该对你进行回答而是应该对你进行嘲笑。你继续说：如果这个作品跟这个标记是一样的，那么你就是一个观念，但是你只是一个思维方式，即使刻印的标记又是主体，这就像是我说，阿派拉用来跟其他画作区分的精练的技巧跟这些画本身没有什么分别，但是你反驳说任何一种方式都没有办法组成它们，只不过是一种精练的技巧，这一样是狡辩。

为了对我们是由上帝的形象跟相似性进行否认，因此你说上帝有一个人的形象，接着你又继续说出了人类的本想跟上帝本想不一样的所有东西，在这上面你为了对阿拉派是按照亚力山大的形象画成的进行否认，你就说亚历山大是一幅画，不像亚历山大是用肉组成的那样，所组成他的是木板跟颜色，这不是更加的狡辩吗。因为，一幅画跟他表现的事物想象，但是并不代表那幅画的本质就是如此，只要跟它在某一点上像就可以了。很容易就可以看出的是：上帝所存在的值得赞美的、非常完满的思维被我们领会出来由那些虽然不是很完满的我们心里的思维能力来表象了。你不喜欢把上帝跟生育我们的父亲做对比，而更喜欢跟建筑师的活动来对比，这样做似乎没有什么道理；这三种行动方式是从自然到上帝的生产，人工到上

---

1 Apelles，是凭借画亚历山大大帝画像而闻名的古希腊画家。

帝的生产，虽然完全不一样，但是差距却不大。对于我说过的我们跟上帝的关系就像是父亲跟儿子的关系相同，但是你却找不出来。而且工匠和他的作品就像是画家和那幅跟他相似的画像之间没有任何的关系，这是假的。

但是当你非要说，我曾经说过我之所以跟上帝相似是因为我是一个依存于别人、不完整的事物的这些领会的时候，就说明你引用我的话是如此的不忠诚；刚好相反，我说这些话只是为了指出我跟上帝的不一样的地方，怕的就是把人们会认为我对于人和上帝还有造物跟造物主混合了起来！因为，在那里，在这一点上我领会到我比上帝低得多但是却想要伟大的事物，而且在上帝里面这些伟大的事物是真实的存在的，即便如此，还有某种相似的东西存在于我的里面，因为在某种程度上，我敢于追求它们。

最后你说，既然上帝把我的观念一同印刻在你跟他们的心里，为什么你们对上帝的想法却是不一样的，这让你感到很奇怪。这就像是对于三角形每个人都有不同的观念，甚至有人把错误的观念也加到了三角形上。

对反驳第四个沉思的答辩

一、对于我们所拥有的无的观念我已经充分解释过了，我们分享无，并称呼这个观念为反面观念，并且认为这只是说明了我们不是至上的存在体，认为我们缺少很多的东西；但是你却在没有问题的地方挑毛病。

你编造出了一个我在其他地方没有想过也没有听说过的一件事来证明上帝的作品中有些还存在着一定的问题。我只是说过，当某些东西可以脱离宇宙而单独存在，而没有办法成为宇宙的一部分的时候，它们才应该是不完满的。

关于动力因所谈到的一切话同样也都应该是关于动力因的；从动物植物里每一个值得赞美的部分的用途上来看的话，上帝做成了它们就更应该值得赞美，就像是通过赞美工匠的作品来赞美工匠的做法是完全正确的，至于他创作每件作品的目的是什么不需要去猜测。猜测的方法在道德方面是经常被允许的，对于上帝给宇宙管理上所制定的目的是什么都可以通过猜测去考虑，这是一件虔诚的事情，但是对于物理来说，猜测就显得有些不合适，每一件事都要依靠坚实的理由。不要勉强地说一些目的比另一些目的更容易被发现；他的智慧就像是琢磨不透的深渊，所有的目的都隐藏在其中，对于你勉强说的其他的原因没有人懂；因为所有的原因跟上帝所制定目的的原因更加让人容易理解；那些用来说明会困难所在的被你列举出来的例子，也并没有那么的困难，以致我不知道有谁可以自信的懂得它们。最后，既然你那么诚恳地问我：当你的肉体有精神存在的时候，你闭上眼睛跟耳朵，不使用任何的感官，那么对上帝跟精神本身你领会到的观念是什么？我也如实诚恳地回答你（假设对于思维跟沉思，身体起不到任何的作用）：对于它现在所拥有的那些观念，我毫不怀疑，如果不能更加的清楚跟纯粹的话；因为感官在它领会观念的时候起不到任何的帮助，而且还会阻挠它。其实，有太多的物体性的东西占据着所有的人，才导致对于他们同样地去认识他们心中的观念被这些东西所阻挠。

二、你把容易犯错误当作正面的不完满是不合适的，而这只是（主要是关于上帝）否定了造物之中存在的更大的完满性。把一个国家的公民跟宇宙的各个部分作对比是不恰当的；对于一个国家来说，一个坏的公民是可以被肯定的；人是容易犯错误的，也就是说，所有的完满性不能同时被一个人所包括，就像是宇宙是好的，但是不能在同一天说。但是，比较下面的这两类人更好一些：有的人觉得身体上全部都是眼睛的时候会更美（对他来说，眼睛是最美的部分），但是另一个人认为，不会做错任何事情的造物或者说是十全十美的造物，这个世界上是不可以存在的。

你假设上帝把我们设定为不好的作品，把不完美的以及类似的事物赋予我们的说法是不正确的。一样的道理，下面的说法也是错误的：上帝赋予人们判断能力是模糊不清的，即使判断的是交给人去判断的一点点的事物，也是不够的。

三、意志越过理智的界限是否可以达到尚且让我用简短的几句话来表达？也就是说，用一句话，在那里达到我们可能会犯的一切错误上去。这样，当你认为精神是一个稀薄的物体的时候，的确，它可以被你领会为一个精神，也就是说一个思维的事物，同时也可以领会到一个广延的一个稀薄的物体；但是当一个东西同时存在思维跟广延的时候，你肯定没有办法领会，就像是你之前相信过的那样，你现在仍然愿意相信，但是你依然不愿意摆脱你的成见跟见解。这样，当一个有毒的苹果被你判定为是你的好的事物的时候，它的气味、颜色跟味道都是好的这些都可以是好的，但是并不能因此就领会到，当你把它当作食物的时候，对你有什么好处；你之所以把它这样判断是因为你希望它是好的。因此，我承认，对于那些用某种方式领会不到的什么东西的任何的事物我们都是不情愿的，但是对于我们的理解跟愿意有一样的范围我是否认的。可以肯定的是：即使我们对一个东西了解得很少，还是可以在同一个东西上愿意有很多的东西；但是当我们做了错误的判断的时候，是因为我们愿意有了什么不好的东西而不是愿意错了。尽管人们说对于这些东西我们并没有领会错，只是因为当我们认为我们领会得多余事实上领会得更多的时候，才会被说成是错误的。

虽然接下来，对于意志的无所谓的本身进行的否定已经非常的清楚，但是我不想让你对其进行证明。因为这些原因用不着道理去说服，每个人都可以自己感觉跟体验到。假如在你扮演的角色里，肉体跟精神之间天生就是不协调的，你好像没有注意到在它的本身内精神是如何行动的，这并没有什么值得炫耀的。不然，如果你心甘情愿的话，还是不要自由了吧；那么我，将尽情地享受着自由。在我心里感受着它，而且我也可以看出来，你对它是有计划地进行攻击，而不是拿有根据的理由去反驳它，你很直接地否认了它。对于我所体验的东西，我也许要通过其他人的信任来确定，除了你，他们每个人都可以在心里对此作出证明，因为你否定它是因为你从来没有体验过这件事，而不是因为其他的原因。即便如此，通过你的话依然可以判断出你也曾感受过：你认为我们不能阻止我们自己陷入错误之中，你并不想我们的意志可以达到理智规定的任意一件东西上去，在那里你鼓励我们去阻止并告诉我们要坚持，这就说明了，只有坚持才可以做成，这个自由不用理智去规定就可以被理智所具有的可以朝向不同的方向，你并不愿意承认这种理智的规定。因为，假设意志受到了理智的规定去做了一个不对的判断，我想请你回答我，是谁规定意志第一次开始要注意不要去坚持错误？如果是它自己，那么它就可以不用理智与规定而更偏向于其他的东西。但是这在不久之前刚被你否定过，但是现在仍然是被我们争论的焦点；如果理智规定了它，那么要小心注意的不是它。但是有时候会发生这样的情况：理智向它提出，它之前是偏向错误的，现在刚巧朝向正确的方向，也是理智向它提出的。可是我还是想更多的知道，错误的性质被你领会成什么样子的，对于理智的对象是错误你是怎么认为的。我把错误理解为就只是缺少正确，我想到一个很讨厌的事情，在正确的形式或者是外表下理智采取了错误的判断，麻烦的是，假如对于这些错误规定意志一定要去采纳。

四、我在序言里对于这些沉思的成果已经说了一个大概，我想你也已经阅读过了。对于那些之前没有对我的理论的次序跟联系都不清楚就开始到处挑毛病的人来说，这个成果是没有什么用的。对于那些在事实上可以领会清楚的东西跟我们只是以后我们可以领会清楚的东西之间的差别分辨出来的方法，我已经指出过了，即便如此，我并不敢奢望那些只认为我提出的方法太烦琐严格的人，可以刨除成见去理解。

对反驳第五个沉思的答辩

一、在这里，你摘录了我的几句话以后就说，这些是我对所提出问题的全部回答。因此，我认为有必要向各位读者说明，对于我写的东西跟上下文之间的联系你并没有发现；因为我认为，要想证明一个东西，那么对于这个问题前面跟后面的很大一部分对这个问题都是有帮助的，这就是我理解的联系。因此，假如你只是引用了我对于问题所做的论述，而没有同时摘录关于问题我写的其他东西，那你就是不忠实的。

至于你说的，那些永恒不变的东西除了上帝以外你很难看到，如果问题只是在于一个存在的事物或者是假设建设一个不变性不取决于上帝的事物，那你就是正确的。但是人们说虽然是朱庇特[1]制定跟安排的命运，但是一旦建立以后，就没有办法再做出改变。同样的道理，虽然我认为人们认识的那些数学的真理以及事物的本质都是通过上帝由来的，但是我也知道，因为是上帝愿意这样安排的，所以它们就是永恒不变的。因此，不管你认为是简单还是困难，这都无所谓；对我来说，只要不出错就可以，你接下来对辩证论者反驳的共相[2]对我没有丝毫的影响，因为我对这些共相领会的跟他们完全相同。但是，对于那些我们认识得非常清楚的本质，对于存在于我们心里的本质不可能是个别的一些事物的观念里抽象得来的；因为在这里，你之所以说他们是假的，是因为你对事物的领会和看法跟它们之间是不符合的。甚至以后，甚至在后面说的那些纯粹的点、线、面等这些纯粹的数学对象组成的不可分割的事物在理智外没有任何的存在性，因此在这里可以得出的结论是，三角形从来就没有在世界上存在过，那些我们领会的属于三角形的性质或者其他几何图形的性质的任何东西都不曾被我们领会过，因此任何东西都不能从事物的本质中抽象出来。但是你认为它们是假的，的确，按照你的说法，你觉得事物的本性就是如此，它们的本性跟事物是不相符合的。但是，对于全部的几何学也不一定全部都是假的，那你就要承认，从它里面证明出来的真理是永远不会发生改变的，既然是不会改变的，那人们叫它们为永恒不变的，就是有一定道理的。

但是你对于事物的本性的看法跟事物的本质也许是并不符合的，也许对原子所建立跟构成的德谟克利特和伊壁鸠鲁的看法也不符合，因此可以看出，这对他们来说只不过是外部的一些看法，改变不了事物的任何本性。即便如此，上帝的真实做成的这种物体的本性：有这样的实体存在于这个世界上，即，它们有长但是没有宽，有宽但是没有厚，跟这种看法是相互符合的，人们不能对此产生怀疑。这是因为几何学的形状只能是一种称号，

1 朱庇特（Jupiter），是罗马神话中权利最高的神，跟希腊神话中的宙斯地位相同。

2 指经院哲学家们。

而并不能被看作实体，但是实体被包含在称号下。但是，对于人们经常认为的形状的观念一直存在于感官，我对此并不认同，因为，几何学家所认为的那些形状在世界上是确切存在的，但是我却认为在我们身边并没有这样的形状存在，也许它们非常的渺小，以致我们的感官都没有发现它们，因为一般组成它们的都是一根直线，这些线的任何一部分我们感官可以接触到的我并不认为都是直的。在我们看来是最直的线在用放大镜观察的时候就会发现，就像是波纹一样，它的各个部分都是不规则的，弯曲的。在我们的幼年时代，当我们第一次在纸上画出一个三角形的时候，我们并不能用几何学中三角形的概念去理解它，在幼年时的我们心里，这个三角形所表象的也许还不如一只坏铅笔所表象的一幅画要好看些。但是现在，我们的心中已经有了三角形的观念，而且我们的精神在领会它的时候要比领会一个比这个画出来的三角形更简单或更复杂的形状要简单得多，因此我们看到这个形状的时候，我们可以领会到一个三角形的观念，但是却没有领会到这个形状本身。这就像是我们看到一张用来表现一张脸的纸片上面画着一些线条，它激起一个人的观念比激起一些线条的观念更加的强烈。假设我们是在其他的地方认识的一个人的面孔，又假设我们不习惯于想到那些线条而是习惯于想到那些面孔，那么情况就会是另外一个样子，而且当我们离线条非常远的时候，对于线条跟线条之间的间隔甚至我们都没有办法分辨。同样的是，在我们了解三角形的时候，我们绝对不会看到我们所画的三角形，除非我们在其他的地方得到了三角形的观念。

二、在这里，我不知道你想让存在性归为哪一类，也不知道它为什么不能被说成是一种特性，就像是“全能”一样，加入使用特性一次，根据它在文中的意思，指的是可以归属于一个事物的任何东西或者是很多不相同的属性。何况在上帝里面，必然的存在性是一种最狭窄意义上的特性，因为只有上帝自己可以适用，只有是对于上帝它才可以成为一部分的本质。这就是上帝跟三角形的存在性不能相提并论的原因，相比于三角形，上帝的身上多出了一种另外的本质关系。三角形的存在性被我放到了属于上帝的本质之间的那些东西上就像是两个直角之和等于三角形的三个内角之和这种特性被放在三角形之间一样并没有任何的错误，被逻辑家称为“窃取论点”[1]。不管是在上帝还是在三角形身上，本质跟存在都可以被分开单独去领会，上帝是由他自己存在，但是三角形却并不是，所以这句话似乎也不正确。但是对于三角形的观念里可能的存在性也是一种完满性我并不否认，这就好像在上帝的完满性里包括必然的存在性一样，对于我们假设出来的怪物的观念，因为这些使得这个观念更加的完美。对于我的论证的力量你丝毫都没有减弱，但是你却狡辩说已经很简单地就解决了。我已经充分地解答了你接下来要说的话；当你说对上帝的存在性的证明是不同于对三角形的三角之和等于两直角之和的观点是不对的；因为在这两种情况里，道理都是相同的，区别只在于证明上帝的存在性要比证明三角之和等于两直角之和容易得多。对于其他的事物，我就不过多地说些什么了，因为当你认为我的论证不能说服别人，且没有更进一步地对很多东西说明的时候，如果是这样说的话，好像你的论证更加的合适一些。

三、我准备拿怀疑论者的观点来应对你在这里谈到的迪亚果腊、太奥多腊以及毕达格拉斯等其他许多人的事情。我认为当他们对上帝真正的认识以后，他们就不会连几何学的论证都要怀疑。即使对于大多数的人来说一件事情是正确的，但是这并不代表这件事比其他的事情更加的明显，只有那些对于两件事都认识的人，才可以看出来哪件事先被认出，而且更可靠更明显。

对反驳第六个沉思的答辩

一、在这之前，我已经对你否定的事物进行了反驳，当被当作纯粹的数学来看的时候，是可以存在的，说一个千边形的观念是模糊不清的这种说法是假的，因为从这里人们可以清楚分明地指出很多的事物，但是当你认识它的时候是模糊不清的，或者就像是你说的，只对它的名称有所认识，

1　一种逻辑错误，指的是没有经过证明的判断运用到论题的根据里。

那绝不可能是如此。但是可以确定的是：虽然在我们想象它的时候没有办法很清楚，但是在理解它的时候却可以一次性全部清楚地领会它。因此理解跟想象的功能之间的区别主要是在于两种的作用完全是不同的，谁多一点少一点只是次要的。因为，理解里的精神只运用它自己，但是想象里的精神，有物理性的精神需要考虑，而且虽然几何形的图形都是物理性的，但是不要因此就认为在它们不落于想象的时候，那些领会这些几何图形观念也可以是这样的。最后，人的灵魂、上帝还有天使的这些观念都属于物体性或者大部分是物体性的。这些都是从人的形象跟其他非常轻微，不容易被观察到的事物中抽象而来的。肉啊！这些道理也只有才值得想起来，因为，谁要是这样表象了上帝甚至是人的精神，谁就是试图去想象一个没有办法想象的事物，错误地把上帝的名称加给了它的仅仅是一个想象出的物体性的观念。因为除了单独的思维以及属于它的一切属性之外，精神的观念里没有其他的内容，而没有一个物体是属于这些属性的。

二、在这里，你清楚地让人看到你只依靠成见，而且从未脱离成见，对于那些我们丝毫都没有注意的东西，你不想怀疑有任何虚假的存在；因此你认为，当我们近距离观察一座塔的时候，因为它表象给我们的形状是方的，因此对于它是方的我们就可以十分肯定了；事实上，当我们清醒的时候，对于我们是清醒的还是在睡梦中就不可以再去怀疑等其他类似的东西；对于那些你有可能弄错的东西，你从来都是非常认真地检查和观察，你没有任何的理由让你去相信这些；而且指明对于那些你认为是真实可靠的东西有时候也是会犯错误的，这并没有什么不合适的。但是，当你说事物所被表象给我们的样子就是它真实所存在的样子这一点，是不应该被怀疑的，这似乎是我之前曾经说过的话；我的第二个沉思里果断说的话就是这样的。但是，在我们以外的所有东西都是真实的这句话里，问题在于我看不到你说出了一丁点儿真实的事物。

三、在这里，对于那些你供给了很多次的东西依旧白费力气地去唠叨，我并不想去理会，例如你说的，我提出来了很多的东西却没有去证明，我坚持这些东西已经非常大的显而易见了；还有，当我从我的本质里排除物体的时候，即使我的计划是排除一切物体，不管它是多么的轻薄稀疏的、类似的事物，但是你却认为我只是想要谈论那些粗拙显著的事物；对于那些没有合理的依据就说出的一些话，最好是直接否定，因为没有什么是需要去答辩的。但是我依然想说，你有什么证据说我不愿意谈论细小的物体而只愿意谈论粗拙的事物。你认为，之所以这样是因为我曾经说过，我有一个粗拙的肉体，我跟它相互结合，也说过，我的精神跟肉体之间是有区别的。这句话为什么不能同时表明粗拙，不明显的肉体还有精细显著的物体这二者，在这里我承认我看不出来。除了你意外，我不相信其他人也是这样想的。我们知道风、火、空气这些物体还有其他的一些东西是否真的存在于这个世界上，不管以前它们是多么的稀疏，在第二个沉思里，我就已经非常清楚地说过，精神可以被当作任何存在的实体去领会。我曾经在那个地方说过，事实上，不管它跟物体之间是否存在区别，这里都不适合去讨论这个问题。在第六个沉思里针对这个问题我进行了大量的讨论，并且用了非常具有代表性的证据去论证了这个问题并做出了判断，因为这个问题存在于第六个沉思里。恰恰相反，关于它的事实的情况以及精神如何被领会的问题被你混为一谈，这足够说明你对这些事情了解得并不清楚。

四、在这里你问：对于我里面（没有广延性）可以接受物体（具有广延性）的观念我是怎样认为的？我的回答是：精神不可以接受任何物体性的形象，不管这些东西是物体的还是精神的，都不能用任何物体性的方式去构成；而想象，就只能是物体性的。的确，只有一个真正的物体性的形象才可以构成一个想象，精神就跟这个想象相结合，并不是精神里面去接受形象。至于你说的，对于太阳的观念，一个天生就盲的人对于热的认识组成了关于太阳的观念，这反驳起来其实是很简单的。虽然像一个发亮发热的这种属于太阳的观念，盲人并没有，但是他还有一个发热的事物的清楚的观念存在，你把我跟盲人作对比，这是没有任何的道理的。首先，认识一个在思维的东西比认识一个会发热的东西延伸的范围要大很多，就像我在其他的地方指出的那样，它甚至大于我们对于其他事物全部的认识；其次，也并没有人可以证明，人们对太阳所能认识到的所有的事情都不被包含在盲人领会太阳的观念里。只不过是除此以外，拥有视觉感官的人还可以领会到太阳的形状跟光明。可是在你看来，对于精神来说，你不仅比我了解得多，而且对于我在哪里看到的事物你都没有看到。因此，不如说你更像是一个盲人，而我顶多跟其他人一样，是一个目光短浅或者有近视眼的人。为了解释它是什么并且让人们可以了解到它的本质，精神不是广延性的这句话我并没有说，而只是告诉那些认为它有广延性的那些人的想法是不对的。即便如此，假设有一部分人愿意认为布塞法勒是一个音乐[1]，那么对此否定的其他人的做法也不是白费力气、没有道理的。实话说，在这里为了对精神有广延的这句话进行证明，你认为肉体之所以有广延，是因为肉体被使用了。你这句话就像是在说，假如布塞法勒嘶鸣的时候发出的一些声音，这些声音可能有关于音乐，因此你就得出了布塞法勒是一个音乐的结论，你上面的那个推理不见得比这个好。因为，精神跟肉体相结合，但并不能因此就说它可以伸展到全部的肉体上去，因为精神的特性仅仅就只有思维，并不包含广延。就像是我之前说过的那样，即使精神有能力推动肉体，但是它不是物体性质的事物，并不一定属于物体一类。

五、你在前面反驳所说的话与在这里对肉体跟精神结合所说的话是相似的。你只是对我的结论产生了怀疑，对我讲的理由没有丝毫的反对，你心里之所以会怀疑这些只是因为在性质上所不能接受想象而去判断的一些事物你想要让它们去接受想象到的检查。这样一来，当你想要把两个物体掺杂在一起的混合与肉体跟精神做成的混合在这里进行对比的时候，我只需要回答，不应该把两者进行任何的比较，因为它们是两个不同的种类，虽然精神可以领会肉体的各个部分，但是依然是不能划分的，因为精神所

1　伽森狄在他的《反驳》里说："如果只是明白布塞法勒不是一只苍蝇，他对于布塞法勒的观念就可以清楚明白吗？"苍蝇，拉丁文是 musca；笛卡尔大概是错把 musca 看成是 musica（音乐）了。

领会的事物并不一定存在于精神之中。假如真是如此的话，当宇宙的大小被它领会的时候，在它的里面一定存在着这样的大小，如果是这样，那它就比世界还大，而且拥有广延性。

六、对于你说的这些东西，丝毫没有反驳到我，所以也不必多说，读者们也看得出来，你的话尽管很长，但是你的道理并没有拥有什么力量。

一直到现在精神跟肉还在争辩，但是一切都是在情理之中的，精神并没有被感觉带偏。但是现在当面具揭开的时候，我才知道我是在跟伽森狄先生对话，无论是从他的品德还是从他的心胸上看，都是十分完美的。他学术的渊博跟精神都让我十分的敬佩，而且我们之间的友谊将永远的珍贵；同时我保证，他也肯定知道，对于我们之间的友谊我一定会寻找机会去得到。如果对于哲学家们的一般的自由的态度被我运用到了对他反驳的答辩上，我希望他不要介意，就像是我一样，我十分肯定我看到的所有东西都让我感到非常的愉快。而更值得我开心的是，在经过他深思熟虑的这篇长篇大论里，对于我的那些道理竟然没有一个论据可以推翻、摧毁它。而且他也没有反驳我的结论，要不然对我来说对此进行答辩将是非常的困难。

笛卡尔先生致克莱尔色列先生的信

作为对伽森狄先生第五组反驳的主要意见[1]的再答辩（1646年1月12日）

先生：

您审阅了我给第五组所批驳的写作者作为回复我的答辩所制作的一本很厚实的意见簿没有给出辩解，所以我乞求了您的朋友们帮我从意见簿里选录了一些看起来比较有实力的观点，然后把他们所写的选录邮寄交付于我，对于此事我对您感激不尽。您对于我自己的名望与声誉这一方面比我自己还要重视，但是，我就实话实说吧，对于那些随便说些什么鬼话就能哄得那些人对我做出的评论来说，我就很无所谓了。我所认识的人中学识最为渊博的一位朋友阅读了他制作的那本书之后来给我讲，其中并没找到很吸引人的描述。我此刻就是特别来实现他们的愿望的。我了解现在有绝大多数的人都在乎表面一些不切实际的东西，根本不在乎所存在的一些确凿的现状，在他们看来错误的远比正确的多。对于这些我觉得我没有必要为得到他们的称赞去专门办些什么事情。尽管如此吧，但我觉得我还是务必要给出一些答复，因为我很开心您给我邮寄的一些选录，如果说这是我为我本人的声誉所做出的一些维护，还不妨说是专门感激您的那些友人的辛勤付出呢。由于，我个人觉得这本意见簿里全部所批驳的意见只不过是建立在几个错误的句子之上，他们那些耗费心思去做这些事情的人大都和我是一个观点，您看，他们所点出的这些都是归于这一方面的。而且啊，我竟然看见了我从前在这意见簿里从来没见过的批驳，想不到，他们竟是

1 指伽森狄对笛卡尔《沉思录》的反驳经过笛卡尔答辩后，伽森狄再次提出的一些反驳。

如此勤快啊。

对于第一个沉思的问题，提出了三个批驳，第一就是我要求了一些别人不可能会做的事情，让他们逃脱对于种类的偏见；第二，在别人逃脱这些偏见的同时，他们又采取了一些比这些偏见更加厉害的偏见；第三，他们对于我所提出的观点持怀疑的态度。

对于第一个观点，我不否认那一个观点是没办法解除的，但是，对于该意见簿的作者他没有注意到偏见这一个词语并不是全部蕴含我们精神世界的所有观点，只是蕴含我们此刻所不怀疑的全部观念对于我们以往所认为的鉴定，鉴定不鉴定并不是一种行为上的举动，而是像我在合适的地方声明的一样，是一种意识上的行为，它明显是我们力所能及可以做到的事情，我们想要摆脱关于一切偏见的问题，我们就会决意地把我们以往所认为的正确或者错误的决定不再认可，当然，除去我们以前已经判定过的以外。虽然，它们的一些身影还依稀地存留在我们的脑海中。即使是这样，我以前谈论把我们所认为坚信无疑的所有观点观念都舍弃掉不会很容易，一些缘由是我们总要一些原因去否定我们以前所坚信无疑的东西。我之所以提出的一个观点就是因为这样。还有一些缘由就是我们多么坚决地不在判定对错，我们只要不铭记于心，到最后我们都会淡忘。

第二个反驳只是一个非常明显不对的假设。对于我曾经说的对于从前太确认的事情我们必须要努力地去推翻，我们只有在那样的情况下才可以这样做我是有意的，也就是当我们能够寻找什么事物比现在加以否认的事物更加的可靠的时候，对于我们的成见我们应该全部抛却。

第三个反驳也只是一些鸡蛋里挑骨头的东西。的确，仅仅是凭借怀疑根本没有办法建立任何的真理，但是人如果只是为了以后得出真理做准备，这的确是一个有用的方法，而我的目的就是如此才运用了这个方法。

你的朋友对第二个沉思指出了六条反驳的意见。第一点：当我说因为我的思维证明了我的存在，《意见书》的作者让我建立一个大的前提条件：谁有思维谁就是存在的，如此我便有了成见。于是他又再一次不恰当地使用了“成见”这个词。因为，当我们无意间说出这个命题并相信它是事实，我们给了这个命题一个称号，因为我记得以前的时候我这样地对它做过判断。但是当我们对它进行检测的时候，即使有可能在我们的人生中是第一次考虑到它，在理智上它的表现是如此的明显由此无法阻止对它不信任，所以就无法认为它是一个成见。这位作者假设必须按照逻辑的三段论式的次序才能把那些特殊命题的认识推论出来，在这里最大的错误就是这个，这表明了对于探索真理的方法他并不了解。为了探索真理，我们虽然可以反过来，先找到一般的概念，再根据这些把其他特殊的概念推论出来，但是我们总是从特殊的概念先入手然后得出一般的概念。同样的道理，当一个孩子向我们学习几何形原理的时候，要想让他对一般的概念有所理解，就要先把特殊情况下的例子告诉他，例如，部分小于整体；两个一样的量减去一个相等的部分，剩下的两个部分也是相等的。我们的作者之所以在那些错误的推理上犯下了那么多的错误，并且这些冗长的错误让他书写的篇幅更加的长，就是因为没有看到这一点。我所解释过的真理并不是从他随意添加的一些错误的前提下推断出来的。

在这里你的好友提出的第二个反驳是：为了对我的思维有所了解，必须要知道什么是思维；他们认为，因为我把一切都否定掉了，所以我并不了解。但是，我否定的就只是成见，而不是像这样的一些概念。我们认识这些概念，不管是不是肯定的都无所谓。

第三个反驳是：思维必须要有东西，例如物体。在这里要对思维这一次的其他意思进行回避。这个词语可以是东西[1]的行为，也可能是“在思维的事物”；为了行使“在思维的东西”的运动，除了其他事物的说法我是否定的，在对物质性的东西进行检测的时候，那些物质性的事物也可以被包含进去。

第四个反驳是：我不知道我对自己的思维是否是一个在运动的原子或者是不是物体性的事物，但不是一个非物质性的实体。这个词的歧义在这

1 法文第二版误为“原因”（cause）。

里又一次出现了，这个问题的实体没有任何的根据，而且其他的问题都没有，似乎是这样的：你确信是自己是一个人，在你的身上拥有人的全部特性，因此你认为，不管是谁拥有了这些东西，都可以被你称为人。但是，因为你看不到其他的一些东西，你就肯定自己是一个人而不是一只象呢？因为，它自己身上一切拥有理智的特性都被它指出来了，并且当实体的特性还没有被指出来的时候，对于它是一个非物质性的东西，而不是一个物体它是怎么看出来的，因此有思维的物体都是有理智的。

第五个反驳也是类似：虽然广延在我的思维里并找不到，但这并不代表它没有广延，因为衡量事物是否真实的标准并不是我的思维。第六个反驳也说：在思维与物体之间被我的思维找出来的不正确的。下面这句话里所包含的歧义在这里应该被着重指出：衡量事物是否真实的标准并不是我的思维。因为，我的思维只是我自己的想法，不能因为我的想法就迫使别人跟我一样去相信一件事，这样的说法我是赞同的。但是在这里情况并非如此，对于任何人我从来不用我的权威来强迫他们认同我的观点。并且，在很多的地方我都多次声明过，我的观点只有在道理行得通的情况下才可以去相信。如果在思维用于灵魂的一切种类的时候不做出任何的区别，那么由此就可以得出好几个思维，除了我们以外的其他东西的真实性，从这个思维里我们都不能被推断出来。但是在这里，情况并非如此。在这里，问题的关键就是这些思维是一些清楚分明的知觉以及根据这些所做出的一些判断，每个人心里都应该存在这些判断。所以在这里，这些词被理解的情况下，我说每一个思维，意思就是对于一个人来说衡量一件事是不是真的的标准就是这个人自己对一件事情的知觉或者是了解。对于一件事，他所做出的任何判断如果是正确的，就应该跟知觉相符合。即使是对于跟信仰有关的真理上，情况还是如此，我们之所以相信是上帝启示了我们这些真理的原因是什么，这是我们下定决心相信这些真理的时候应该知道的事情。而且，虽然这些认识起来非常困难的事物是那些愚蠢无知的人们按照聪明人的判断做事是正确的，但是一定要告诉他们的是，要让他们清楚自己的愚蠢，而且他们愿意模仿的那些人是比他们聪明的，否则按照他们的判断去做事就是错误的。

你的朋友在第三个沉思里指出：第一，上帝的观念并不是所有的人在心里都可以体验到；第二，如果我存在这个观念，我一定可以了解它；第三，许多人都不相信我的理由；第四，上帝是存在的这个结论性不能从我是不完美这个论据中得出来。但是，假设在理解观念的时候特意用了我所指出的话，不去在乎有些人对于观念这一词的歧义（这一词被局限在被想象的物质性的东西的影像上），除非是不理解这句话的意思：所有人对上帝的称呼都是最完美的事物，这就是我们所领会的，要不然上帝存在时的观念就不能被领会。你说你不理解这些从人们嘴里说出的最普通的话，就只是为了反驳，这未免有些太过分。另外，使用我对观念这个词语所表明的招供，自言自语地说上帝是不存在的，这是人们在力所能及的范围里对宗教亵渎最大的招供，因为这不只是说认识上帝的时候不能最自然的道理，而且也是说，不管用的是信仰还是其他的办法，都没有办法对上帝的存在做出认识。假如不存在任何的观念（意思是没有任何知觉）意思跟上帝的一样，那么说上帝的存在也没有任何的意义，这就相当于在说一个“无”字，这样一来，人们就陷入了违反常规的深渊和愚蠢至极里面。

他们继续说：如果我存在这个观念，我就能懂这个概念，这是没有任何道理的；因为，懂得这一次表达着某称程度，一个无限的上帝不能被一个有限的精神弄懂，但是他被精神知觉却并不妨碍，就好像人可以用手摸到这座山，但是却没有办法拥抱它。

对于我的理由，他们继续说：他们没有办法被这些理由说服，当他们阅读了这些理由的时候对这些很容易就可以反驳，存在着这样的一部分人，这些理由他们明白了并觉得很满意。相比较来说，更应该相信这个人，因为他懂得了或者看明白了这些东西，并没有任何撒谎的意图，但是那些没有看懂那些东西的一千个人对这个东西持有否定的态度，是不值得被相信的。同样的道理，对于那些环绕过地球几周的水手比那些不相信地球是圆形的哲学家，更值得让人相信。在这里，被他们提到过的欧几里得几何原理，似乎不管是什么人都可以轻松地去理解。我希望他们可以去思考一下，那些在经院哲学上被大家公认地最有学问的人里，对于这些原理的理解一百个人里还没有一个，而一万个人里面没有一个对于阿波罗纽斯[1]或者阿基米德的所有论证都了解的人，即使他们跟欧几里得的论证同样的明显可靠。

最后他们认为：当我知道我是不完美的时候，上帝是存在的这个结论并不能由此得出，什么也证明不了；因为我并没有直接推论，而是在这上面添加了一些事物，这让我想起了写这些的人的手段，他断章取义地去理解我的理由，当别人看到我的理由的时候觉得不完满。

对于他们关于其他三个沉思所提出的反驳，我在其他的地方都进行了大量的回答，例如他们反驳说：第一，证明上帝的时候用我们心里的某些概念，然后又说，因为之前对于上帝的存在性没有确切的答案，因此对于所有的事情都是犹豫不决的，我这是做了循环论证的错误；第二，上帝的认识对于获得真理并没有任何的帮助。第三，上帝可能是骗子。在我的对第二组反驳答辩的第三、四点[2]还有对第四组反驳回答的第二部分的最后一部分都是我对这些问题的回答。

但是在最后，他们加上了一段话，虽然在这很像是我们作者的话，但是我不知道他的书里是否反驳过。他们说：对于那些我作为我的物体学原理所建立起来的数学的广延被那么多学识渊博的人认识可以清楚地看到的，不过都是我想象出来的，它们的存在性不能是在我的精神之外，因为它仅仅是我从物体中抽象出来的事物；因此，我的所有物理学就像是纯粹的数学一样，只不过是一些虚构的事物，而属于上帝创造的实在物理学里，实在的、坚实的、不是想象的东西是必须要存在的。在这里谈论到的学识渊博的人物们的全部学说的简介，就是所有反驳中最好的反驳。我们可以理

1 Apollonius，公元前3世纪末古希腊几何学家。

2 “第三点和第四点”，法文第二版缺。

解和领会到事物，不存在任何的实际存在性，在他们眼里，都是我们精神的幻想，因此，我们没有办法去领会或者想象所有的东西，也没有任何的事物是我们应该认为是事实的，意思就是说，一定要把理性全部抛除，满足于做动物不再做人，以便获得资格成为知识渊博的人。假设那些可以被我们领会的事物都要被判定为不对的，原因就是他们可以被我们领会，因为那些真实的东西就是我们没有领会的事物，我们的学说用这些来构成，就像是猴子不明白自己为什么要模仿。特别希望我的物理学跟纯数学类似，所以当他们把我的物理学跟纯数学结合在一起的时候，我感觉到非常的欣慰。

在最后他们加上了两个问题，即：假设灵魂不是物质的，它就没与办法让肉体行动；物体性事物的外表也就不能接受。对于这两个问题是在提醒我，去告知我的作者，当他用反驳的借口向我抛出了这一大堆的问题的时候，对于我的证明来说解决这些问题是没有任何的必要的，而且只是渊博的人一辈子解决的问题可能还没有无知的人一分钟解决得多，因为他们的反驳不存在任何的理由。这就是我不想对这两个问题费事地去解决的原因。肉体跟灵魂之间的结合被当作这两个问题的前提条件，但是我并没有说过这些。但是，我想告诉你的是，这个假定的产生就是这两个问题所有困难的地方，但是这个假定是错误的，是没有办法进行证明的。这个错误的假设是：假设灵魂跟肉体的性质是完全不同的，那么它们之间就没有办法发生作用。恰恰相反的是，对于愿意承认像热量、重量以及诸如此类的实在的偶性的人，对物体可以作用于偶性，他们并不怀疑；而且，即便如此，它和它们之间，即一个偶性跟一个实体之间的差距要大于两个实体之间的差距。

另外，既然我手里有笔，对于我在这本《意见书》里发现的两个存在争议的地方在这里再一次地向大家指出来，因为我觉得那些可能没有注意到的读者们一定会感觉到非常的惊喜；而且我向你保证，如果我在这里遇到了我认为值得答辩的地方，我一定积极地作答。

第 63 页是第一个地方，因为我说过：在严格的意义上，当灵魂把自己看作一个非物质性的实体的时候，它就会对一切物质性的东西产生怀疑。而在七八行以后，对于严格意义上的这几个，我为了指出这几个字指的并不是完全的否定或排除，而是从物质的事物里拿出来的，我说过，即便如此，物体性的东西在灵魂里是完全不存在的观点也是不确定的；在这上面，即便他们没有说什么，但是这对我来说是非常不公平的，他们甚至想要说服读者，认为我只是想在严格意义上地把物体全部排除掉，如此，这就让我跟我在以后说我并不愿意排除物体形成矛盾。在第六个沉思里，我假设在以前我并没有证明过什么事物来做论据，他们指责我说，我这样的做法得出来的推论是不正确的，这在这本书里是经常可以见到的事情；幸好我知道作者的人品，并且知道他不是第一个深陷这种错误的信仰里的人，要不然对于他的做法我会怀疑他是成心的。

另外一个地方是在第 84 页，尽管区别跟抽出有很大的不同，但他还是想让两个人拥有同一个观念，当区别于一个实体跟它的偶性的时候，就是两个之间都要考虑，这可以在很大程度上帮助到认识实体，当把实体用抽出的方法从它的偶性里分开的时候，也就是说，只考虑它的实体而不考虑偶性，这对于人们认识它起到了阻碍的作用，因为实体只有通过偶性才可以显现出来。

先生，以上就是关于这一本冗长的《意见书》所应该做出的所有答复，因为，如果对于他的反驳我都做出答辩，也许对读者来说会更加的满足，但是我的朋友会非常不赞同我的做法，他们会认为，我不应该在这么不必要的事情上浪费了这么多的时间，如此，就会让那些想要浪费我空闲时间的人向我提出很多无聊的问题。但是我依然十分感谢你对我的关心，再见。

第六组反驳
许多神学家和哲学家们作

对你的沉思和前面你做出的答辩进行了详细的拜读以后，希望你可以回答我们下面的几个不解之处。

第一个是，我们的思维是我们存在的原因，这个论据似乎并不牢靠，因为，为了可以让思维靠得住，对于思维的性质以及存在的性质[1]你应该提前了解；既然对于这两件事，你都不了解，那你是怎么知道思维是你存在的理由呢？所以我不知道你说的我在思维是什么意思；我也没有办法理解你说的我存在。甚至对于思维跟你说了什么，我都不明白，因为，为了如此，你必须要知道你说了什么，你知道你说了什么也一定要认识到，这样直到无限，显然对于你是否存在或者是否在思维，你是不知道的。

第二个疑难，当你说：你存在是因为你思维。想说的是你弄错了，你只是被推动了，你并没有思维，那些被你称为思维的东西[2]，只是一个物体性的运动？没有什么物体性的运动可以恰当地用思维这个名称来称呼。你认为你已经对此作出了很好的证明，但是直到现在关于你的推理，还没有人可以理解。对于你的精细的物质运动，你是否认为你能够用你的分析法将它分离到足够的仔细并且你自己都觉得这是非常智慧的，这些物体之中分布着我们的思维，我们相信是矛盾的？

第三个疑难跟第二个疑难相同。虽然有些教会的神父认为天使是物体性的，这跟柏拉图主义者是相同的，从而在拉特兰会议中规定天使是可以

1 法文第二版是“你的存在”。

2 法文第二版是“不是什么其他的什么事物”。

被画出来的，他们的思维跟理性的灵魂是一样的，一部分神父认为这种灵魂是从父亲那里承接过来的，他们却都认为天使跟灵魂都有思维。这是为了让我们相信，思维可以用物体性的运动来实现他们的意见，或者，天使的本身就是物体性的运动，他们跟思维是相结合在一起的。用猴子、狗或者是其他动物的思维也能够去证明出来。就像是在追兔子一样，狗在睡觉的时候发出叫声；它们在睡着的时候，非常地清楚它们在跑，在做梦的时候也很清楚地知道自己在叫。如果你认为它们在跑或者在叫狗并不知道，对于你的观念你无法去证明，也许它们真的可以跟我们做出一样的判断，即当我们的思维在跑的时候，对于我们的行为我们并不知晓，对于那些内部的行动方式，你们是互相看不到的。不管是过去还是现在，都有一些大人物，对于动物的理性他们是不否定的。对于它们的所有活动都可以用机械的方式去加以证明，并且不把这些活动归为感官、灵魂、生命，对此我们是绝对不会相信的。把人们可以提出的所有反对意见全部都抛除掉，十分确定地认为这是不现实的，而且荒唐至极。最后，如果在猴子、狗的活动上都是这个样子，那么肯定会有人说，人和机器的一切行动都是一样的，对于人里面的感官跟理智，他们都不再愿意承认。因为，假如说人跟动物之间的理性是有或多或少区别的，但是性质上是一样。

第四个疑难是一个无神论者所提出来的，他主张，当他确切地知道从两个相等的东西里去减去一个相等的量的时候，剩下的部分也是相等的，或者一个三角形的三个角之和等于两直角之和，以及类似的事物的时候，他的学识还是值得相信的，甚至根据你的规律，这是十分明显的。如果一些东西他坚持认为是真实的，即使上帝不存在，或者像他认为的那样，这个世界上是没有上帝的，这些真理也会像上帝是真实存在的一样的可靠，在这方面他认为没有人能够反驳他，或者是让他的真理产生丝毫的怀疑。因为你没有什么可以反驳他的，如果真的有一个上帝，他骗不了他。他会告诉你，在这方面，即使上帝用了他所有的能力，依然骗不了他。

第五个疑难就是从这个疑难中产生的，这个疑难在于你认为上帝没有任何的欺骗行为。因为，下地狱的不管是天使还是人，很多的神学家都认为一直受到上帝在他们心中印刻的一种惩罚着他们的火的想法所欺骗，虽然实际上并没有火，但是他们依然坚信不疑地认为有火在烧他们，上帝就是用相同的方法来欺骗我们，不停地强制加给我们，不断地在我们的灵魂上雕刻上这些不正确的观念，那些由我们的感官知觉到的所有的东西，都让我们认为我们看得非常的清楚，我们之外没有存在这些东西，难道，天、地、星辰，我们的胳膊、腿、脚等都不是真实存在的吗？事实上，如果他就是这样做的，我们没有任何的理由埋怨他，而且不能去责备他的不公平，因为他是上帝，是万物的主宰，他想怎么做就怎么做，主要的原因是，他只有这样做的时候才可以压制人们的狂妄，对他们或者他们的祖先的错误进行惩罚，又或者是其他我们所不知道的事情。对于《圣经》里的很多地方似乎都符合，但是却不知道在这些地方上他证明了人的什么，就像是《哥林多前书》里门徒[1]在第八章第二节所说的那样[2]：如果有人认为自己知道什么，那按照他所了解的，他依然什么都不知道[3]。在《传道书》第八章第十七节里说的对于上帝的一切我都可以看明白，但是人在太阳下做的事情我却看不明白。不管是我们怎么努力，都不能明白。即使是有智慧的人想去了解都没有办法。对于这些话，圣人是经过深思熟虑，反复地考虑才得出来的，并不是敷衍仓促得出来的。从这本书里的内容就可以看出来，主要是在他对于你认为的灵魂不死的地方，在第三章第十九节里，他说世人跟兽所遭遇的是一样的，死亡的方法也是一样，为了让你认为这不仅仅是肉体，在不久以后他接着说，兽要比人更加的强大。在对人的精神进行讨论的时候，他说人的灵魂是上升到天上，也就是说他不是死的，或者兽的灵魂不是进入到地下，意思就是，在地下腐烂。在那个地方不要谈论不信

1 “门徒”指保罗。

2 《圣经》上的话是根据“圣经公会”的中文《新旧约全书》官话本抄来的。下同。

3 法文第一版在这句话下面还有：“也不了解他怎么应该知道。”这句话在《圣经》里没有，在法文第二版里也没有。

教的人的性格；对于以前他曾谈论过的东西，他是应该指出并进行反驳的。也不要觉得可以自为自己辩解，把解释《圣经》的事情交给神学家们。因为，你是一个基督教徒，对于那些反驳你的，认为你存在着违反信仰的东西的时候，特别是那些认为你违背了自己想要建立的职责的人，你需要准备足够充分的回答。

第六个疑难来自无所谓的判断或是自由。按照你的看法，他没有让自由的意志更加的完满，相反的是，它的不完满被你包含在无所谓里，因此，不管是什么时候，理智要保持清楚、分明的认识，事物是必须相信，必须做或必须不做的，绝对不是无所谓的。因为，上帝没有创造其他的世界而是创造了这个世界，或者是哪个世界都不去创造，难道你没有看到，上帝的自由全部都被这个原则所破坏了，在上帝的自由上你去除了无所谓吗？虽然这是因为信仰让我们相信，一个或者很多个或者一个世界都没有创造的时候，上帝是永恒的无所谓的，上帝所有的事情，哪些应该做哪些不应该做永远都可以看得很清楚，有谁可以对此产生怀疑吗？因此，对这些事物非常明白的认识以及清楚的知觉说法是不正确的，对自由意志的无所谓进行排除以后，这种无所谓，如果不符合人的自由，那同样的不符合上帝的自由，因为事物跟数目的本质是一样不可分割的，不会发生任何的改变；包含着人的意志的自由并不比上帝的自由的意志的无所谓的自由多。

第七个疑难。你说所有的感觉都是由面而发生的，有的发生在面上有的通过面发生，对于为什么它不能是被感知到的物体的一部分或者是空气跟水气的一部分，甚至是这些事物的外在的，我们并不知道；对于你说的没有实在的偶性（不管它们属于什么物体或者是实体）可以被上帝的全能在他们主体上被分开并且没有任何主体的存在，对此我们还并不是很理解，而在祭祀台上的，这样的事情是真实存在的。即便如此，在你答应我们的那本《物理学》书里，我们知识渊博的博士们是否可以看到你对所有东西的证明，是没有任何烦恼的理由的。的确，对于《物理学》这本书可以提出很多让我们明白的论点，使我们可以接受它并抛弃以前古人教给我们的旧的方法的说法对于他们来说是很难相信的。

第八个答辩是从你对第五组做的答辩里总结出来的。就像是你在其他地方所提出的那样，几何学的真理或者是形而上学的真理，是怎么保持永恒不变的同时还能永恒不变呢？且他们取决去上帝的时候是什么种类的原因呢？三角形的观念怎么样才能被他消除掉？怎么样才可以让二乘以四等于八是假的，或者三角形不再是三个角？以致当理智在思维的时候，这些理智只取决于理智，或者是事物的存在性，或者是独立存在的。因为，上帝不可能让这些本质或者是真理全都不存在。

最后第九个疑难，对于这个疑难，我们都认为十分的重要。你认为感官是不值得信任的，理智的可靠性比感官的可靠性大很多。假如理智的可靠性就只是从很合适的感官中搬过来的，而没有其他大的了，怎么样才可以做到呢？事实上，难道我们发现不了，如果不是其他的感官先把它从其他的错误里拯救出来，对于我们其他感官所犯的错误他都没有办法进行更正？就像是，水里的一根筷子，因为折射作用使它看起来好像是被折断了一样，谁来对这个错误进行更正？绝对不是理智，而是触觉。其他的感官也是如此。因此，如果你的所有感官都被安排得很恰当，而且总是给我们报告同样的事物的时候，那些用感官的方法可以获得的、一个人自然的做到的最大可靠性被你认为是正确的；如果对于你的精神的推理太过于信任，你绝对会时常弄错；因为在那些理智觉得没有任何值得怀疑的一些东西上经常会受到理智的欺骗。

以上这些就是我们的主要疑难。我希望你可以在这几个疑难上面加上有效的标记以及可靠的规则，以便于凭借它们靠得住的认识到，当我们对一件事物领会到完全不用别的事物的程度的时候，的确是一个东西跟另一个东西是完全不同的，所以它们才可以分开存在，意思就是，请告诉我们，要如何在可以清楚、靠谱的了解到由理智分别出来的是建筑在事物的本身而不是我们的精神上面。因为，当我看到上帝的正义而不是他的无边无界的时候，或者是当我们想到的不是圣子而是上帝的存在的时候，那么对于存在性的领会离开了三位一体中的其他两位，我们就不能领会到他的完满性了吗，或者是上帝的存在吗？对于这个存在性是一个没有宗教信仰的人跟你一起否认物体存在精神或对于它的神圣性思维有同样多的理由。这就像是有人认为，圣子跟圣灵以及跟圣父之间的本质是有区别的，或者是可以跟他分开这样错误的结论，人们永远不会对你做出让步，认为思维也可以说是人类精神，是实在与物体之间有分别的，即使你可以不用另一个[1]就可以清楚地对这一个进行领会，即使你承认一个却对另一个进行否认。当然，如果你可以对这些疑难进行充分的解答，那么对于我们神学家来说就再也没有什么值得我们不安的了。

附录

我把其他几个人对我提出的问题也放到了这里，因为我们之间的问题类似，所以没有必要分别解答。

一些知识渊博的人向我提出下列三个问题：

第一个：我们可以对我们的灵魂有一个清楚分明的观念，我们是怎么确知这一点的。

第二个：我们怎么能确定这个观念跟其他的事物是完全不一样？

第三个：我们怎么能确定这个观念本身不存在属于物体的东西？

下面的信也是以这个题目给我寄来的：

一些哲学家和几何学家致笛卡尔先生。

先生：

无论我们多么细心地检查物体性的东西是否不被包含在我们对我们的精神所具有的观念（指的是人类精神的概念）里，我们没有办法确认在任何的方式下，思维都不能跟秘密运动所推动的物体相互符合。因为，就像是人的肉体跟兽类的肉体那样[2]，一些物体可以思维，而另外的一些物体不

1 “尽管你认同一个而否认另外一个”，法文第二版缺。

2 “就像……那样”，法文第二版缺。

能思维，因此，我们想要得出没有任何物体可以思维的结论，你不觉得我们是在狡辩，并且胆子太大了吗？假如这个讲观念的论据，我们是第一次做成的，对于你有理由取笑我都很难让人相信。对于上帝以及精神物体之间是有实在的区别的，你却用这个论据来证明，之后检查的时候用的是你的分析法。的确你表现得很有意见而且十分的担心，这好像是你自己蒙蔽了你的双眼，让你看不到精神的所有活动跟特性都取决于纯粹的肉体的运动；或者是，把（按照你说的）限制我们精神从肉体跟物质上升出去的结打开吧。

在这里，我们说的“结”是：对于二加三等于五我们都知道。假如从相等的事物里去掉相等的事物，剩下的事物也是相等的，我们之间一样，相信这些真理以及上千个其他的真理；但是为什么我们不能同样地用你或者是我们的观念的方法，对于灵魂跟肉体之间的是有区别的，还有上帝的存在，用我们自己观念的办法？你可能要说，如果不能跟你一起沉思，这个真理就不能被你放在我们的精神中；但是必须要对你做出回答，对于你的沉思，我们十分专注地读了七遍以上，但是我们并没有被你说服。但是，我相信你应该不会说我们笨得像兽类一样，对于研究这些形而上的东西并不适合，即便我们从事这个东西已经三十多年了，但是你肯定不愿意承认从上帝跟精神的观念里所得出的这个理由分量并没有那么重，也没有足够让那些学识渊博的人（他们想要想尽一切办法让他们的精神超过物质）完全认输的权威。

相反，对于你的那些沉思假如你愿意全神贯注地再去读一遍，并且（如果是一个敌对的人提出的这些沉思）愿意费心把这些沉思用相同的方式再坚持一遍，我认为你会跟我们拥有相同的想法。最后，对于肉体的能力跟运动可以达到什么样的程度你并不了解，对于上帝给一个主题放进去了什么或者是添加了什么，你认为是没有人可以了解的（除非是上帝经过特别启示），那么对于能力和特性，你凭什么说上帝没有放进物体里呢？

先生，以上就是我们的全部论据，或者如果你想要称它们成见也可以，假如你可以给予这些成见挽救的方法的话，会让我们恍然大悟，如果可以从你的学识里获得一些知识，我们将不胜感激。希望上帝可以保佑你一直顺利！

著者对许多神学家、哲学家和几何学家作的第六组反驳的答辩

一、有一件事情是毋庸置疑的，一个人起初肯定是要了解关于思维的本质和存在的本质是什么，才能了解另外一个人是不是真的在思维，是不是真的存在。由于我们对一概事物是完全不会了解那么多的学识的，所以我们并不需要去对这个学识再蓄谋已久地想做出什么样的考证去得到什么样的结果，迫使他从中意识到他懂得，知道他懂得，一直到没有限度。当某天有人察觉到他在思维，接踵而来的当然就是他存在，即使他以前并没有处心积虑地想去了解思维跟存在是何物，然而，并不能因为他没有充分地了解到思维跟存在是什么，于是就获得十足的知足。因为他一直在用这样属于他自己的方式去得到理解之前的理解，而且对于思维跟存在这样的一种理解对于任何人来说都是这样的理所应当。因此，即使我们因为一些偏见忽视了一些真相，只在乎一些美好的一些现象而忽视了本质。我们确实是没有理由能够失去他，虽然我们可能装作没有他。

二、他根本不在思维而只是在被鞭策，因为那个一是了解他在思维，二是知道被行动所促使是什么东西的人，也许肯定他失误了，但，那是完全没可能的事。尽管我们把不一样的几个特性归属于一个类目，只是为了我们自己的一个习惯。但是，也许是这个样子的，他们这些特性之间是没有任何关联的。由于，一个跟思维的看法根本不是一个相同的见解或者认知，就务必需要去了解这两个的不同。即使他猜忌或者认定思维跟促使在他身上是没有差别的同一件事。但是，我们可以用不同方式的看法把两个不一样观点的东西看作一种相同的一个东西，就是，只是在构成这种观点的合并性，或者是本质上的融合性和合并性上是一样的。例如，在我们的

了解中骨头和肉的特点是不一样的，又例如形状的特点和运动的特点是不一样的，思维的概念和延续的概念是不一样的。但是，我用我自己认识的一方面和我自己心甘情愿用另一面来认识的概念来了解。即使是这个样子，我们照样可以理解得很清楚，就如同我们心甘情愿去了解在观点的融合性是一个东西的那样，一样的东西即可以认为是属于形状，也可以认为适合于运动；所以，形体和运动在本质上是属于同一种东西。但是，又因为在同一个动物身上除了肉还有骨头，所以我们就没有办法在骨头和肉的实质下考虑的是同一观念，这就没办法让我们把肉和骨头看作同一个本质上的东西。此刻的问题是我们所了解到的思维性和广延性与我们在运动和形状之间所了解的观点是一样的，因为，我们知道我们自己所了解的思维性和本质性在观念上是同一种融合性的东西；或者我们可以这样说，它们是不是在构成的同一个性质上被认为是同样的东西，肉和骨头他们都在同一个动物的身体里，就像在他们或在我们同一个身体里一样。

由于，我对思维和延续性的看法在同一个观念上所看到的性质是不一样的，这些不一样并不少于我在肉和骨头上所看到的性质小，所以，这些观念和我自己所感知的一些东西是一样的。不过，他们利用他们的权势在这个地方抨击我。在他们所有人都还没有理解我所发表的观点的时候，我必须对他们反对我的东西做出辩论，因为我怕他们会给真谛带来不利。即使有少数人在以前验证过这个观点，但是其中还是有少数的一些人信任了解他，而且毫无保留的信任。还有，我们的一位同志去过美洲，他回来以后对我们讲，他看见了对蹠点，那些没有见过对蹠点的人，他们并不相信有对蹠点的存在，对于那一个证人来说他很清晰地领会了那个观点，当然对于那些人的观点，他并没有什么看法。但是那些人没有任何原因地说那个观点并没有被一个人知道和了解，我个人觉得那些深思熟虑过的人应该更看重那一个人所认为的观点。虽然他们没有去认识这个观点但不代表别人也没有去认识这个观点，所以，他们现在的说法并没有什么说服力，自然他们的观点对于我们来说也不应该受到看重。

最后，他们向我提出了一个问题，就是如果用他们自己的思维方式去认知一些非常精细的物质的运动瓜分，去告诉那些自以为自己很聪明的一些人的方式在这个物体的运动中冲突是存在的，所以，物体性的运动就像我们自己的思想一样。关于他们对我提出的这个问题，我个人是完全不否认的，但是，我并没有办法确保别人可以相信我的看法，即使是那些非常聪明无懈可击的人。因为他们并不是和我们一样把自己的思维放在那些比较明智的东西上，而是把他们自己的思维方式用在那些并不存在的东西上，就比如我们轻轻松松地就能看到他们用想象去理解[1]思维方式和运动的不一样，所以，我没有办法去说服他们信任我。由于，我们清晰、明确地了解这些不相同跟那些完全没有根据的东西，除非是上帝原本就没有把这个冲突的想法分开去理解[2]，所以，这种不相同的东西只有在思维方式的看法跟一个有延续性的东西的看法是截然不同和没有任何根据的。于是，我们不能因为我们经常看到他们在同一个主体里，就觉得他们是同一个性质上的东西，就比如我们身体里的思维和物体性的运动一样，他们唯有在融合的构成上才是一样的东西。

三、我们现在没有必要再去谈论那些柏拉图主义者和跟班们了，因为他们已经收到全部的哲学家们还有天主教会们的驳斥了。再者说了，即使现在拉特兰公会议已经确定能够对天使进行绘画了，但是，我们没有理由去认为他们就是实质性的，即使我们人类能够确认他们就是那个样子的，但是我们也不能认为他们比我们自己的精神跟我们的身体是紧密相连的。

而且，只是因为我们的身体是和我们双亲的身体长得相同，我们的体魄是从他们的双亲的体魄所生的，但是我们不能因为我们确信我们的体魄是一代一代相传承的，我们就能够得到证明去说它们是实质性的。而且，当我把自己的思想认为是狗跟猴子的思想时，就可以说，不只我们人类的体魄和身体是有区别的，别的动物也是不相同的；就跟现在那些还在向我吹捧的柏拉图主义者们跟毕拉达格斯他们的追随者所倡导脱生说那样众所周知。不过，我个人认为除了我们人类以外的生物是没有思想的，虽然他

1　法文第二版是“认识”。

2　法文第二版是“认识”。

们非要让我觉得有思想，但是，我用非常有根据力的论证验证过他们，所以，到此刻为止并无太多人否决过它。而那些人说他们觉得狗在不睡觉的时候知道它们在运动，还认为狗在没有醒着的时候听到它们在喊叫，那些人讲这些话的时候没有什么论证，而且他们讲这些话的时候好像是和它们有所商量过的一样。由于，他们认为人们可以做的全部否决的看法都充耳不闻。固执地觉得这根本是不可能的事，更是认为是十分荒谬的。即使，他们不能够相信动物的一些做法可以用机器来代替证明，就像我所说的那些没有思想的东西，虽然我从来没有否认过人类可以叫作生命等一些东西。但是，我们并没有别的见解去证明这可以正确到人们可以使用相同的论证去信任他们，所以这并不可以当作一种论证，而且，在有些时候我们没有什么说明的时候我们就去发誓，这显然很不符合习惯[1]。所以我想表达的看法就是我们不要随便就去嘲讽那些看起来不是很符合常规的东西，因为我以前老是看到有一些比较厉害的人去嘲讽一些看起来有对蹠点的人。

最后，我想说的是，他们那些人到最后，就是说如果机械可以代替猴子、狗和象的所有感官和活动，他们就会不再相信人类存有感官和思维，因为他们觉得人的所有活动也会被机械所代替。显然这并不能作为一个理由，因为它不可能去论证一些什么。当然，会有少数一些人，他们并不能完全地理解一些事物，还有对于他们刚开始并没有经过一些论证的但还是很坚持的看法，导致他们不愿意去更正这些看法，还会反对他们曾经所经历过的东西。很负责地讲，即使会有人对我们说倘若动物不存在思维就不存在所有的活动，但是，根本就不会有人推论出可以证明我们没有在思维，因为，我们没有办法在心里感受到我们在思维，除非，是有这么一个人他非常坚持地认为我们人类与动物的思维方式是相同的，即使会有人给他说明动物不能同我们人类一起思维的时候，他便将他自己的思维抛弃，他的内心不得不有一种能够一直给他带来源泉的他所通过证明的一些思维。来

1 哈尔丹和罗斯凭借拉丁文的英译本译为："相同的话也能够对于任何意见都可以这么说，即使这个意见十分正确；不仅如此，人们并不愿意发誓，除非是在他们对没有道理的地方证明的时候。"

维持他和动物相同的方式来活动的这样的一个观念，来给我们经常传授动物和我们的思维方式是相同的。但是，我只能相信有很少的一些人是这样。不过呢，假如我们认为思维和实质性地运动是一样的，那我认为绝对会有比现在还多的人认为动物和我们人类相同，况且，他们会看到动物和我们人类同样的运动，即使，他们可能不会让动物和我们人类这样有理智，但是，他们会有时机去确认我们和动物有这相同的思维，尽管在这上面会有稍许的差别，但事物的性质是更改不了的。

四、对于一个无神论者所拥有的知识，很简单就可以看出它并不是完全正确，可以被依靠的；因为，就像是我们之前说过的那些，无神论者的看法是创造他的那个人越是没有能力，那他就可以有机会怀疑他的本性并不完满导致了在他认为很简单的事情出差错。假如不是了解拥有全部真理的真正的[1]上帝创造了他，而且这个上帝是真实存在的，那么这个怀疑他将永远坚信。

五、欺骗的本质本身就是不存在，如果人们愿意思考这个问题，一个至高无上的存在体绝对不可能是不存在的，那我们就可以由此得出，上帝不是骗子。我们认为这是基督教的基础，所有的神学家对于这个真理也是认同的，这一点是我们信仰的关键。因为，假如上帝曾经欺骗过我们，那么对于上帝启示给我们的东西我们也就不会再相信。而且，神学家们都一直认为，下地狱时的人受到地狱之火的惩罚，这里的地狱之火是真实存在的，并不是上帝给下地狱之人的假象，让他们感觉自己在被火烧。因为就像是一个活人，他的精神被关在肉体里，因此等他死后，上帝可以用他的全能让他的肉体受到折磨，等等（参看《宣判之主》第四卷，第 44 页）。至于圣经中的一些地方，假如对我不是特别反对的话，我就觉得不需要再对此作出答辩；因为除了攻击我以外，还有持反对意见的一切基督教徒。举例说明，就像是这些建议，我们可以对事物作出了解，人的灵魂跟动物的灵魂不同。我担心，假如我宁愿去寻找新的答案也不愿意采纳别人已经回答过的结论，那别人就会说我是狂妄的。由于对于神学研究我从来没有

1 “真正的”，法文第二版缺。

从事过，只在对我的研究有帮助的情况下我才会采纳一点，同时我认为我自己并没有支撑我从事神学事业的神圣的灵感能力。所以我想在这里声明，像这样的反驳今后我不会再做出答辩。

即便如此，我还是要在这里做出答辩，因为有些人会认为我没有能力对《圣经》里你们所提出来对的地方做出合理的答辩。我说，首先，在圣保罗写的《哥林多前书》第八章第二节里应该指的是无神论者们的知识，即认识上帝的人，都会热爱他；因为如果谁对上帝做到了真正的了解，就一定会热爱他。前面的几句话可以证明这些：如果上帝知道这个人，那他一定热爱着上帝。就是如此，门徒[1]承认那些热爱上帝的人对他是认识的，所以他认为人们可以拥有知识，即他们对上帝有一定的认识。但是对于那些对上帝没有充足了解的人，是没有爱心的人，也许他们自己认为的认识是在其他的地方，但是对于他们应该认识的他们却没有认识，也不了解他们应该如何认识[2]，在我的沉思里我已经做出了解释，人们是在认识上帝的基础上，然后由这个基础去决定我们对其他事物的全部认识。我认为那些反对我的人对这段文章并不能做出很好的解释，因为在他们写的反驳我的文章里，对于我的这个观点进行了公开的认可。假如有人认为我对于有人爱上帝，那么就说明上帝认识这个人的说法跟《圣经》里的不相符，而“他”也是被他认识和证明的上帝认为的，并不是上帝说的，那么在《约翰一书》中门徒约翰在第二章第二节[3]里说：当我们遵守他的诫命，就是对他认识了。在第四章第七节里说：对上帝热爱的，都是上帝创造的。这就是我所要解释的。

《传道书》里所表达的观点跟我的并不相斥；所罗门在这本书里说的是他自己的所作所为，并没有谈到异教徒的做法，这是值得注意的地方，所罗门认为自己是罪人，他懊恼自己以前是上帝的敌人，并且认同，如果他的行动不联系到上帝的光明智慧，并不把这些看作上帝的赏赐，而只是想

1　指保罗。

2　在《哥林多前书》第八章第二节里是：“假如有人认为自己知道了什么，按照他应该知道的，他仍旧什么都不知道。”

3　在《新约全书》里是第三节。

要利用人智慧的光明来指导，那些令他完全满意的事物他永远都没有办法找到，或者他所发现的也都是充满虚伪的事物。这就是那么多次他劝解人们遵从上帝并对自己的过错做出救赎的原因。在书中第十一章第九节里他曾经说过：上帝一定要质问你关于这些的所有事情[1]，一直到书的结束。第八章第十七节：上帝的一切行为我都要看明白。人不管用多大的力气，都没有办法查出人在日光下做出的事情，等等。这些只是他描述前一节的那个人认为的，并不是指一切种类的人：有一直不睡觉，昼夜不合眼的。在这里就像是先知想要对我们说的那样：工作量太大，努力的学习，妨碍人们对真理的认识；那些只是认识我的人放在我身上的，对此我并不觉得应该去相信。但是要注意这句话：在太阳下面行动的，在全部的书里，这句话出现了很多遍，上帝的附属性并不被包括在内，并且经常被认为是自然的事物所表达的，太阳下的事物不能把上帝包括在内，因为上帝是至高无上的；因此这些话的意思是，人要想对自然的事物拥有完满的认识，那他就必须先认识上帝，对于这个问题的看法我跟先知的看法是一致的。最后，在第三章第十九节里，他认为人跟兽的死法是一样的，且兽要强于人，即使这只是说的是肉体；因为在这里，他说的只是肉体的事物，接着他又说到了灵魂，说：没有人知道人的灵魂是升天，兽的灵魂是下地的[2]。意思就是谁能够可以去理性地思考，凭借上帝给我们的提示，对于人的灵魂是否永远地受到上帝的庇护做出回答呢？对于人的灵魂不是物体性的，我曾经想用自然的道理去证明这一点；但是只有信仰可以告诉我们，人的灵魂是否上升，或者是将永远享受上帝的庇护。

六、对于自由意志的自由，人的自由跟上帝的自由[3]有很大的区别，这是没有任何疑问的；对那些已经存在或者是将要存在的所有东西来说上帝的意志都是无所谓的，这是说不过去的，任何代表真或者善的观念我们都想象不到，上帝意志中存在的应该相信的、应该去做或者是不应该去做的

1　法文版原文是：“要知道，对于你的一切行动上帝都会让你认识到。”

2　法文版原文是：“谁都不知道亚当的孩子们的精神是上升、动物的精神是下降的。”

3　法文第二版是“自由的理性和本质”。

观念规定，在他的理智里早就存在有这样的观念。在这里，我谈的不是一种时间上的先后，而最重要的是，这种观念的存在是上帝的意志规定他先存在的，不是因为次序或者是性质的在先，或者是经院哲学家中所说的经过推理的代理在先，促使上帝选择这一个而不去选择另一个的是善的观念。举个例子，上帝在时间里创造世界而不是永恒里，并不是因为他认为这样更好，就像是他想要让三角形的三个角之和等于两个直角之和也并不是因为他只可以是这样，恰恰相反，三角形的三个角之和一定等于两个直角之和，因为他愿意这样所以他就这样做了，其他的所有事情也是这样，而不是必须要这样。上帝愿意做什么并不是那些圣人们所规定的，而是上帝永远的愿意它们成为这样的一个结果。如此，他全能最大的证明就是上帝那里的一种无所谓。然而对人来说可并不是如此，人已经发现了对于上帝所建立跟规定的善良跟真理，并且人的意志都是朝好的方向发展的，那么就是如此，真与好越是被人了解的时候，人们对此就更容易接受，人之所以抱着无所谓的态度，那是因为他们对真与好根本就无法理解，或者保持怀疑的态度。如此看来，适合人跟上帝的无所谓是不相同的。即使说事物的本质是不可分割的，也没有任何的作用，同样的道理，既适合上帝又适合造物的本质是不存在的；最后，人的自由的本质并不包含无所谓，只是当我们对真和善了解得不清楚的时候，我们的态度是无所谓的时候是自由的，对一件事清楚分明的认识推动跟迫使我们去追求的时候我们也是自由的这才是最主要的。

七、我觉得是面触动了我们的感官。对于面我的领会跟哲学家还有数学们对于面的领会是相同的。他们对面平常的领会是区别于物体的，假设它们没有高。数学家们把面这一名称用两种方式来使用：第一种虽然不反对一个物体有高，但是只是考虑长跟宽而不考虑有高；第二种只考虑物体的单个样态，于是就否定了它的高。因为，为了规避所有种类的分歧，我说我所谈论的这种面，不能是物体的部分而只是一种样态。因为物体是一种实体，因此它的样态不能是部分。但是对于它终止了物体这一点我从来就不否认；相反地，我认为不管是包含的物体的表面还是被物体包含着的表面，它可以被叫作表面是十分正确的，按照大家所说的，两个物体相接在一起，相接的部分就是这两个物体的表面。因为，当两个物体连接在一起的时候，并没有说这个是另一个的一部分，而是说它们之间拥有同一个形态，即使这两个东西被移动了，在它们原来的位置上放上形状大小完全相同的东西，它们的形态就是永远一样的。虽然在这个地方（被逍遥派称之为物体的外包），它并不是一个实体，而只能被领会为一个面或者是一个形态。就像是一个塔，当它周围的东西发生改变的时候，又被其他的事物所代替了，因此并不能说是塔的位置发生了改变。面在这里不是塔也不是空气的部分，它只是被当作地方来使用的。但是，我认为我现在所提出的理由已经足够反驳那些承认实在偶性的意见，用不着在提出其他新的理由。因为，首先，除了接触到的物体的面有感觉以外，其他的都没有。而且如果真的存在实在偶性，我们也感觉不到。但是没有人相信因为它们可以被感觉到所以他们是存在的。其次，如果存在有实在的偶性，那么只要是实在的主体都可以跟其他的主体分开这是说不通的，也不可能发生。只有存在才可以分开实体，偶性是做不到的。只是说只有上帝的全能才可以分开实在的偶性跟它的主体，自然的力量是没有办法做到的，这是没有丝毫的用处的；因为由自然的力量还有上帝的能力做之间是相同的，而上帝平常的能力跟特别的能力也是相同的[1]。这种能力不改变事物的本质，因为它们没有在事物里添加任何的事物，因此，假如仅仅是凭借自然的力量即使在没有主体的情况下还可以存在的实体的话，那只要是那些凭借上帝的能力在没有主体的时候依旧可以存在的实体，也要称呼其为实体。实话说，一个实体的偶性可以是另一个实体，对此我是赞同的。但是在这种情况发生的时候，一个偶性所采取的形式是方式或者是样态，并非实体。举个例子，当一个人穿着一件衣服的时候，被穿才是偶性而不是衣服。哲学家们之所以建立一部分实在的偶性的重要原因是：他们认为实在的偶性是不存在的，对于我们感官的知觉是如何做成的，我们就没有办法去解释，因此我答应将对于我们所有的感官被其他对象所触动的方式全部写进《物理学》一书

1 “而上帝……不同”，法文第二版缺。

里。这并不是因为我想让其他人在这上面或者是其他的事物上面相信我的话，而是对于在《折光学》一书中对视觉的解释我相信已经可以足够地证明了。

八、当人们对上帝的无限大进行认真思考的时候，人们可以清楚地发现，所有的东西，即使是秩序、规律以及好和真的理由也都是取决于他的，要不然（就像曾经说过的那样），创造他所创造的东西并不是完全无所谓的。因为，如果在他之前实现安排好的现象跟理由，那么一定会规定他去完成更好的。但是刚好相反，因为这个理由，他要求自己去完成这个世界上的事物，就像是《创世记》里说的，它们的好取决于上帝心甘情愿把它们做成这个样子。而且用不着知道这个好以及其他的所有的真理不管是数学还是形而上学的，不管是什么种类的原因都是由上帝决定的；因为，那些不想因果关系的理由的人，建立了原因的种类，所以对于他们没有给它取什么名称，也并没有什么值得奇怪的。即便如此，他还是给它起了一个名字叫动力因；就像是法律虽然不是一个存在体，但是就只是一个存在体，所以说国王是法律的动力因。你问上帝为什么二乘以四等于八这没有丝毫的作用，因为我们也没有办法去知道；但是对于其他的方面，我清楚地知道不取决于上帝的事物是没有办法存在的，不管是什么东西，还有，把其他的一些东西除了它现在的样子它还可以被安排成其他的人们所不了解的样子，这对他们来说并不是简单的，假如是因为那些我们不了解或者是看不清楚的事情就去对我们清楚知道的那些事情产生怀疑，这样的做法是不正确的，因此，永恒的真理只是取决于上帝的意志，而并不是人的理智或者是事物是否存在；上帝作为永恒的立法者，对这些真理进行建立和安排。

九、我们只有把思维分成三个部分，才能明白感官的可靠性是什么。第一个阶段应该考虑的是在物体性的感官里外在对象可以引起什么东西；这个只能是器官功能分子的运动以及它产生的形状跟地位发生的改变。第二个阶段包含在精神上产生的所有东西，这是因为物体性的官能跟精神的结合才产生的，就像是疼痛、痒、颜色、声音、气味等类似的感觉这些物体性的官能受到了它的推动跟感染。就像是我在第六个沉思说过的，精神跟肉体相结合在一起，才产生了他们。最后第三个阶段包括了我们从年轻起就做过的一些判断。这些判断关于我们的感官对我们周围的事物做出的一些印象，或是习惯做出的一些运动的机会。举个例子，当我们看到一个棍子的时候，不要去想象我们的眼睛里会进入那些棍子在天上飞舞的被人们称为“有意外貌”的画面；这就像是我在《折光学》中大量说过的那样，这是因为光线从棍子里反射出来，对神经里的什么运动产生了刺激，并通过它到达了大脑；大脑的运动是我们跟兽类之间相同的部分，感觉的第一阶段做成了这种运动。并且从第一个阶段到达了第二个阶段，这根棍子所折射出来的光跟颜色只是到达了知觉，并且它使产生就是这样的：大脑跟精神联系得非常的紧密，甚至可以让它感觉到它被自己里面的运动所触动了；如果我们想要把理智跟感官准备分开，就必须把这些东西全部归之于感官。虽然对于这种颜色的印象我们可以感觉得到，在我之外的判断这个棍子是存在颜色的，我的大脑的各个部分与从棍子颜色的广延还有它的终止点跟地位的关系上，我想要把这个棍子的大小、形状以及距离等东西归为感官的第三个阶段，虽然人们习惯于把它归为感官，可是显然它们只取决去理智;《折光学》里指出：只有经过推理才可以对大小、距离、形状有所知觉，并把它们彼此分开。但是在这里，只存在一个不同，即对于我们感官中所作出的一切判断我们都是新的不是习惯，我们称之为理智，同时，对于我们幼年那些可以被感觉的事物，对于这些事物对我们的感官所产生的印象，我们在产生判断的时候经常处于习惯，我们把它们叫作是感官。原因是：习惯让我们对那些进行推理跟判断的时候变得非常的仓促，或者不如说让我们想起了以前做的那些判断。对于这种方式的判断还有和我们单纯的由感官做出的感知我们是没有办法做出区分的。由此，当我们说理智比感官的可靠性更大的时候，这是因为我们做出了一些新的观察，随着年龄的增长，我们所做出的判断是经反复的思考比幼年时期的判断可靠得多。这没有什么可怀疑的，这不属于第一个阶段也不属于第二个阶段，因此不可能有错误存在于这两个阶段里。因此，当人们说，在水中插着的一根棍子，因为折射的作用看起来像是折断了，这就像是一个小孩子判断它是折断的是一样的方法；这跟按照我们幼年时期所习惯的方法一样，我们也是如此判断的。但是对于下面所说的话，我并不赞同，即触觉可以更正这个错误，但是理智不可以；因为虽然触觉可以让我知道这是一根棍子，而且从幼年开始我们习惯于这样的判断，因此这也可以被称为感觉，可这对于视觉的错误并不足以被更正，而是除此之外在这个地方，有什么理由告诉我们是在触碰了它以后才做出的这个判断，我们幼年的时候并没有这个理由，因为只能归之于理智，不能归之于感官。从而，就是通过这个例子，只有理智才可以改变感官的错误，对于错误是来自精神活动而不是感官知觉，没有一个例子可以证明这一点。

十、要去检查的剩下的一些问题，他们在向我提出的时候当作疑问而不是对我的反驳，对于我自己的能力我不敢太过于高估，对于这么多学者都持怀疑态度的东西我有能力去解释得非常的清楚。即便如此，为了尽我自己最大的能力，并且考虑到我从事这行事业的前途，对于我是怎么从这些怀疑里解脱出来的，我将非常坦率地说出来。如果我的这些方法可以对别人起到帮助，我会感到十分的满足。但是如果对所有的人都没有用，但是至少别人不会指责我狂妄自大或者是鲁莽。

根据我的沉思里所存在的理由，我第一次得出了人的精神跟肉体是有区别的结论，认识起来甚至比肉体更加的简单甚至感觉我必须要对在那里论述的其他问题表示赞同，因为在这里我看到的所有东西都是完全按照逻辑规则以及从十分显而易见的原则里得出来的，即便如此，我承认在这样的情况下我并没有完全的相信，并且那些天文学家遇到的问题我也同样遇到过，因为一些强有力的理由，那些天文家们相信太阳比地球大上很多倍，但是在他们看到太阳的时候却小很多。但是，根据我对自然还有物理学的一些了解进一步地进行思考，首先对我心里每件事情的概念进行检查，再进行认真的区分，因此，在这以后，我就发现，对于物体的性质来说没有什么东西是属于它的，除非它是一个具有长、宽、高，并且拥有广延性的实体，它可以有很多形态以及不同的云顶，而这些都仅仅是一些形态，且这些形态都必须有物体。对于颜色，气味、味道等类似的事物都只不过是一种感觉，在我们的思维之外时它们是没有存在性的，它们跟物体之间的区别还有疼痛与引起疼痛的武器的区别是相同的，最后，我们在物体中可以看到的重量、引力以及其他的一些性质，都只是包括在运动跟静止里，包含在各个部分的外形和安排里，这些全部的见解都是不同于我关于这些东西之前的意见，所以，我开始想我之前的那些不同的见解到底是因为什么，最后我发现，在我幼年的时候，我判断过很多自然的物体，我一直都保存着那些对我的幼小时的生命有帮助的一些事物的判断跟见解。在年轻时代，因为我的精神不能很好地对我的肉体感官进行使用，而且因为精神跟肉体结合得太过于紧密，导致感官无法去思维，以致对于很多东西只能用感官模糊地去识别。它对自己的本性有所认识，在它本身里且对于思维的观念跟关于广延的观念相比并不少，因此它总是把纯粹的理智的事物跟想象的事物混合在一起，当作一件事情，把那些对于理智的事物全部都放到物体之上。而且，在以后的时间里，我一直没有摆脱这种成见，以致我并没有清楚地认识其他的事物，把什么都假设为物体，但其实说它们是代表精神的概念更加的合适。

举个例子，过去的时候，我把重量领会为一种性质，即一种实在的，跟大块物体结合在一起，虽然，我称他们为性质，因为我把它们跟它们所在的物体结合在一起，事实上，我认为他们是一个实体，因此又加上了实在这个词语。就像是一件衣服，当把它联系在一个穿衣服的人的身上的时候，可以说它是性质，但是从它自身看，它就是一个实体。同样的道理，作为一个实体的精神，当把它联系在肉体上的时候，就可以称呼它为性质。而且，虽然我认为补满全部有重量的物体就是重量，但是对于那些构成物体的性质的全部的广延性我不能全部都归到它身上，因为各部分相互贯穿的性质都被这个广延排除在外；而且，我认为一块一尺长的金子或者是其他的金属跟一根十尺长的木头之间的这种力量是一样的，甚至数学里的一个点都可以包括这些重量。并且，当这个重量可以在整个物体平均铺开的时候，我可以看见物体的每一个部分都可以被这个力量作用到，因为，把一个物体悬挂在一根绳子上，不管是用了什么样的方式，绳子被物体的所有力量牵引着，好像是所有的重量都在接触绳子的那一部分里面。对于，在肉体里精神是不是也是这样铺开的，我还没有领会到，因为我领会为整个的存在于整体里、整个的存在于每一个部分里，但是，重量的观念的部分是从我存在的我的精神的观念里总结出来的，为了更好地认识这一点，是我觉得就像是重量本身对地心有什么认识一样，重量把物体引向地心。因为，可以确定的是，好像它这样做一定有认识，有认识的地方就一定有精神。即使如此，归之于重量的还有其他的一些东西，这些东西没有办法被理解为精神，打个比方就是，重量是能分、能量，等等。

但是，当我仔细地考虑这些事物的时候，把人的精神的观念区别于物体跟物体之间的运动的观念。而且我发现，对于其他的一些我曾经有的一些观念，不管是实体性的形式还是实在的性质，都是我的精神做成的以后，对于从这里提出的所有怀疑我很容易地就摆脱了出来，首先我对我自己有一个十分清楚的概念我不再对此怀疑，我承认我对这个认识有概念，因为我们之间紧密地结合在一起。对于这个观念跟其他的所有东西的观念没有一点的类似的，物体性的东西他一点都没有我也不再对此产生怀疑。因为，对于其他所有物体的真正观念都清楚的认识以后，他们里面所有的观念跟我全部都是相同的。而且我发现在这些事物（就像是精神跟物体那样，虽然它们同时存在于我的思维里，但是表现给我的都不相同）之间的分别要大于那些东西之间的分别，对于那些事物，我们可以想这个而不想另一个，分开进行思维，即使它们不可以分开存在，但是在我们的精神里，我们从来没有发现它们在一起过。举个例子，就像是不用思考上帝的正义我们就可以想到上帝的广大无垠。但是两个不能同时存在于我们的精神里，相信上帝是无限大却认为它不是正义的做法是不对的。同样的道理，即使人们不知道非常神圣的三位一体的三位也可以很好地对上帝进行认识，但是假设没有信仰之光的照射，任何人都不能对此作出很好的理解。我不赞同当三位一体被很好地理解的时候，人们可以从中领会到神圣本质上有任何实在的分别，即使关系能够被分别。

最后，我发现有些事物不存在，也可以说我十分清楚地领会到有些物体是能够不存在思维的时候，我更想说物体的本性不包括思维，但是却不愿意得出思维是物体的一个形态的这样的一个结论，因为我发现人的肉体就可以思维，如此我就不再担心专门从事分析我的工作的人会被误导，因为实话说，我从来没有看到他们有认识到人的肉体可以思维，而是发现了同一的人们，他们既有肉体又有思维。而且我认识到，造成这一切的是思维跟物体性的实体的结合。因为单独对思维进行考虑的时候，对于它可以属于物体的我一点都没有发现，但是在物体的本性里去单独思考它，我却发现属于思维的东西一点都没有。但是，相反地，把所有的物体都拿出来检查，不管是精神还是物体，它的所有形态的概念都是完全依附于事物本身的概念，即事物的形态。因为，我们经常看到两个东西连接在一起，但是并不能因此就得出它们是一个东西；但是，当有时候我们发现两个东西之一而没有另外的一个东西的时候，我们就因此得出两个东西是不同的这样的一个结论。我们得出这个结论不要因为上帝而受到阻碍。两个事物中的一些东西是由同一个本质做成的而不是组成的，跟把没有任何分别的事物分开，我们清楚地领会到这两种都是说不通的，因为，如果说某些功能被上帝放在某些物体里（就像是把它放在肉体里一样），他想什么时候把它们分开就可以什么时候把它们分开，因此，实际上，思维跟这些物体是有分别的。

对于诸如此类的二加三等于五，相等的东西减去一个相等的东西剩下的部分也相等的这些的事物，在以前我没有摆脱我的感官成见之前的时候我就明白了，虽然那时候我对人的灵魂区别于肉体是不赞同的，但是我对此并不奇怪，因为，我清楚地知道，对于这些被所有的人都接受的事物我小时候并没判断错误，那时候我还不习惯于这些命题，如果对于二跟三加到一起我们不去学习，那对于它们是否等于五他们就无法去判断，等等，相反，对于我把精神跟肉体（我模糊地知道我是由它们组成的）领会为一个事物；把很多东西结合在一起并看作一个事物，这是所有不完满中一般都会存在的问题；这就是为什么要不厌其烦地对它们进行区分，并通过准备的检查，区别开它们的原因。

让我感觉到奇怪的是，那些做了三十年的形而上学并且知识渊博的人们，对我的沉思看了那么多遍，却相信假如我用一个反驳我的人的态度去把这些重新阅读一遍我就不会对它们那么的重视，对于它们所包含的道理也不会提出这么有力的意见，对于这些道理的真理以及联系的力量以致我认为没有人应该对此屈服。因为对于我的推理他们没有办法指出任何的错误。当然，假如他们认为我运用了一个分析法，将所有正确的道理都全部推翻，或者是为了不被其他的人发现错误，将这些错误进行隐藏的话，那我绝对没有办法接受他们强加在我身上的这些，而且任何人都没有办法接受。而且，我要大声地进行辩解，对于其他的东西，我从来都没有追求过，除非是用这样的一种方式，可以让人们对真理的可靠性进行肯定，发现那些错误跟那些明显的错误，所以我并不奇怪那些知识渊博的人反对我的结论。相反地，我很高兴；当他们对我的理由进行反复的阅读以后，并没有斥责我提出了什么不合理或者是违反了常规的事物。因为存在于他们内心根深蒂固的判断习惯使得他们没有办法接受我的结论，就像是那些天文学家，虽然他们确切地知道太阳比地球大，但是他们依然不能想象。直到现在我都没有看到有什么人对我的推论提出了什么毛病，我想不到其他的理由来说明这些，除非是这些推论都是全部正确或者是没有令人怀疑的地方。这些推论所依靠的概念是人类精神对所有事物都会普遍产生道德怀疑开始的，然后从一切种类的成见中解脱出来的，并不是那些模糊不清，大家所不了解的概念，这些概念都是真实存在、十分可靠；所以对那些理智较差的人轻而易举就可以看出来的错误是不存在的。因为，我有理由做出下面的这个结论：那些知识渊博的人（他们反复看了很多遍依旧没有被说服）的权威并没有削弱我写的这些东西，反而被加强了。因为，在那么仔细阅读跟检查的情况下，在我的论证里他们依然没有发现任何的错误与不正确的结论。